日本の経済思想

時間と空間の中で

川口浩［編］
Hiroshi Kawaguchi

ぺりかん社

序　日本の経済思想——時間と空間の中で——

川口　浩

一　本書の課題

本書は、二〇一〇年に始まった国際共同研究「日本の経済思想——時間と空間の中で（Japanese Economic Thought: Time and Space [JETTS]）」の成果である。その課題は、本書名の通り、恐らく日本人の社会経済的行動の基盤をなしているであろう日本の経済思想の歴史的特質を——もしあればであるが——明らかにすることである。ただし、この目標に到達するための道筋は、いくつもあるであろう。たとえば、日本の歴史を全体として取り扱うことは難しいので、むしろ何らかの意味でエポックメイキングと見なされるような時期を選び出し、その限定された時間幅の中にある諸思想にいろいろな角度から接近するといった方法がありうるはずである(1)。しかし、本共同研究ではそのような方法を採らず、前述のように日本の経済思想の歴史的特質を解明するという目的を明確に意識したうえで、むしろ地球という広い空間とその地球上を流れた長い時間の中に日本——無論「日本」自体が歴史的には可変的であるが——を置き、どのような視点から、何を論じてもいいという方法をあえて採用してみた。端的に言えば、「時間」と「空間」に大きな幅を持たせるということであり、副題の「時間と空間の中で」とは、そういう意味である。実際、本書の目次を見て頂ければ分かるように、論述の対象となっている時間は中世から近代に及び、空間も日本、中国、ヨーロッパ、アメリカにまたがっている。また、思想史研究というと、どうしても知識人が分析対象になることが多いが、本書ではいわゆる思想家と称されるような人物はむしろ少数派であり、分析対象自体にも幅があるということである。このようにして、長い「時間」と広い「空間」の中に日本を置いた時、日本の経済思想の歴史的特質が垣間見られるかもしれない。

また、いくつもありうる方法の中で、どうしてこのような焦点が曖昧で、空中分解しかねない危うい方法をあえて選択したのかと言えば、その理由は、これまでの日本経済思想史研究に見られる、①近世と近代の間における思想の連続・非連続の解明が必ずしも十分ではなく、[2]かつ、②国際的な比較研究があまり進捗していないという弱点を少しでも改善したいと考えたからである。

したがって、共同研究の参加者を募る際にも、狭い意味での日本経済思想史の研究者だけでなく、また、その現住所・国籍も日本に限定せず、結果として、専攻領域・居住地・国籍・性別を異にする多様な一一名が本共同研究の構成員となった。その氏名・担当章・所属は左の通りである（五十音順）。

石井寿美世（第八章、大東文化大学）
岩井方男（第二章、早稲田大学）
川口浩（序・第三章、早稲田大学）
グラムリヒ＝オカ、ベティーナ GRAMLICH-OKA, Bettina（第六章、上智大学）
シーコラ、ヤン SYKORA, Jan（カレル大学）

セーガル、イーサン SEGAL, Ethan（第一章、ミシガン州立大学）
竹村英二（第四章、国士舘大学）
武藤秀太郎（第十章、新潟大学）
矢森小映子（第五章、日本学術振興会特別研究員〈RPD〉・東京大学史料編纂所国内研究員）
来誠一郎（第七章、早稲田大学大学院元研究生）
劉群芸 LIU, Qunyi（第九章、北京大学）

しかし、誠に残念であるが、シーコラ氏は途中で体調を崩されたため、本書のための原稿も前半部分は脱稿されていたにもかかわらず、それを本書に掲載することができなかった。シーコラ氏には、二〇一二年八月二十七～二十九日にカレル大学で開催された研究会をはじめとして、JETTSのために大いに貢献して頂いた。敬意・感謝・今後の研究協力の希望を込めて、この事実をここに明記しておきたい。

無論、あえて右のような方法を採ったことの当否や本書の学問的価値については、様々な評価がありうるであろうし、それは読者諸氏のご判断に待つしかないが、広い空間と長い時間の中で日本を眺めた時、そこに日本の経済思想の歴史的特質らしきものの一端が、もしかりに垣間見られるとすれば、それは我々にとっては、それなりの喜びと言ってもよいであろう。

二　本書の構成

右のような大言壮語にもかかわらず、本書所収の一〇本の論文を通読して、右述の課題を果たしえたとは、とても言えないというのが正直な告白である。とは言え、贔屓目ではあるが、全く何も見て取ることができないというわけでもないようにも思われる。本節では、時代順に並んでいる一〇論文の内容を概観しつつ、私なりに気づいたことを、一つの仮説・試論として、記しておきたい。大方のご批判を頂戴できれば幸いである。

まず、イーサン・セーガル「第一章 古代・中世日本の経済思想――模索の試み」は、「古代・中世日本の経済思想について直接語ってくれるまとまった著作は存在しない」（一八頁）という状況のもとで、限られた史料の中から当該期の経済思想を探るとともに、史料への新たな接近方法を模索するものでもある。私にとっては、セーガルのこうした試みの前提にあるであろう、本章冒頭に記されている「第一の難題は、「経済思想」というもの自体、現代人である我々が考えた概念だという点にある」（一七頁）という、ある意味では当たり前だが、しかし軽視しえない指摘が、「導きの糸」となった。歴史を考察しようとする場合、「今」に生きる現代人が、時間の流れる方向とは逆に、現在から過去を見るという作業にならざるをえず、現代人にとっての「今」と過去の多様な時間・空間に生きた人にとっての「今」との間の落差・乖離を解消することは不可能であるという事実が、セーガルの指摘の根底にあるように思われる。もっとも、これ以外の歴史研究はそもそもありえないであろうし、それが悪いというわけでは必ずしもない。しかし、この歴史研究のある意味での逆接を常に頭の片隅に置いておくことは不可欠であろう。

セーガルの右の指摘を私流にやや極端に言い換えれば、経済思想というものは本質的に存在しないということになる。すなわち、人の思想は、いろいろな方面に発現するではあろうが、一人の人には一つの脳しかないので、本当は一つ――とりあえず「基軸的価値」と呼んでおく――であり、〇〇思想・××思想というのは、ある視点からの便宜的な区分ではないかということである。第一章を例にして言えば、「基広は渡来銭について二つの懸念を示しているが、それはどちらも経済というよりは、政治的もしくは法的問題に属することであった」（二四頁）というのは、中原基広にとっての貨幣には「政治的もしくは法的」意味があるということである。しかも、政治や法律というものも、経済と同様、「現代人である我々が考えた概念」であり、結局のところ、基広は一つの「基軸的価値」から経済や政治や法律、その他もろもろの事象について思考しているはずなのである。したがって、たとえばある人物の貨幣に対する認識をその人物の思想体系全体から切り離して理解することは本質的にはできないし、あえてそれをしてみても、的外れな結論しか得られない可能性が高いように思われる。しかも、時間を遡って行けば行くほど、この傾向は強くなっていくと想定しておくことが必要であろう。要するに、経済思想を歴史的に考察しようとする場合、「現代人である我々が考えた」経済思想とそれ以外の思想部分との構造的連関を把握し、その中において経済思想なるものの意味を理解しなければならないということである。さらに、経済現象は、一定程度数量的な現象なので、時間や空間を越えるという意味での普遍的性格を比較的強く帯びている可能性が否定できないが、もしそうだとすれば、経済思想を歴史的文脈において理解するうえで必要となるのは、むしろ経済思想以外の思想部分であるかもしれない、あるいは、少なくともその両者の組み合わせであるという、経済思想史研究にとっては自己否定的な可能性をも排除できないのではないだろうか。

岩井方男「第二章　クリエムヒルトの財産」は、時期的には第一章とだいたい同じ中世の、地域的にはドイツを考察の対象とした論考である。この章では、「身分と財物と所有の間には密接な関係が認められる。財物の所有が悲劇に至るのは、身分が高い人びと……の特権である。……彼らのみが心のこもった――人とのつながりが強い――財物を所有し贈与する。……人格とつながりがある財物はそれだけで大きな意味がある。／それゆえ、父祖伝来の土地……は格別の取り扱いを受け、非常に貴重であった」（七四頁）、「人と財物の濃厚な関係が存在した。人格がこもった財物を贈与されれば真の喜びが得られ、奪取すれば惨事が待ち受けていた。財物の移動に対する関心は深く、それは人の目に見えていたはずであり、見えない行為はいかがわしかった。また、所有権の自由な移転可能な財物と、移転に制限がある財物は厳密に区別されていた。前者の代表が身分の低い放浪詩人たちが受け取る報酬であり、後者の代表が王の所有物たる父祖伝来のクニすなわち土地と人である」（七九頁）との論述が、私にとって興味深いものであった。「財物」とその「所有」は経済の領域に属する事物・事象であろうが、その人々にとっての思想的意味は、現実の社会生活における経済的な機能とともに、あるいはそれ以上に、人格的・身分的な価値によって与えられているということであろう。ここには、第一章と通底するものがあるように思われる。

拙稿「第三章　経済思想史における三浦梅園」は、梅園の江戸時代経済思想史における位置づけ方について考えたものである。具体的には、梅園の中には貨幣数量説と呼ばれるような通貨と物価の関係についての認識や「国益」[3]的な発想が見出されうるが、それらを含む彼の思想の全体は、儒教に由来するような規範主義的人間観・社会観によって支えられているというのが私見の大まかな内容である。梅園においても、基軸になっているのは、経済的な価値ではないように思われる。

竹村英二は「第四章　西欧・中国における文献研究の発展――十八世紀日本の比較対象として」で、後期ルネサンスから十八世紀における西欧の批判的文献研究と江戸時代における文献研究・原典批判の勃興・発展を比較し、さらにそれに中国を加味して、結論として「履軒をはじめとする江戸後期以降に出現した日本儒者の営為は、……多分に政治色の強かった清代中国の考証学者の営みとは異なる、価値中立的に一切の偏りを排し、純粋に文献的に「最適」と判断された「古典」とその「原解」のみを適宜客観的に析出、吟味・考究する営みであり、この、まさしく「文献批判の方法」と認定し得る学問の十八世紀における成立は、世界史的にみても特記に値する思想現象であったとすることが可能であろう」（一三六頁）と述べている。この日中欧間の比較では、「近代」を軸にして日欧の歴史的並行性が析出されている。この「価値中立的に一切の偏りを排」する思惟のあり方は、経済認識における日欧の歴史的並行性を生み出すのであろうか。

矢森小映子「第五章　天保期殖産政策をめぐる思想――渡辺崋山と大蔵永常を事例に」は、副題にある二人の人物を取り上げ、その行動と思想を、三河国田原の現場に即しながら、具体的に明らかにしている。矢森は、十九世紀に入ってからの諸大名家における経済政策の、「「近代」の引用だけでは見落とされてしまう」（一四六―四七頁）側面に着目している。たとえば、渡辺崋山は「幕藩制的天道論に基づく強烈な治者意識」（一五三頁）の持ち主であり、最終的には「「徳政」「養才教化」による解決」（一七五頁）へ回帰していったとの指摘は、江戸時代後期の政策者における経済思想とそれ以外の思想部分との構造的連関を考えようとする場合には、重要な知見と言えるであろう。

ベティーナ・グラムリヒ＝オカ「第六章　日本の経済思想文献のヨーロッパ言語への翻訳について――十九世紀を中心に」は、日本の経済思想そのものではなく、西洋人から日本の経済思想がどのように見られていたかを明らかにした論考であり、結論としては、「日本の経済思想の研究と翻訳は、東西の思想史の間に類似性を見出すことで、普遍的な人間性を確認したり、西洋のモデルを後追いしている日本の発展段階がどの程度なのかを見定める目的を持って行われ」（一八六頁）、「日本経済の過去を探ろうとする動機の一つは、普遍的人間性という前提に基づいて、日本と西洋に見られる共通性を見出そうとする欲求であった」（二〇五頁）との指摘がなされている。つまり、十九世紀の西洋人にとっては、日本の経済思想の独自性といったものは、ほとんど興味の対象にはなっていなかったということであろう。しかし、この然もありなんという事実は、少なくとも私の関心を惹くには十分なものである。すなわち、このことは、近代西洋から日本を見た時、そこに日欧間の「共通性」が存在するとともに、「共通性」という枠組みには収まりきれない要素も実は少なからずあったのだということを示唆しているように思われるからである。時間的な連続・非連続と空間的な同質性・異質性が掛け合わさった歴史的現場が、十九世紀日本にあったかもしれない。

来誠一郎「第七章　徳川・明治時代の休浜替持法とその思想」は、江戸時代後期から、開国・明治維新をはさんで、明治期に至る時期の中国・四国地方における製塩業の生産調整の実態を明らかにしたものである。ここでは、経済上の利害得失が当事者たちの最大の関心事であるが、けれどもそのうえで、同時に「通年生産から休浜替持法へ、休浜替持法から通年生産へ、これらの改革を実現するための論理として経済的根拠や政治的圧力では不十分であった。／そこで、三浦源蔵は浄土真宗という既存の宗教に自らの塩業論をなぞらえることまでしていた。いっぽうで、井上甚太郎は神格化された田中藤六を批判の的とし、彼を乗り越えようとし」（二三七頁）、経済とそれ以外の諸要素の連関の中で「経済活動を時代に即したものに変化させたこと」（二四〇頁）が述べられている。

石井寿美世「第八章　明治期における地方の企業生成と経済思想——産業・世代の差異を視野に」では、明治期の新産業における起業や経営を促した企業者内の「動因」の一つとして「経済思想」の存在が仮説的に提示され、その実態が地方企業家において追求されている。結論としては、「彼らの多くが自己と社会を同心円的に一体視し、社会的責任意識に基づいて活動している……。〔この〕思考自体は、近世から存在しており、明治以降も人々の意識に底流していたと考えてよいだろう。／しかし、その社会的責任意識の持たれ方、すなわち自己と家・地域・国家などとの関係をいかに捉え、起業や経営において何を重視したかは、産業・世代で差異があり、一様の審級性が存するわけではない」（二七一頁）と述べられており、経済思想とそれ以外の思想部分と連関が指摘されていると同時に、その歴史的変容にも言及されている。

劉群芸「第九章　梁啓超と日本——『生計学学説沿革小史』をめぐって」は、梁啓超が日本亡命中に近代ヨーロッパの経済学に関する学識を身につけ、それが彼の思想にどのような変化をもたらしたのか・もたらさなかったのかを明らかにしている。劉によれば、「中国人の知識人たちは、日本を通じて西洋思想を、あるいはまた、直接に日本思想を受け入れただけでなく、新鮮な思想を学びながらも、それらを全面的には受容せず、みずからの伝統的な人間観・社会観の立場から外来の経済学説を再解釈した」（二九二頁）のであり、その根底にあったのは「中国社会の問題」（二九三頁）であり、「梁の場合、経済思想より政治思想の方がより体系化しており、それ故、経済思想は、政治思想と不可分で、実は政治思想の付属品」（同前）であり、「梁が、現実問題や三重構造（中日欧）の文化に応じて、国家主義的な思想を展開した」（二九八頁）と結論づけられている。ここで述べられていることは、ある特定の時空間に存在している思想が他の時空間に伝播した時に、多かれ少なかれ生起するであろう現象であり、そこには多様なパターンがありえようが、梁啓超の場合は「近代国民国家を創る」（同前）という強い政治的志向が彼の経済思想を規定していたということであろう。第八章で論じられている日本の地方企業家との異同が、一つの問題になりうるかもしれない。

最後の武藤秀太郎「第十章　関東大震災をめぐる日中関係――王一亭と王希天を中心に」も、第九章とともに中国人を考察の対象としたものであり、第二・六章と合わせて都合四章が日本以外を取り扱うものとなっている。この第十章は、日本と深いつながりのあった二人の中国人が、関東大震災に遭遇して、全く異なった運命を辿った事実を明らかにし、日中間の「経済交流の進展は、一面で災害の相互支援のような共助精神を育むとともに、低賃金労働者の流入など多くのあつれきを生じさせた。こうした矛盾が象徴的な形であらわれたのが、まさに関東大震災であったといえる」（三二四頁）と結論している。二人の中国人と震災という非常事態下における日本人社会との交流・交錯・対抗という事実が、直接的な言及の対象とはなっていないが、大正期の日本社会に伏在していたであろう大衆的な感情や意識の有り様を影絵のように浮かび上がられているように思われるというのは、読み込みに過ぎるであろうか。

以上のことは、残念ながら、日本の経済思想の歴史的特質といった大形なものではない。ただ、日本に経済思想というものがあるにしても、それが他の思想部分と無関係に、それから独立して形で存在していたことは、中世から近代までなかったと、仮説的にではあるが、言ってもいいように思われる。

三　共同研究の経緯

冒頭で述べたように、JETTSが活動を始めたのは二〇一〇年であり、その第一回の例会が同年十月二十三日に早稲田大学で開かれている。その時から現在に至るまでの活動の全ては、ウェブサイト（http://www.waseda.jp/prj-jetts/）に公開されている。

その後、JETTSは、二〇一一年度から早稲田大学現代政治経済研究所（現政研）の研究部会となり、今日に至っている。二〇一三年度からはメンバーを補強し、既述の一一名構成となった。また、この年、平成二十五年度科学研究費助成事業（学術研究助成基金助成金）基盤研究(C)（課題番号二五三八〇二五六）に採用され、二〇一五年度まで科研費の給付を受けている。

もう一つ、二〇一三年三月六・七日に国士舘大学で、またその後編が同年五月二十五日に早稲田大学で行われた「国際研究集会 日本の経済思想」についても触れておきたい。特に三月の「集会」では、JETTSのメンバーによる研究報告の他に、斎藤修氏（一橋大学名誉教授）にもご報告して頂くことができた。この記録も既述のウェブサイトに載っているが、それとは別に、ここでの報告・討論の模様は、「研究レポート No.1301 国際研究集会日本の経済思想――「全体討論」の記録」として、現政研ウェブサイト（http://www.waseda.jp/fpse/

winpec/assets/uploads/2015/02/94f94ceb64492138b126f0949c907dd8.pdf）に公開されている。

こうして二〇一五年度がJETTSの最終年度となったが、このたびその研究成果を「早稲田大学現代政治経済研究所研究叢書」の一冊として刊行することができるようになった。多くのご叱正をお願いする次第である。

註

（1）川口浩編著『日本の経済思想世界――「十九世紀」の企業者・政策者・知識人』（日本経済評論社、二〇〇四年）はそのような試みのささやかな一例である。

（2）この「序」の前提になっている筆者の考え方については、川口浩、石井寿美世、ベティーナ・グラムリヒ＝オカ、劉群芸『日本経済思想史――江戸から昭和』（勁草書房、二〇一五年）第一章参照。

（3）藤田貞一郎『近世経済思想の研究――「国益」思想と幕藩体制』（吉川弘文館、一九六六年）参照。

日本の経済思想＊目次

第七章　徳川・明治時代の休浜替持法とその思想……来　誠一郎　214

第八章　明治期における地方の企業生成と経済思想……石井寿美世　248
——産業・世代の差異を視野に——

第九章　梁啓超と日本……劉　群　芸　279
——『生計学学説沿革小史』をめぐって——

第十章　関東大震災をめぐる日中関係……武藤秀太郎　301
——王一亭と王希天を中心に——

あとがき　329

第一章　古代・中世日本の経済思想——模索の試み——

イーサン・セーガル
（田中アユ子訳）

近世以前（古代・中世）の日本の経済思想の歴史を書くことは果たして可能なのだろうか。正直なところ、これは手強い問題である。第一の難題は、「経済思想」というもの自体、現代人である我々が考えた概念だという点にある。つまり、近世以前の日本についても言えることだが、前近代社会の多くでは、「経済」は独立した人間活動の領域とは考えられていなかったのだ。にもかかわらず、我々は現代の概念を当時の事象に当てはめようとする。そこに一つの困難がある。いま一つの難題は、当時の日本人たちが経済問題をどう考えたかを明確に示してくれるまとまった史料が存在しないことである。これは非常に重要な問題だ。中世ヨーロッパと違い、日本には、学者や知識人が経済問題について長々とした随筆や論文を書く伝統がなかった。日本にはまた、中国の歴代王朝に見られたような、大臣や文官が天子に対し、これこれの政策が望ましいといった上奏文を書くという伝統も存在しなかった。僧侶が書き記したものも手がかりにはならない。中世のキリスト教世界やイスラム世界では、神学者が富や貧困、高利貸し、その他の問題についてあれこれ論じているが、対する古代・中世の日本の仏僧たちは、貿易、貨幣、あるいは経済といった「現世的」なことにほとんど触れていない。

だが別の時代に目を向ければ、日本でも経済について書かれた史料は決して少ないとは言えない。例えば、知識人が経済問題について書くことは、江戸時代になると当たり前になっていた。新井白石、荻生徂徠、田沼意次といった儒者や役人が、外国貿易、貴金属、インフレ、通貨改革といったさまざまな問題について論考を著し、幕府中枢の政策に影響を与えたり、その方向性を決定づけたりしたことは周知の通りである。また石田梅岩や懐徳堂の学者といった商人、教師たちも、商人や商業が社会を動かす重要な要素であることを説いているし、井原西鶴や松尾芭蕉といった人気作家・俳諧師も経済問題に触れた作品を残している。加えて近年では、工藤平助、正司考祺、蔡温といった、より知名度の低い人物が書いた経済に関する著作の研究も進んでいる(1)。他にも多くの人物について研究がなされてきたことから分かるように、近世の日本では、飢饉対策から倹約をどう実践していくかに至るまで、多くの紙幅を費やして、経済問題が論じられていたのである。

ただ、十六世紀以前の日本の経済思想となると、他の国々や、後代の日本で書かれたようなまとまった史料は存在しない。このため、この時期の経済思想の研究は一見不可能な試みに思われるかもしれない。日本の経済思想を研究する学者のほとんどが徳川時代から考察を始めるのは、おそらくそのためだろう(2)。だが、網野善彦や桜井英治といった数人の研究者は史料の問題と格闘しながらも、中世日本の経済思想研究を試み、大きな成果を収めてきた(3)。網野らの研究は筆者にさまざまな点で刺激を与えてくれるものであった。ただし、本章ではこうした先行研究を後からなぞるつもりはない。日本の国外で研究を行う筆者は、一次資料を読む場合にも、まずは英語に訳されたものを目にすることが多いのだが、そうした外国人研究者としての見方が、過去について（それがどんなに些細なものであれ）何らかの新たな洞察を与えてくれればと願っている。古代・中世日本の経済思想史について書くことには苦労もあろうが、決して望みがないわけでないのだ。

古代・中世日本の経済思想について直接語ってくれるまとまった著作は存在しないが、当時の人々が貨幣、富、貧困、商業、分配等について、どう考えていたかをうかがい知る方法はある。何だかんだ言っても、彼らはこうした問題の多くを日常的に目にしていたのだから。今でいう「経済」に相当する言葉こそなかったが、一六〇〇年以前の日本には高度な経済組織ができあがっていた。例えば、中世（十二～十六世紀）には、荘園と職に見られるように、土地の所有権と収取権が分離された複雑な構造が存在していた。人々はますます渡来銭を用いるようになり、各地で月三回とか六回開かれる定期市で商いを営むようになった。また、商人たちは中国との貿易を行っており、十五世紀や十六世紀には、有力者が船を仕立てて朝貢することもあった。朝貢体制は政治的意味合いのほか、経済的にも重要な意義を持つものだったのである。

荘官や役人から僧侶、旅商人まで、中世日本ではあらゆる人々がこうした活動に加わった。彼らは市に行き、渡来銭を使い、隣人が富を得たり、貧困に陥るさまを目にし、大陸から輸入された磁器のような品々を愛でたりしたのである。彼らは長い論考を書いたり、天子に上奏文を送ったりはしなかったし、同時代の他の国々で行われていたような、経済問題についての哲学的論争にふけったりもしなかったが、それでも身の周りの世界についてよく考えていた。そして、そうした考え（つまり、彼らの著作）を注意深く考察することで、古代・中世日本の経済思想のいくつかの側面を解明するための素材が集められるのではないか、と筆者は考える。こうした史料はもともと宗教的な教訓を伝えたり、滑稽な話を伝えたり、政府の施策を表明したり、裁判に判決を下すといった、別の目的で書かれたものである。しかし、史料を注意深く読み込んでいくことで、現代人が経済と称するテーマについて、当時の人々がどういった態度を示していたかを明らかにできるはずである。

本章は、そうした素材を見つけようとする試みの第一歩であり、経済思想を扱うものであるが、同時に史料に関する論文でもある。筆者がこれまでに発表した中世日本の経済に関する研究は、思想よりも制度を重視したものであった。本章の前半部分では、以前の研究で用いた史料をもう一度読み込みながら、経済のかじ取りをしていた人々に影響を与えた考え方がどのようなものだったかを示す証拠を探っていきたい。そして後半部分では、説話、軍記物語、随筆といった新しい史料に目を向け、次のようなことを検討していきたいと考える。すなわち、こうした史料は当時の経済思想について何を明らかにしてくれるのか、また、古文書史料から分かることとの重複・相違点はどこにあるのか、さらには異なる種類の史料の持つ長所や限界をよりよく理解する上で、こうした史料は何を教えてくれるだろうか。

一　経済思想と古代・中世の史料

残念ながら、古代・中世日本の最も有名な著作で、経済の問題について語っているものは数少ない。『万葉集』には貧しさを詠んだ、心を打つような長歌も収められているが、後の勅撰和歌集では経済というテーマは扱われていない。また、『蜻蛉日記』『更級日記』『枕草子』といった平安文学の名作も、貨幣、交易、商売といったことについてはあまり言及していない。ただし『源氏物語』では、光源氏が須磨に流される前に、いろいろと身辺整理をしようとする場面が、ほんの僅かながら語られている。この場面では、光源氏は紫の上に荘園や所領の権利証などを渡し、信用のおける家司たちを彼女につけて倉庫や保管庫の管理を任せている。当然ながら貴族や女官の都での贅沢な暮らしを支えたのは、田舎から得られる安定した収入であったから、収入源となる荘園・所領等の財産管理にはそれなりに手間隙がかかったに違いない。ただ、そうしたことは語られていない。こうした文学作品の中で経済問題に関する事柄がほとんど触れられていないのは、そうした話題が文学作品にそぐわないものだと考えられたためかもしれない。

これは『とはずがたり』のような、より率直な筆致で書かれた中世の作品についても言えることである。もっと早い時期に書かれた同種の作品とは異なり、作者である後深草院二条は宮中や旅先での生活の「裏側」について語っている。しかし、旅の尼僧となった元宮中の女房である彼女が、金銭面をどうやりくりしていたのか、という部分は語られていない。二条は、生活費を工面するために、持ち物を売らねばならない、と時折語っているが、大事にしていた品々を手放す悲しみや、それらを贈ってくれた人々にまつわる思い出以外の事柄は細かく記されていない。そうした品々を売って、彼女は一体いくらの金を得たのだろうか。売買の際にはどういった種類の貨幣が使われたのか。物価が高くて困ったようなことはあったのか。これ以外の中世の作品で、経済問題について書かれていてもよさそうなものとしては、十三世紀に慈円によって書かれた『愚管抄』や、十四世紀に北畠親房の記した『神皇正統記』が挙げられるが、こうした作品の中では、政治問題や国をうまく治めるための方策が長々と論じられてはいるが、経済についてはほとんど言及されていない。

　これらの史料には、時折商人についての記述が見られる。例えば、十一世紀に藤原明衡が書いたとされる『新猿楽記』という物語では、香料、薬、毛皮、錦の織物、檳榔子、染料その他多くの輸入・国産品を扱う商人の姿が活き活きと描かれている。[4]この男は東北から南の島々まで日本中を股にかけて旅した商人で、年がら年中家を留守にしている。『新猿楽記』は現実を戯画化して描いた作品と言われており、この描写もおそらくは誇張されたものだろう。しかし平安末期までには、農村でも荘園に定期市が立つようになり、こうした商人が市に立ち寄って商いをするようになっていた。その結果、都と地方の間での物資の流通が盛んになったのだった。この物語に描かれている商人像は割合に肯定的なものだが、世の中が苦境にあえいでいるような時期には、困窮した人々につけ込む輩として商人を非難する者もいた。十二世紀初頭の官人、藤原敦光は、まさしくこうした理由から商人を否定的な言葉で論じている。

　加以京中所レ住浮食大賈之人。或於二近都一借二一物一。向二遠国一貪二三倍一。或当二春時一与二少分一。及二秋節一取二大利一……窮民不レ堪二其力一。挙レ家逃亡。又永売二妻子一。為二彼奴婢一。[5]

読者を楽しませようと面白おかしく作品を書いた明衡とは異なり、敦光は長承・保延の飢饉によって生じた状況について報告しており、物価の高騰により、食べ物も買えないほど困窮した庶民につけ込む商人に苛立ちを募らせている。この二つの史料の例が示すように、扱うテーマが同じでも、書き手の目的、また書いた時の状況の違いによって、その意見には大きな違いが生じてくる。

別の史料を見ても、商人や彼らの活動について、これほど活き活きとした描写をしているものは数少ない。また、貴族がみずから市を訪れる機会などまずないであろうから、市の様子などについて触れている文学作品もほとんどない。その数少ない例の一つとして挙げられるのが、十三世紀中頃に成立した『東関紀行』という紀行文にある尾張国萱津宿近くの市についての描写である。作者（不詳）は、「けふは市の日になむ当りたる」という叫び声が聞こえ、市が活気にあふれ、買ったものをたくさん抱え込んだ人々で賑わっていると述べている。[6]もう一つの例としては、『一遍上人絵伝』の作者が描いた絵が挙げられる。この作品では、十三世紀の市（備前国福岡の市）の様子を描いた、興味深い絵を見ることができる。[7]こうした市の多くがそうであったように、この市も水辺の近くにあったが、これは陸路よりも水上のほうが大量の荷を運びやすいためであった。絵の中には、五つの細長い露店が描かれており、米、布、絹、陶器、魚、履物などさまざまな品物が売られている。また、商品の品定めをしたり、値段の交渉をしたり、銭束を数える者もいる。さらには子供の走り回る姿もあるし、少なくとも一人は楽器を奏でている。この二つの作品では、市はさも活気にあふれる、にぎわった場所のように描かれているが、鎌倉時代の市のほとんどは、月に三日間だけしか開かれなかったことを忘れてはならない。

これまで見てきた史料は、当時の市のにぎわいや、飢饉の折の商人の非道なやり方に憤る役人の姿を伝えてくれる貴重なものと言える。ただし、経済について、前記に見られるような細かな描写をした史料はなかなか見当たらない。そのため、多くの研究者は公文書、布告や裁定、廷臣の日記といったものを通じて、古代・中世日本における経済がどのようなものだったかを探ろうとしている。こうした史料は数もかなり多く、当時の経済制度や実態について多くを語ってくれる。例えば、市がどういった時期にどこで立つのか、土地の売買や税の支払いにどのような交換手段が用いられたのか、あるいは相続にまつわる紛争がある際に、裁判で取り分がどのように確定されたのか、といったことが分かるのだ。それではこうした史料は、経済思想について、つまり人々の行動や決定の背後にあった考え方について、何を物語ってくれるのだろうか。

二　社会的混乱の原因としての貨幣

十二世紀後半から十三世紀にかけては経済に変化が生じたが、これは人々が次第に渡来銭を使いだしたからであった。周知の通り、朝廷は奈良時代から平安初期にかけて独自の銅銭（いわゆる皇朝十二銭）を発行していた。しかし、十世紀中頃には、貨幣の鋳造をやめ、国内で発行された貨幣の利用は途絶えてしまった。[8] 十二世紀半ばになると、人々が再び銭貨を使用するようになったことが文献に記されているが、使用されたのは中国からの輸入品であった。こうした文献の中でも最も早い時期のものとしては、一一五一年（仁平元）に土佐国の豊楽寺に寄進した人々の名前を記した寄進帳がある。[9] 寄進の額（一人が銭三〇、他が銭五〇とある）が小額であることから、（富裕層だけでなく）庶民も日常の取引に銭貨を使っていたことがうかがい知れる。ただ残念なことに、現存する文献には、当時の庶民が銭貨を初めて使用した時のことを語ったものや、貨幣が何を買うために使われたのか、また土佐のような場所に、誰がこうした貨幣を持ってきたのかを示す記録がない。仮に、この新しい貨幣についての考えを誰かが記していたにせよ、その文献は今日まで伝わっていない。そのため、輸入銭の登場にどういった反応が示されたかを知るには、宮中にいた貴族によって書かれた史料に目を向けねばならない。

十二世紀の日本列島に誰が最初に渡来銭を持ち込んだかは定かではない。商人による記述も残っていないからだ。ただ、こうした銭貨が朝廷の支援・許可を得ることなく輸入されたものであること、また宮中の貴族の反発を招き、彼らが何度もその使用を禁止しようと試みたことははっきりしている。そうした試みの背景にある考えが最も詳しく表れているのが、九条兼実の日記『玉葉』に見られる一一七九年九月七日（治承三年七月二十七日）の記述である。

> 基広注二申銭売買之間事一、近代渡二唐土一之銭、於二此朝一恣売買云々、私鋳銭者処二八虐一、縦私雖レ不レ鋳、所行旨同二私鋳銭一、尤可レ被二停止一事歟、而如二先日職事御教書一、不レ可レ被二停止一之趣歟、尤無二其謂一事歟[10]

ここで兼実は、検非違使庁の官人中原基広の意見を記録している。基広は渡来銭について二つの懸念を示しているが、それはどちらも経済というよりは、政治的もしくは法的問題に属することであった。その第一は、渡来銭は厳密には私鋳銭とは言えないが、朝廷が持つ国内での貨幣鋳造権を犯しており、したがって私鋳銭と同様に扱うべきだ、という点だった。第二は、渡来銭を禁止する既存の法令がきちんと施行されていない、という点であった。兼実は同日の日記の中で、基広の見方に賛意を表している。他の貴族たちもこの意見に賛成していたようだ。というのは、朝廷はその後二十年の間に、渡来銭禁止令を何度も布告していたからである。

だが、引用箇所の末尾における兼実の苛立ちが示しているように、渡来銭の流通を禁止しようとする朝廷の試みは失敗に終わった。

一方、鎌倉幕府は当初、朝廷が示したような渡来銭使用への抵抗は見せなかった。『吾妻鏡』によれば、幕府は一二二六年（嘉禄二）に、年貢を銭貨で納めることを認める布告を発している。(11)全体的に見れば、初期の鎌倉幕府は、貨幣経済を監督することに率先して取り組んだとは言えない。しかし筆者としては、幕府のとった政策が、その間接的結果として、人々が物の価値を貨幣に換算して考えるよう促すことになった、と主張したい。例えば、一二三一年（寛喜三）と一二五三年（建長五）に幕府が発布した法令は、盗んだ物の金額に応じて盗人を裁くよう、地頭に命じている。(12)多額の銭に相当する盗みをはたらいた者には、より重い刑罰が課された。つまり、人々（こうした法を執行する武士や罰を受ける盗人、さらには盗難にあった被害者）はみな、自分の所有物の価値を貨幣に換算して考えねばならなくなったわけである。

鎌倉幕府は当初、人々が貨幣を使用することに「介入しない」姿勢を見せていたが、それも長続きはしなかった。幕府の指導者層は、平安後期の朝廷と同様に、貨幣をみずからの統治権を脅かすものと認識するようになったのである。幕府は一二五〇年代に生じたインフレと物価の変動を問題視し、鎌倉での物の値段を定める試みにでた。(13)しかし、より強く懸念されたのは、御家人や地頭が金銭面で困難に陥ったことである。御家人は早くも一二三〇年代頃から金貸しに借金をするようになっており、幕府はそれに対応して経済面でもより積極的な役割を果たすようになった。借金の返済ができない御家人たちは、どうやら金貸しを代官に指名し、地方にある荘園の住人たちから直接収益を回収させることで、彼らを納得させようとしたらしい。このため、幕府は一二三九年（延応元）に、諸国の地頭らに対し、金貸し（商人借上）や僧（山僧）を代官に指名することを禁じている。(14)この禁令は金貸しを厳しく非難しているが、それは彼らが「当時之利潤を貪る為め、後日之煩費を顧み」ないからであった。要するに、幕府も貨幣の浸透を、社会的混乱を招く種と捉えるようになったのである。

三　富としての土地

当然ながら、富は貨幣以外の形で存在することも忘れてはならない。十三世紀の日本では、依然として土地が最も重要な富の尺度であった。ある意味で、鎌倉幕府は土地の所有権・収取権の大規模な再分配を司る機構であった。朝廷から配下の武士を地頭に任命する権利を得た幕府は、既存の荘園体制に御家人を入り込ませ、荘園からの収益の一部を徴収する権利を与えた。新しく任命された地頭の地位は、荘園の所有者からの介入を受けないものであった。地頭を解任できるのは、幕府だけだったからである。やがて地頭の地位は世襲されるようになり、親から子や、親が指名する者へと受け継がれた。さらに、一二二一年（承久三）に承久の乱が起こると、東国の武士は西国の荘園に地頭として補任されるようになった。東国の武士はそれまで地位が不安定で、また東国でしか活動できなかったが、こうした移住により、それまで彼らの力のおよばなかった西国の土地に対する権利を獲得することになったのだった。鎌倉幕府は御家人の間でさえも土地の再分配を続けた。例えば、ある武士の一族が謀反人と断じられ、攻撃され、滅ぼされる（一二四七年〈宝治元〉に三浦一族がそうされたように）と、その所領は分割され、勝者側について戦った武士たちに分配された。土地は収入源であったから、このように土地を再分配することは、すなわち富の再分配でもあった。

鎌倉幕府が発布した法令には土地に関するものが山ほどある。当時の法に関する史料は、誰が土地を所有、相続できるのか、あるいは誰が土地に課税したり、土地を管理、処分できるのかといった問題についての訴訟であふれている。北条泰時によって一二三二年（貞永元）に制定された『御成敗式目』は、幕府の法令の基本原則を定めたものだが、この式目には説話に見られるような倫理的問題への関心が表れている。例えば、親は子に所領を相続させる権利を持つが、子が親の意にそむくような行いをする場合には、土地を取り返すことができる、と定められている[15]。このことが最もはっきりと述べられているのが第一八条で、親が娘に与えた所領を取り戻せることが次のように記されている。

右男女之號雖異父母之恩惟同爰法家之倫雖有申旨女子則憑不悔返之文不可憚不孝之罪業父母亦察及敵対之論不可譲所領於女子歟親子義絶之起也教令違犯之基也女子若有向背之儀父母宜任進退之意依之女子者為全譲状竭忠孝之節父母者為施撫育均慈愛之思者歟[16]

この条文は、娘が無条件で贈り物をもらえば、きっと親不孝な不埒なふるまいをするだろうとして、この規定を正当化している。これは平安後期から続く法の伝統を受け継いで、相続人たる子が親に対して孝行することを求め、親に絶大な力を与えるものであった[17]。孝行や徳行を促すために定められたのだろうが、こうした規定は悪用される危険性もあった。親が廃嫡すると子を脅すこともできたからだ。経済思想の観点から見て非常に重要なことは、幕府が、一、富と土地を同一視していたため、土地の問題に最大の関心を払ったこと、二、親が相続権を楯にとって、親孝行するよう仕向けるのを支持したこと、そしてその際、（土地という形での）富が報酬とされたことであろう。後で論じるように、室町時代になると富の定義には変化が生じ始めた。少なくとも都市に住む人々にとって、富と言えば、土地ではなく、主に貨幣のことだという認識が広がっていったのである。

四　徳政と債務救済

一、金貸しや借金は混乱を招く、二、土地は大切なものである、という二つの考えは、一二九七年（永仁五）に発せられた、鎌倉幕府の最も有名な経済政策に関する法令、永仁徳政令の基礎となった。[18] この法令は、御家人の債務を破棄し、また彼らが債務不履行のために失った土地を返還するよう命じるものであった。加えて、幕府の司法機関は、御家人ではない者が起こした訴訟で、債務不履行に関するものは受理しない、とも記されていたから、御家人に金を融通していた債権者たちは貸付の回収ができなくなってしまった。この法令は金銭的に困窮した御家人の救済を目的としていたため、「徳政令」（徳をもって政を行うための法令）として知られるようになった。だが実際のところ、徳政令は問題を解決するどころか、かえって多くの問題を生じさせることとなった。誰も彼もがこぞって土地の所有権を主張したり、土地の返還を求めるようになった上に、御家人に金を貸そうとする者もいなくなってしまったのである。結局、徳政令の内容は、発布された翌年から徐々に取り消されていった。[19] では、徳をもって国を治めることが、なぜ債務救済と結びつけて考えられるようになったのだろうか。

永仁徳政令が発せられた頃までには、日本にはすでに税や債務の免除といった経済的支援を仁政と考える、長い伝統が存在した。『日本書紀』によれば、五世紀に在位した仁徳天皇は凶作に苦しむ人々を見て、三年間租税を免除したという。このことを裏づける同時代の史料はないが、同じ話が若干形を変えて『方丈記』に収められており、鎌倉時代の人々がこの話を事実と受け取っていたことが分かる。より信頼性のある証拠としては『日本後紀』の記述が挙げられるが、それによると、二人の高官（藤原緒嗣と菅野真道）が政策について論争したとある。[20] その際、藤原緒嗣は、平安京の建設と蝦夷平定のために課した重税をやめる必要があると説き、一方の菅野真道は今まで通りに徴収すべきだと反論した。結局、桓武天皇は緒嗣の助言にしたがい、その仁政によって民から慕われることとなった。また、天武天皇が六八六年（朱鳥元）に死の床に着いた際、その妻（後の持統天皇）は債務に対する利子を帳消しとする命令を出しているが、これはそうした徳行により夫が回復することを願ってのことと思われる。[21] このように古代の日本人は、善政とは民の経済的福祉に気を配ることだと考えていたのだった。

それゆえ、十三世紀に御家人たちが負債に苦しむようになった際、「徳政」の名において債務救済が求められたのは、古くからの考え方に合致するものであった。御家人たちが助けを必要としていたことは明白であった。幕府は永仁徳政令の何十年も前から、御家人の所領を金貸しから守る法令を発布している。例えば、一二四〇年（延応二）の法令では、御家人が返済期日までに借金の元本の半分を返済していれば、残りの返済については猶予期間を設けねばならず、債権者は土地を没収してはならない、とされている。[22] 幕府の金貸しに対する見方は、次第に非難がましいものになっていった。一二五五年（建長七）に発せられたある法令では、金貸しは盗人とぐるになっている、といった趣旨が述べられている。盗人は捕まることを恐れて盗品を大っぴらに売ることができないが、借金のかたにこうした品々を渡せば、金貸しは盗人の素性を明かさないというのである。[23] 金貸しは人を食い物にする輩で、一般の人々（特に御家人）はその被害者だという意見は、幕府にさらなる大胆な行動をとらせた。幕府は一二六七年（文永四）にそれまでで最も強い介入政策をとり、御家人が所領を売り払ったり、質に入れたりすることを禁止する措置に踏み切った。[24] これらの事例は、やがて永仁徳政令につながってゆく法的措置の段階を示すだけでなく、その裏にある考え、つまりある種の経済思想についても物語ってくれるのだ。

永仁徳政令は御家人を救済したり、経済を「正そう」とする意味では失敗に終わったが、その後の武家政権もやはり経済に介入し、定期的に債務を帳消しにする試みを続けた。こうした介入は人々が望むものでもあった。室町時代になると、債務救済措置を受けるのは武士だけではなくなっていた。一四二八年（正長元）に起きた正長の土一揆では、農民（凶作のために、年貢の減免を求めて立ち上がった）や、馬借（金貸しが高利を貪っているせいで、仕事がなくなったと訴えた）が救済を求めて、激しい抗議行動に立ち上がった。[25] 彼らは京都や奈良に押しかけて、町の外にあった土倉を襲い、興福寺に奈良地方での徳政令を出させた。その後間もなく農民は再び立ち上がり、一四四一年（嘉吉元）に嘉吉土一揆を起こし、将軍が変わったことにともなう代初めの徳政を要求した。一揆の勢力は非常に強く、足利幕府はその要求をのまざるを得なかった。[26] こうした一揆は暴力的で破壊を引き起こすものであったが、これらおよびその後の借金帳消しに関する法令は「徳政令」、つまり徳によって政治を行うための法令と呼ばれるようになった。この言葉は江戸時代、さらには近代にまで受け継がれた。すなわち奈良時代以前に生まれた経済思想が連綿と受け継がれたのである。

五　異なる種類の史料を検討することで見えてくるもの

これまでに挙げた例から分かる通り、経済の制度や実態についての研究で最もよく使われる種類の史料は、経済思想についても何かしらの示唆を与えてくれる。だが、これらの史料から分かることは限られている。扱われている話題の幅も狭く、誰かが考えを述べていても、それは貴族や政府高官といった人々のものに限られているからだ。我々が（今日）経済思想と考える問題の中でも、こうした史料が語っていない側面について明らかにする、あるいは中世初期の社会の中でも、もっと広い階層の人々の考えを知ろうとするならば、これまで見てきたようなものとは別種の史料に目を向けていく必要がある。

以下では、説話、軍記物語、随筆といった史料を考察し、古代・中世の日本人の経済思想の手掛かりを探していくことにする。ほとんどの場合、本章の関心にかかわるような箇所は短く単純なもので、もっと後世になってから、あるいは別の国々に見られたより洗練された文章と比較すれば、見劣りのするものである。そこで考察にあたっては、各作品を個別に検討するよりも、特定のテーマを決め、その区分ごとにそれぞれの作品からの例を集めることにした。各テーマは筆者が独自に設定したもの（つまり、そこには、経済にかかわる種々の概念についての現代の理解が必然的に反映されていることになる）であるが、各テーマに該当する例がいくつも見られることから、これらは、十世紀から十五世紀に広く受け入れられていた見方にも合致していると考えられる。こうした手法をとることで、（特定の作者とその作品にではなく）経済思想に考察の焦点を絞り、作品のジャンルや政治的な時代区分を超えた知的傾向を捉えられることを期待したい。

六　富

古代・中世の日本人は富というものをさまざまな観点から捉えていた。宗教的な物語では、時に、富を神々からの恵みとして描いていることがある。例えば、『一遍上人絵伝（一遍聖絵伝）』には、この手の話が絵物語として収められている。常陸国のある人々が一遍に助けられた後、三七日供養を捧げると、その信仰心が報いられ、銭五〇貫文を見つける、というのがそれだ。[27] また、『今昔物語』には、ゆるぎない信仰心を示した者が、その報いとして現世で恵まれるといった話がいくつかある。そうした恵みは実にさまざまな形をとる。その中で最も（少なくとも現代の観点から見て）奇妙な話としては、次のようなものがある。ある貧しい男が三年の間、観音参りに通い、貧しい暮らしから救ってほしいと祈った。[28] 男の願いは聞き届けられぬようであった。三年が過ぎようとする年も末、これはきっと前世の報いなのだろうと嘆いていると、ひょんなことから子供の死体に出くわした。男は役人にこれを家に持ち帰るよう命じられ、仕方なくそうすると、何とこの「死体」が黄金であったことを妻と知ることになる。これは男の信仰心の深さゆえに観音が与えた恵みであった。夫婦は黄金を毎日少しずつ削り売って裕福になり、その信仰心をますます厚くしたという。[29]

勿論、富は貨幣や貴金属だけに限られていたわけではない。『宇治拾遺物語』の中には、孤児でとても貧しい若者が、長谷寺の観音に救いを求める話がある。寺の僧たちは男に食べ物を与えたが、なるべく早く立ち去るよう促した。だが観音は若者を憐れに思い、次々と幸運が舞い込む、一見偶然のような出会いを与えてやる。こうして若者は一本のわらしべを三つの大柑子と交換し、大柑子は見事な白布となり、白布は馬に、馬は田んぼへと交換される。その結果、若者は非常に裕福になり、豊作にも恵まれ、「長者」となるわけである。[30] これらは主として、聞き手に観音信仰の利益を信じさせるために語られた物語であるが、こうした話からは、富が神仏からの恵みと考えられたことが分かる。何より興味深いのは、こうした物語が、中世の宗教的考え方というものについて、一般的なイメージとは別の姿をうかがわせてくれる点であろう。少なくとも西洋人の多くは、仏教は俗世での富を遠ざけ、来世での報い（あるいは悟りを得るという形での報い）を待つよう教えるものだという見方を持っている。しかし、これらの物語では、この世での行為が、銭、黄金、土地の形での「現世」利益に直結しうることが示唆されている。

他の類似の説話では、富は人が悟りを得ることに専念する手段とされている。例えば、『古今著聞集』には、花山院右大臣忠経に仕える年輩の侍で、貧乏ゆえに仲間の侍たちがやっている賭け事に参加できない男の話がある。[31] 男の妻は賭け事に参加できるよう、自分の衣を一つ売って金を用意してやる。翌日、賭け事に参加した男は大成功し、五〇〇文を三〇貫文まで増やすことができた。しかし、信心深く、また自制心のあるこの男は、博奕に病みつきになるどころか、もう二度としないことを公に誓い、賭け事で得た金を出家するために使って、阿弥陀如来へひたすら祈ったという。その信仰心は周囲の多くの人々を感化し、かくて「阿弥陀如来の慈悲深い導きによって」得た富は、多くの人が悟りを得るきっかけとなったのである。

しかし、これまでの物語とは対照的に、富は人を惑わす邪魔なものであり、救済や幸せを得るための妨げになる、と説く話も多く存在する。『平家物語』に登場する幾人かの人物についてはこうした話が記されているが、その最たる例は、平清盛の娘で安徳天皇の母であった建礼門院であろう。息子が殺され、平家一門が源平合戦で敗れると、建礼門院は尼となり、大原に隠棲する。しかし栄耀栄華を誇っていた頃の思い出を忘れられぬ彼女は、「本朝漢土の妙なる類数を尽くして、綾羅錦繍の粧」をしていた過去に日々思いを馳せる。[32]平家一門に対する未練、過去に味わっていた贅沢や地位は、物語の灌頂巻で、建礼門院の心を悩ます原因として描かれている。

境遇はまったく異なるが、無住一円は『沙石集』（十三世紀後半）の中で「千金の宝を満つと云ふとも、林下の貧にはしかじ」というある唐僧の言葉を引き、同様の趣旨を述べている。[33]この例では（先の建礼門院の場合も同様だが）、富はそれを多く持つ者を、修行から遠ざけてしまうものであり、よってその者は悟りからさらに遠ざかることになる、とされている。こうした考えを極端な形で表したのが、『日本霊異記』にある、田中真人広虫女という「大層裕福」な女の物語である。この物語によると、この女は意地汚く利を貪っている。水で薄めた酒を売ったり、米を貸す際には米の升を変えて不正を働いたり、あるいは法外な利子を課して貸付を行ったりしているのだ。すると女は夢の中で、こうした行いについて罰せられることになるぞ、との警告を受け、その翌日に突然の病で亡くなってしまう。ところが、その数日後に、おそらく仮死状態か何かであったのだろう女が息を吹き返すと、その姿は腰より上が牛となり、腰より下が人間となっている。つまり、来世を待たずして因果応報を受けた姿となっていたのである。(34)

この節で紹介した物語は、それぞれ関係のない話をよせ集めたように見えるかもしれないが、テーマごとに分類して、まとめて考察してみると、古代・中世日本の経済思想によく見られる、いくつかの特徴が浮き彫りになってくる。まず当時の経済思想は、必ずしも単純なものではなかったと言えよう。例えば、富は神々からの報酬と考えられることもあったし、もっと念仏に専念できるようにするための手段でもあった。さらには、仏教に帰依する妨げとなる厄介なものと見られることもあった。また当時の経済思想には、驚かされる側面もある。例えば、仏たちは、本来であれば欲や執着を断ち切るべき（少なくとも、我々はそう考えるのだが）熱心な信者に、物質的な報いを与えている。いずれにせよ、古代・中世の日本人の考えに見られるこうした特徴は、本節で見てきたような史料を読み込んでいくことで初めて浮かび上がってくるのである。

七　強欲、自制、そして道徳心

広虫女の物語に表れているように、当時の考えには一方で、貨幣や利益は、単に人の足を引っ張るものであるばかりか、道義に反する行動や強欲のもとだとする見方があった。中世初期において、栄耀を極めた悪人を考える場合、おそらく多くの人が真っ先に思い浮かべるのは平清盛だろう。実際の清盛は、外国貿易や渡来銭に関心を寄せ、福原の港に船を呼び込もうと努めたことで知られており、一一七〇年（嘉応二）には、後白河院と宋の商人を引き合わせることまでし、九条兼実のような廷臣の激しい非難を浴びている。(35)また清盛が手段を選ばず権力の座を勝ち取ったことや、一一七九年（治承三）に事実上のクーデターを起こしたこと、さらには孫を天皇の位につけたことは、朝廷のライバルたちから指弾される原因となった。『平家物語』に登場する清盛はさらに否定的に描かれ、栄耀の限りをつくした大悪人とされている。清盛は傲慢この上なく、放埒の限りをつくし、一門の者に理不尽な所業があっても、彼らを引き立てた。清盛にとっては富もまた権勢のもとであった。『平家物語』巻一第五話には、清盛が白拍子の祇王の母に多額の金銭と米を与える一方で、祇王本人やライバルの白拍子・仏御前にはひどい扱いをしたことが記されている。祇王の母に飽きると、清盛は彼女には何の咎もないのに、米や金銭の贈りものも差し止めて、彼女たち一家を苦しめたのだった。

富が強欲をよぶという話は説話にも多数見受けられる。『沙石集』巻四第一〇話には、若い尼僧が、金持ちの老僧に取り入ってその庵に住みつく話がある。この尼は若い修行僧を忍んで通わせていた。老僧は「庵室なんどもさる体に作り、時料をも持ちたりければ」、尼はこれを殺して、庵室に住み続けようと画策する。(36) 尼の計画は失敗に終わるが、この物語では、色欲と貪欲が彼女を殺人に駆り立てたことがはっきりと描かれている。もう一つの例として挙げられるのは、『宇治拾遺物語』にある、かの有名な「雀報恩事」の話である。この物語では、老婆が傷ついた雀を世話して、元気にしてやると、いくらでも米が出てくる魔法の瓢箪の種を礼としてもらい、大金持ちになる。すると隣人はこれを羨んで、雀にわざと怪我をさせて、これを介抱してやり、自分も瓢箪を得ようとする。ところが雀はわざと怪我をさせたことを知っていて、食べれば病気になり、米の代わりに毒虫が出てくるような瓢箪の種を置いていくのだ。(37) 金にこだわるあまり愚かな行動をしてしまうという話は、他の説話の中にも見受けられる。先に触れた『沙石集』には、虫歯を抜く唐人と交渉する男の話がある。奈良に住むこの男は「慳貪」で「利養を先とし」ていた。ある時、虫歯を一本抜かねばならなくなり、この唐人に頼むと、費用は一本につき銭二文だと言われる。すると男はこれを値切ろうとし、結局、三文で歯を二本抜いてもらうことになった。男は得をしたと考えたが、実際には健康な歯を一本失うことになった。物語はこのことを「大きに愚かなる事、嗚呼がましきわざなり」と記している。[38]

一方、鴨長明や吉田兼好などは富や貧困について、より複雑な見方をしている。鴨長明が『方丈記』を著した大きな目的の一つは、世の中の無常という仏教の教えを具体的に説くことにあった。長明は、裕福な者が貧しい者よりも不幸だとは言わないが、豪華な屋敷に財を費やす金持ちのはかなさを指摘している。豪華な屋敷は見事かもしれないが、「焼けて」しまうこともあれば、「ほろびて小家となる」こともあるというのだ。だが長明の意見では、貧しいことが裕福よりも良いわけではないようで、このことは次のように記されている。

もし貧しくして富める家の隣にをる者は、朝夕すぼき姿を恥ぢて、へつらひつつ出で入る。妻子僮僕の羨めるさまを見るにも、福家の人のないがしろなるけしきを聞くにも、心念々に動きて、時として安からず。

要するに、富も貧しさも望ましいものではなく、長明は「財あればおそれ多く、貧しければ恨み切なり」と述べている。[39] 一方、吉田兼好は『徒然草』の第二一七段で、「人は万をさしおきて、ひたふるに徳をつくべきなり。貧しくては生けるかひなし。富めるのみを人とす」という考えを持つ、ある「大福長者」の言葉を長々と引用している。この長者は富から楽しみを得ておらず、利益を得るという一事にのみ励むことを大変誇りに思っている。そして、金のかかる遊びは避け、金はただ貯蓄するものだとして、金を「君のごとく、神のごとく畏れ尊みて、従へもちゐることなかれ」と述べている。しかし、兼好はこうした考えには批判的で、「所願あれどもかなへず、銭あれども用ゐざらんは、全く貧者とおなじ」と論じており、この長者の哲学にしたがえば、貧富の区別など意味がなくなると記している。[40]

金が強欲のもととなるという話がある一方で、欲望を律し、高潔な振る舞いをする者が報いられるという話も、しばしば物語に登場する。例えば、『沙石集』には「正直が一番良いことだ」という教訓として、こんな話が記されている。ある僧が駿河国で宿に泊まった際、五〇両入った財布を落としてしまったが、宿で働く若い女がきちんと預かっておいてくれた。僧はお礼として彼女に一〇両渡そうとするが、女はこれを断ったので、その正直さにもっと驚き、彼女を生涯の連れ合いとしたという。(41)もう一つ、『今昔物語』には観音に常日頃から祈りを捧げている若者が、「如意」(仏具の一つ)を作る男に殺されそうになっている蛇を助ける、という話もある。この若者は貧しい身の上ではあったけれど、自分の綿衣と蛇を交換し、これを逃がしてやった。すると間もなくして、その蛇が少女の姿になって現れ、若者を竜王である父のもとへ連れて行く。竜王は宴を開いて若者をもてなし、黄金の餅を授けてくれる。この宝は少しずつ切り取って使えばずっと無くならぬ代物で、若者はこの餅のおかげで長者になったというのである。(42)

ここに紹介した話、またこれに類似した数多くの物語が示しているように、古代・中世の人々は富を徳行と結びつけて考えようとした。無論、同様の傾向は世界各地で見ることができる。こうした物語が生まれた背景には、正義(つまり、善人が報われること)が実現されてほしい、という人間の欲求があるのかもしれない。あるいはひょっとすると、無私の行動が富で報われるという物語によって、人々に道徳的な行動をとるよう促そうとしたのだろうか。中世初期の日本において、富と徳が結びつけて考えられるようになったことで、得(利益)と徳という同音異義の漢字は、互換的に使われるようになった。このことを示す早い時代の証拠としては、『沙石集』にある「能説坊説法事」(巻六第一一話)が挙げられるが、これは能説坊が水増しした酒を売るのをやめるよう「沽酒家の徳人の尼」を説得しようとする話である。(43)また、林屋辰三郎は一三〇四年(嘉元二)に発布された東大寺の命令について記しているが、この命令では東大寺がみずからの持ついくつかの所領の荘官に対して、その土地の富者を調べ、「有徳交名」なる名簿に載せて課税の対象とするよう求めている。(44)有徳人とか有徳銭（有徳人に課せられた税）といった言葉は、十四世紀を通じて広まり、中世・近世を通じて使われ続けた。

八　繁栄する経済

十四世紀や十五世紀になると、経済・商業活動ははっきりと上向いてくるようになった。それ以前の時代に、朝廷や鎌倉幕府が貨幣の使用や、金貸しの活動を制限しようとしたにもかかわらず、貨幣は社会に浸透し、金貸しも繁盛していた。足利幕府は金貸しと対立するよりも、彼らと連携したほうが得策だと考えた。十四世紀半ば、足利氏は本拠地を（鎌倉ではなく）京都に移したが、その理由の一つは、京都を中心として活動する金貸しへの課税が容易になるからであった。それから数十年のうちに、室町幕府は相当な額の税を徴収することに成功した。一三九三年（明徳四）に発布された法令によれば、金融業者（土倉・酒屋）は年に六千貫文の税を支払うことになっていた。(45) この頃までに、京都は貨幣と商業の都となっていた。もっと以前の時代には、地方の荘園からの年貢は農産物やその他の現物で支払われていたが、この頃になると、ほとんどの場合、現物の代わりに銭貨で納められるようになっていた。十五世紀に日本を訪れた朝鮮人たちは、茶を買うことから、橋の通行料、銭湯での入浴料に至るまで、何にでも銭貨が使えたと驚いた様子で記している。(46) 網野善彦は、十四世紀に銭貨（米や布と違い、使用価値のないもの）が富のシンボルになると、「富のイメージの大きな変化」が生じたと述べている。(47) それでは、経済思想の面でこのような変革が生じたことを示す証拠はあるだろうか。

そうした証拠はいかにも存在する。当時の物語の中に、金に対する新しい認識や関心を見ることができるのだ。最も良い例の一つは、鎌倉幕府に仕える武士で青砥藤綱という役人の有名な話である。『太平記』巻三五に載っている話によれば、藤綱は滑川のほとりを夜に通った際、銭一〇文を落としてしまった。すると従者に銭五〇文で松明を買ってこさせ、その明かりで銭を探させた。銭一〇文は見つけることができたが、これを聞いた人々は銭五〇文で一〇文を取り戻すのでは割に合わぬではないか、と笑った。すると藤綱は、経済についての大切な教えをこう説いた。

されぱこそ御辺達は愚かにて、世の費をも知らず、民を恵む心なき人なれ。十文の銭はその時求めずは、滑川の底にして永く失ふべし。続松を買ひつる五十の銭は商人の家に留まつて失すべからず。我が損は商人の利なり。彼と我と何の差別かある。かれこれ六十の銭一つも失はざるは、あに所得に非ずや。[48]

嘲笑する人々に対し、藤綱が雄弁に語ったように、もし彼が銭一〇文をあきらめていたら、その金は川底に失われてしまっていたはずである。だが、銭五〇文をかけてこれを探すことで、六〇文すべてが世に流通し続けることになる。藤綱は落とした一〇文を取り戻し、松明を買うのに使った五〇文は商人の利益になったのだ。勿論、彼が言わんとしているのは、流通する金は、もともとその金を使った人の他にも、多くの人を助けることができる、ということである。これは入門的経済学の重要な原則で、現代の政策決定者が経済を刺激する方策として、政府の支出を選択する際の背景にある考え方である。青砥藤綱とその教訓は、まさしく金や商業が広がった十四世紀が生み出した産物だったと言えよう。興味深いことに、藤綱とその物語はこの時代以降も長く語り伝えられることとなる。江戸時代の歌舞伎の演目に藤綱が登場したり、明治時代の版画の題材となったりし、さらには二十世紀の経済学者の研究の中で言及されたりしているのだ。[49]

十四世紀になると貨幣、商業、経済問題に対する人々の関心が新たな水準に達したことを示す証拠は他にもある。庶民的な物語や芝居の中では、懸命に働いて大きな財をなした庶民のことが題材にされるようになっていった。例えば、室町時代の御伽草子『文正草子』の題名ともなっている文正という人物の物語がそれである。この男は神社に仕える雑色であったが、仕事を失い、塩焼に弟子入りする。文正は懸命に働き、塩釜の主人を説得して自分用の塩釜をもらうが、作った塩が評判を呼び、浦で一番金持ちの塩屋となった。そして三百人もの下働きや使用人を抱えるほどの、「限りない富」を得た長者となったのである。(50) これは典型的な「叩き上げ」の出世譚であるが、室町時代の価値観に合致した話にも見える。他方、舞台作品に目をやれば、狂言の演目には金に固執したり、恵比寿天・大黒天といった、富などの現世利益を授けるとされる神々にしか目がいかない庶民のことを扱ったものがある。先に述べた観音信仰はこの時代にも続いていたが、七福神（特に大黒天、恵比寿天、毘沙門天）への信仰も盛んになっていった。大黒天（銭を出せる打ち出の小槌を振りかざした姿で描かれることが多い）は、来世の救いよりも、現世の金のほうに関心を持つ、中世の商人たちの信仰を集めるにはうってつけだったに違いない。(51)

九　新しい権力者像

十四世紀や十五世紀に思想の変化が見られるのは、庶民ばかりではない。当時の人々は支配というものの性格についても新しい考えを持ち始めたが、このことは中世になって経済の重要性が増したことを反映するものであった。室町幕府の将軍や役人は、それ以前の支配者たちよりも商業にずっと大きな関心を払っていた。彼らは商業の円滑化をはかろうと、積極的に商人やその組合である座に特権や免除を与える姿勢を見せた。一三四一年（暦応四）に、成立したばかりの室町幕府の執事を務める高師直から、諸関の通行料免除を認められた大山崎油座の例を考えてみよう。二代将軍足利義詮は一三五二年（文和元）に改めてこの免除を命じ、三代将軍義満は、一三九二年（元中九）にこの免除を追認したのみならず、大山崎に守護不入の特権を与えた。[52]この当時、守護は地方を支配した有力な武将であり、歴代の足利将軍は多くの守護から支持を得られなければ、その権力を各地におよぼすことは期待できなかった。にもかかわらず、このような命令を出していることは、義満が商業や税を非常に重視し、大山崎油座に価値を見出していたことを物語っている。

義満はまた、明と正式な関係を結び、明の皇帝から「日本国王」に冊封されているが、これは計算尽くの行動で、経済を重視する姿勢からくるものだった。義満は以前にも明に使節を送ろうとして失敗していたが、一四〇一年（応永八）に同朋衆の一人を正使、博多の商人を副使として派遣した試みは成功した。中国側から見れば、この使節の意義は主に政治的なものだったと思われる。永楽帝（在位一四〇二―二四）は皇帝の位を甥の建文帝から簒奪していたので、外国の支配者が使節を派遣し、彼の天子としての地位を認めることを強く望んでいたのだった。義満は国交を結ぶにあたり、みずからを国王であり、明の皇帝の臣下であるとへりくだった。しかし、その本当の狙いは貿易、特に当時の日本で好まれた中国銭を手に入れることにあったと思われる。[53]永楽帝は義満の朝貢に気前よく報いた。一四〇三年には千五百緡、一四〇七年には一万五千緡、その翌年にはさらに五千緡もの銅銭を与えているのである。[54]この数字には、日本の使節団員が明国滞在中に「私」貿易で得た、相当量の銅銭は含まれていない。義満が朝貢に参加した動機はさまざまであろうが、この頃までにはすでに彼の権力は安定していたから、経済的理由が大きかったことは間違いないだろう。

義満が富を追求したのは単に私腹を肥やしたり、享楽にふけるためではなく、十四世紀には富を誇示することが、円滑に支配を行っていく上で欠かせない要素だったからである。このことは『太平記』のような広く流布した作品に描かれる、成功している武将像に表れている。例えば、佐々木道誉は、南北朝時代に競い合った武将たちの華美な生活や、浪費癖を絵に描いたような人物である。こうした武将たちは、派手な宴を催したり、敵を中傷したり、あるいはライバルを感服させるための出費を惜しまなかった。『太平記』によれば、道誉（北朝側について戦った）は南朝勢が京都を襲撃してきたために、都を離れることを余儀なくされたが、その際、最高の品々で屋敷を飾り立て、ここを占拠するだろう人物をもてなす用意をさせておいたという。準備されたものには高価な中国の掛け軸や文集、絹の衣類などがあり、また台所にはあれこれの食材が揃い、大筒に入れた酒などがあった。道誉の屋敷を占拠したのは南朝勢を率いる楠木正儀という武将であったが、正儀は大いに感じ入り、その数週間後に都から退去せねばならなくなった折には、前よりもさらに屋敷の中を整え、秘蔵の鎧や白太刀（銀作りの太刀）を置いていったのだった。[55] こうした行動（しかも戦の最中である！）を見れば、なぜ「婆娑羅」という言葉でこの時代を捉える者がいるのかが理解できる。と同時に、こうした逸話からは、当時の武将は金遣いが荒く、富は支配者に欠かせない要素だったこともうかがえる。足利義満はこのことをよく理解していた。だからこそ、芸術の最大の後援者となり、明の品々を輸入し、あるいは当時の優れた建築物の造営のために金を出すなど、後世の将軍たちが見習えるような模範を示したのである。[56] 義満が果たした数多の文化的貢献には、能の保護・奨励、花の御所の建設、金閣寺を含む北山殿の造営（西園寺家の有していた西園寺を譲り受け、改築・新築を行ったもの）などが挙げられる。こうした面での貢献は、政治的指導者としての義満の立場を押し上げるものであったが、財源の確保が不可欠であった。義満が中国との貿易の再開を強く望み、大山崎油座を庇護し、金貸しに課税したのはそのためだったのである。

十　結論的考察

本章で述べてきた諸点は、十世紀から十五世紀にかけての日本の経済思想を明らかにしようとする試みの最初の結実である。本章は予備研究の段階にあり、さまざまな史料を考察したとはいえ、包括的な考察を行うまでには至っていない。先にも述べたことだが、この種の研究は、史料から経済思想を読み取ろうとするものであるが、同時に史料自体の研究であるとも言える。本章で用いた手法には、批判的な疑問も提起されるかもしれない。例えば、法関連の史料を読むことと、物語を読むことにはどういった違いがあるのか、といった疑問である。あるレベルで見れば、この二つの史料は、創作された説話と事実を記した古文書というまったく異なるものに見える。しかし、そうした違いは果たして見かけほど重要なのだろうか。「事実」を語っているはずの史料が事実を見えにくくしたり、我々を間違った方向へ導いてしまう場合があることは、研究者のよく知るところである。他の史料と同様、こうした史料は慎重に読まねばならぬものであり、これらを過去を見通すことのできる透明な窓のように考えてはならない。反対に、いわゆる「フィクション」の史料から、その他の史料では分かり得ぬ事実が明らかになることも多い。他の国々に見られるような、経済思想をもっと直接的に扱う史料が存在しないことから、本章では、たとえ本来は別の目的で書かれたものであっても、物語と事実に基づく史料の両方を集め、これらを読み込んでいくという手法をとった。このような手法は完璧とは到底言い難いものだが、さまざまな制約を考えれば、最善の選択ではないかと思われる。

史料に関する疑問に加え、古代・中世の日本社会に近代の概念を当てはめようとすることについては、当然疑問が提起されるだろう。この時代の日本語には、「経済」に直接相当する言葉がなかったというのはその通りである。加えて、本章で用いた「神々からの恵みとしての富」と「より敬虔な生活をする手段としての富」といった区別は、実際にはそれほどはっきりしたものではない。物語によっては、この区別のどちらに入れても構わないものもあるし、両方同時に当てはまるものもある。こうした批判はどちらももっともだと筆者は考える。だが、本章の冒頭部分で述べたように、そもそも「経済史」という枠組みそのものが、現代人が無理やり当てはめたものと言える。西洋以外の前近代社会については、とりわけそう言えるだろう。したがって、仮に前記の批判が当たっているとしても、こうした困難に立ち向かうのでなければ、時間と空間の壁を越えた比較分析に取り組むことはおぼつかない。ピーター・ボーゼイが産業革命前のイギリスにおける「余暇」を研究する試みを弁護して述べているように、「ある言葉がないからといって、それに相応する経験が存在しなかったとは限らない」のだ。[57] 近代と前近代の社会では違うところも多いが、もし両者が根本的に異なっていると決めつけてかかるならば、それは過度な一般化であり、そうすることで見えてくるものもあろうが、同時に覆い隠されてしまうことも多い。

我々が、近代の概念の過去への当てはめを拒否するのでなく、E・H・カーが述べたように、[58]「歴史」は過去（史料に書かれていること）と現在（歴史家や読者の認識・解釈）の対話の産物でしかあり得ない、という認識に立つならば、古代・中世の日本の経済思想を研究することは、やはり意味のあることに思われる。その理由を三つ挙げてみよう。第一に、本章では、当時の日本人が貨幣や富についてどう考えていたか、また時代によって、それがどう変わっていったのかについて、従来に比べて少しはきめ細かい分析を提示できたのではないだろうか。当時の日本人は富や貧困の問題に日常的に接しており、それが彼らにとって持った意味を解明することは、古代・中世の日本社会をより良く理解することにつながるはずである。第二に、本章で試みたような研究は、興味深い文化横断的な比較研究の道を開く可能性を秘めるものである。例えば、なぜ中世ヨーロッパであれほど厳しく批判された高利貸しが、日本では大っぴらに受け入れられたのだろうか。第三に、この研究からは、中世と近世日本の間に見られる連続と断絶のいくつかが浮き彫りになったのではないだろうか。江戸時代になると、経済思想に関する著作が質量ともに飛躍的な伸びを見せたことを、どう説明すればよいのだろうか。

それは単に規模の問題（つまり、江戸時代には経済規模が大きく拡大し、より商業化が進んだということ）なのか。それとも、社会の組織化と統制を説く宋学の教えが入ってきたことが、その理由なのだろうか。はたまた、中世国家の権力分立状況が克服されたことや、中世の仏教が衰退したことが原因なのだろうか。こうした疑問に答えることは、本章の範囲を超えるが、筆者としては本書に収められた各論文のような研究が、将来、こうした問いに対する答えを明らかにしてくれることを期待したい。

註

（1）ここに挙げた三人についての研究としては、川口浩、ベティーナ・グラムリヒ＝オカ編『日米欧からみた近世日本の経済思想』（岩田書院、二〇一三年）に収録されているグラムリヒ＝オカ、ヤン・シーコラ、グレゴリー・スミッツ執筆の章を参照。

（2）例えば、杉原四郎『日本の経済思想史』（関西大学出版部、二〇〇一年）、や Tessa Morris-Suzuki, *A History of Japanese Economic Thought* (London: Nissan Institute/Routledge, 1989) などを参照。

（3）網野善彦『日本の歴史をよみなおす』（筑摩書房、一九九一年）。網野にはほかにも多数の関連する著作がある。桜井英治「中世の経済思想――非近代社会における商業と流通」（『日本中世の経済構造』岩波書店、一九九六年）所収。

（4）藤原明衡著・川口久雄訳注『新猿楽記』（平凡社東洋文庫、一九八三年）二八〇―八一頁。物語に登場する商人は八郎真人なる人物である。

（5）敦光朝臣「変異疾疫飢饉盗賊等勘文」保延元年（一一五六）七月二十七日（『本朝続文粋』、黒板勝美・国史大系編集会編『新訂増補国史大系第二十九巻下 本朝文粋・本朝続文粋』吉川弘文館、一九四一年所収）。引用箇所は二九頁。

（6）玉井幸助・石田吉貞校註『日本古典全書 海道記・東関紀行・十六夜日記』（朝日新聞社、一九五一年）。

（7）小松茂美編『一遍上人絵伝』（日本絵巻大成別巻、中央公論社、一九八八年）九八―九九頁。

（8）皇朝十二銭の失敗に関する議論としては、Ethan Segal, *Coins, Trade, and the State: Economic Growth in Early Medieval Japan* (Cambridge, MA: Harvard University Asia Center, 2011), pp. 34-39 を参照。

（9）『平安遺文』二七三六号文書（仁平元年〈一一五一〉八月四日）。
（10）九条兼実『玉葉』治承三年（一一七九）七月二十七日（国書刊行会、一九〇七年）。
（11）『吾妻鏡』嘉禄二年（一二二六）八月一日。
（12）佐藤進一・池内義資編『中世法制史料集』第一巻（岩波書店、一九五五年）、第二部追加法二一（寛喜三年〈一二三一〉四月二十日）七〇—七一頁、および二八四（建長五年〈一二五三〉十月一日）一七二頁。これらのことは、笠松宏至・佐藤進一・百瀬今朝雄校注『日本思想大系22 中世政治社会思想 下』（岩波書店、一九八一年）、笠松宏至「盗み」（網野善彦・石井進・笠松宏至・勝俣鎮夫『中世の罪と罰』東京大学出版会、一九八三年）七一—八八頁、および Ethan Segal, *Coins, Trade, and the State: Economic Growth in Early Medieval Japan*, pp. 89-90 でも論じられている。
（13）『中世法制史料集』第一巻、第二部追加法二九六および二九七（建長五年〈一二五三〉十月十一日）一七七—七八頁。
（14）『中世法制史料集』第一巻、第二部追加法一二〇（延応元年〈一二三九〉九月十七日）一一六頁。
（15）例えば、『中世法制史料集』第一巻、校本御成敗式目二〇条、二六条参照（一四—一七頁）。嫡子が相続した土地を奪われたという例は山ほどある。『鎌倉遺文』七一四九号文書（建長元年〈一二四九〉十二月十五日）参照。
（16）『中世法制史料集』第一巻、校本御成敗式目一八条（一三頁）。
（17）親不孝とされて廃嫡された、あるいは廃嫡すると脅された子の例については、『平安遺文』三八一二号文書（治承元年〈一一七七〉十一月二十八日）、および三八二六号文書（治承二年〈一一七八〉四月二十六日）参照。
（18）『鎌倉遺文』一九四一六号文書（永仁五年〈一二九七〉七月二十二日）。
（19）関連史料には、なぜ幕府が永仁徳政令を撤回することになったかについての説明はない。『鎌倉遺文』一九六〇八号文書、一九六〇九号文書（永仁六年〈一二九八〉二月二十八日）参照。
（20）『日本後記』延暦二四年（八〇五）十二月七日（『国史大系 六国史 第三巻』経済雑誌社、一九一三—一六年所収）。参照箇所は六四頁。
（21）『日本書紀』朱鳥元年（六八六）七月および十二月の記述より。これについては、Ethan Segal, *Coins, Trade, and the State: Economic Growth in Early Medieval Japan*, pp. 126-27 参照。
（22）『中世法制史料集』第一巻、第二部追加法一三九（延応二年〈一二四〇〉四月二十日）一二〇頁。

（23）『中世法制史料集』第一巻、第二部追加法三〇五（建長七年〈一二五五〉八月十二日）一八二頁。
（24）『中世法制史料集』第一巻、第二部追加法四三三（文永四年〈一二六七〉十二月二十六日）二二五―二六頁。
（25）Suzanne Gay, *The Moneylenders of Late Medieval Kyoto* (University of Hawaiʻi Press, 2001), pp. 130-33.
（26）Ibid., pp. 134-37.
（27）小松茂美編『一遍上人絵伝』一三二―三三頁。
（28）『今昔物語』巻一六―二九「仕長谷観音貧男得金死人語」（馬淵和夫・国東文麿・稲垣泰一校注『新編日本古典文学全集36 今昔物語集二』小学館、二〇〇〇年、二六二―二六六頁所収）。
（29）現代の読者からすると、観音がこの夫婦を貧しさから救ったという点は理解できる。しかし、なぜ金を死体の形で与えたのだろうか。これはちょっと異様に思える。もし、この死体がかつて生きていた人間のものであったとしたら、どうだろう。仮にそうだとしたら、その人物はなぜ黄金に変えられてしまったのだろうか。こうした物語の多くがそうであるように、ここでもすべてのことが説明されるわけではなく、読者には疑問が残る。
（30）『宇治拾遺物語』巻七―五「長谷寺参籠男、預利生事」（三木紀人・浅見和彦・中村義雄・小内一明校注『新日本古典文学大系42 宇治拾遺物語・古本説話集』岩波書店、一九九〇年、一八三―九一頁所収）。英語での文献としては、*The Demon at Agi Bridge and Other Japanese Tales*, trans. Burton Watson, ed. Haruo Shirane (Columbia University Press, 2010), pp. 110-116 参照。
（31）『古今著聞集』巻第一二「博奕」（黒板勝美・国史大系編修会編『新訂増補国史大系第十九巻 古今著聞集・愚管抄』吉川弘文館、一九六四年）二四二―四五頁。
（32）冨倉徳次郎『平家物語全注釈 下巻二』（角川書店、一九六八年）一八九頁。英語の文献としては、Helen Craig McCullough, trans. *Genji and Heike* (Stanford University Press, 1994), p. 453 参照。
（33）Robert Morrell, *Sand and Pebbles* (State University of New York Press, 1985), p. 216.『沙石集』巻第九―二五「先世坊の事」（小島孝之校注・訳『新編日本古典文学全集52 沙石集』小学館、二〇〇一年）五〇五頁。
（34）『日本霊異記』下巻第二六「非理を強ヒて債ヲ徴り、多の倍を取りて、現に悪死の報を得る縁」（『日本古典文学大系70 日本霊異記』岩波書店、一九六七年）三九二―九七頁。この物語の英語への翻訳、またその内容を分析したものとしては William LaFleur, *The Karma of Words: Buddhism and the Literary Arts in Medieval Japan*（Univ. of California Press, 1983), pp. 35-38 を参照。

(35)『玉葉』嘉応二年（一一七〇）九月二十日。

(36)『沙石集』巻第四―一〇「上人の、妻に殺されたる事」（『新編日本古典文学全集52 沙石集』）二〇七―〇九頁。

(37) *Demon at Agi Bridge*, p. 109.『宇治拾遺物語』巻三―一六話「雀報恩事」（『新日本古典文学大系42 宇治拾遺物語・古本説話集』九六―一〇二頁所収）。

(38)『沙石集』巻第八―五「虫歯」（『新編日本古典文学全集52 沙石集』）四二七―二八頁。Morrell, *Sand and Pebbles*, pp. 229-30.

(39)『方丈記』（神田秀夫・永積安明・安良岡康作校注・訳『新編日本古典文学全集44 方丈記・徒然草・正法眼蔵随聞記・歎異抄』小学館、二〇〇一年）一五頁、二六―二七頁。

(40)『徒然草』（同前）二四九―二五〇頁。

(41)『沙石集』巻第七―一「正直の女人の事」（同前）三五三―五六頁。

(42) Royall Tyler, ed. & trans., *Japanese Tales* (Pantheon Book, 1987), pp. 267-69.『今昔物語』巻一六―一五「仕観音人行竜宮得富語」（『新編日本古典文学全集36 今昔物語集二』）二〇〇―〇七頁。

(43)『沙石集』巻第六―一一「能説坊の事」（『新編日本古典文学全集52 沙石集』）三四〇―四二頁。

(44) Hayashiya Tatsusaburo with George Elison, "Kyoto in the Muromachi Age," in John W. Hall and Toyoda Takeshi, eds., *Japan in the Muromachi Age* (University of California Press, 1977), p. 27. 有徳人という言葉が用いられている史料としては、例えば『鎌倉遺文』一一七八八号文書（嘉元二年〈一三〇四〉四月八日）参照。

(45)『中世法制史料集』第二巻、第二部追加法一四六―一五〇（明徳四年〈一三九三〉、十一月二十六日）五九―六〇頁。

(46) 申叔舟著、田中健夫訳注『海東諸国記――朝鮮人の見た中世の日本と琉球』（岩波文庫、一九九一年）。

(47) Amino Yoshihiko, trans., Alan Christy, *Rethinking Japanese History* (Ann Arbor, MI: Center for Japanese Studies, the University of Michigan, 2012), p. 150. 網野善彦『日本の歴史をよみなおす』（筑摩書房、一九九一年）四九頁。

(48)『太平記』（長谷川端校注・訳『新編日本古典文学全集57 太平記四』小学館、一九九八年）三五二―三五三頁。

（49）青砥の物語が現代の経済学者の研究の中で改めて語られた事例については、例えば Koichi Hamada, "The Impact of General Theory in Japan," *Eastern Economic Journal*, Vol. XII, No. 4 (1986), p. 451を参照。青砥は一八八〇年代に刊行された「教導立志基」という版画シリーズにおいて、井上安治という作家が手がけた作品の題材となっている。

（50）James T. Araki, "Bunshō Sōshi. The Tale of Bunsh?, the Saltmaker," *Monumenta Nipponica* Vol. 38, No. 3 (Autumn, 1983), pp. 221-49.

（51）Barbara Ruch, "The Other Side of Culture," in Kozo Yamamura, ed., *The Cambridge History of Japan, vol. 3, Medieval Japan* (Cambridge, England: Cambridge University Press, 1990), pp. 518-20.

（52）Suzanne Gay, "The Lamp-Oil Merchants of Iwashimizu Shrine: Transregional Commerce in Medieval Japan," *Monumenta Nipponica*, Vol. 64, No. 1 (Spring 2009), pp. 21-22.

（53）この見方は菅沼貞風、臼井信義、田中健夫といった多くの研究者によって支持されてきた。

（54）Yi-t'ung Wang, *Official Relations between China and Japan, 1368-1549* (Cambridge: Harvard University Press, 1953), p. 10.

（55）後藤丹治・岡見正雄校注『日本古典文学大系36　太平記三』（岩波書店、一九六二年）三七三—七四頁。この逸話はH. Paul Varley, "Cultural Life of the Warrior Elite in the Fourteenth Century," in Jeffrey P. Mass, ed., *The Origins of Japan's Medieval World* (Stanford University Press, 1997), pp. 192-208で論じられている。

（56）H. Paul Varley, "Ashikaga Yoshimitsu and the World of Kitayama: Social Change and Shogunal Patronage in Early Muromachi Japan," in Hall and Toyoda, eds., *Japan in the Muromachi Age* (University of California Press, 1977), pp. 183-204.

（57）Peter Borsay, *A History of Leisure: The British Experience Since 1500* (New York: Palgrave MacMillan, 2006).

（58）E. H. Carr, *What Is History?* (Cambridge University Press, 1961).

第二章　クリエムヒルトの財産

岩井方男

一　問題提起

『ニーベルンゲンの歌』は女主人公の斬殺で終わる。これは、同時代流行の宮廷風作品の中ではきわめて異例である。しかし残存写本の数からも本作品が当時非常に好まれたことに疑いはなく、多くの宮廷人たちがこの異例に納得したと判断せざるをえない。それでは、なにゆえに彼らは納得したのであろうか。議論に入る前に、共有しておくべき諸点を簡単に整理する。

本作品が生まれたシュタウフェン朝の時代（中断はあるが一二〇〇年を挟む百年ほど）は、帝権の輝いた時代であった。輝きは文化にも及び、ドイツの地に宮廷文学が花咲いたのもこの時代である。宮廷風雅びと恋愛（ミンネ）の礼賛や女性崇拝などの特徴がある中で、叙事文学に顕著なのが異国起源の物語の流行である。詩人たちは現代的意味における「創作」に重きを置かず、（虚構であるかは別として）異国の伝承を粉本にして語ることになっていた。

これに対し『ニーベルンゲンの歌』は、ドイツの地における伝承に基づく点で時代に屹立する。フン人の西進（四世紀）やブルグント族の滅亡（五世紀前半）、フランク族の国家形成中の諸事件（六世紀〜）等々が伝承の核であると推測される。(1) ただし、一二〇〇年頃南ドイツの地で、九千五百詩行を超える長大な作品がいきなり成立（詩人名不明）したとは考えづらい。前段階の存在は想像されるが、それに相当する作品は未発見である。

この作品の写本は三十以上残されており、それらの中でベルリン（A写本）、ザンクト・ガレン（B写本）、ドーナウエッシンゲン（C写本）に所蔵される写本はほぼ全体を含み、オリジナルとの近縁性に関する長期間の激しい論争があった。しかし一九六三年に画期的な貢献（Helmut Brackert）があり、研究のためには少なくとも前記三写本を等しく参照することが要求される。しかし本章の内容は厳密な校合を必要としないので、de Boor と Wisniewski が編集し広く用いられている版（主としてB写本、以下『デ・ボーア』という）により、必要に応じて他写本を参照する。なお固有名詞は岩波文庫『ニーベルンゲンの歌』（『デ・ボーア』旧版の翻訳）の表記に準拠する。(2)

この作品は四詩行からなる詩節 Strophe を連ねて作られている。本章では煩雑を避けるため原則として詩節のみを記す。物語のひとかたまりを示す意味での âventiure は「歌章」と訳したが、三写本中ではC写本のみ明示されている。しかしB写本においても字を目立たせるなどして歌章を意識しているので、必要に応じてそれを記す。

本作品ではジーフリト（ジークフリートの別称）の暗殺とその未亡人クリエムヒルトの復讐が歌われる。昔、ライン河畔のウォルムス（現 Worms）のブルグント人たちはグンテル王のもと、彼の弟たちとハゲネを頂点とする堅固な家臣団を形成していた。宮廷の美女の中でもひときわ美しいのが王妹クリエムヒルトである。一方ライン下流のサンテン（現 Xanten）には勇猛な王子ジーフリトがいて、ニーベルンゲンの宝物を手に入れ龍を

『ニーベルンゲンの歌』の主要人物

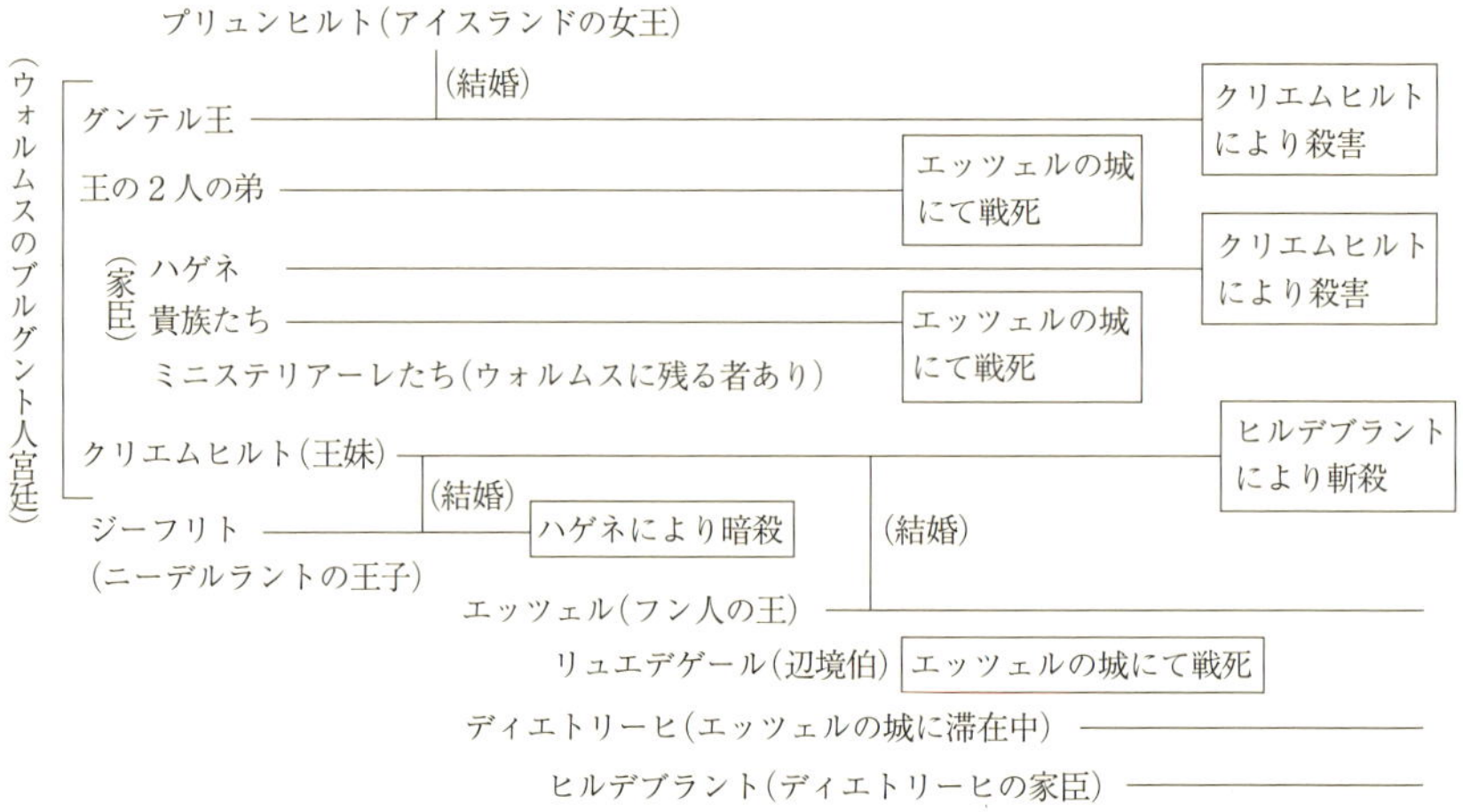

殺すなど冒険を重ねていた。彼は美しいクリエムヒルトのうわさを聞き、彼女をめとろうとウォルムスの宮廷に乗り込む。グンテルの譲歩により戦いは回避され、ジーフリトは宮廷に滞在し対外戦争や女王プリュンヒルトの求婚旅行でグンテル王を助ける。この過程でジーフリトは求婚の秘密に関与してしまった。ジーフリトとクリエムヒルトは結婚して故郷に帰るが、結婚に疑念を抱いたプリュンヒルトはジーフリト夫妻を招待する。王妃たちの夫自慢は口論に至り、クリエムヒルトは秘密を暴露してプリュンヒルトを侮辱する。ブルグント人の宮廷はジーフリトを暗殺して事態の収拾を図る。計画を立案し実行したのはハゲネ、復讐を企てるクリエムヒルトから財宝を奪ってライン河に隠したのもハゲネであった。

　妻を亡くしたフン人の王エッツェルはクリエムヒルトを妃に所望する。辺境伯リュエデゲールが使者になり、異国に嫁ぐ不安におびえる彼女を説得、ついに彼女は愛するジーフリトの仇討ちの計画を胸にエッツェルの妃になった。息子オルトリエプも生まれたクリエムヒルトは、ハゲネとグンテルを自分の城に招待し殺害を計画するが、多くのブルグント人の騎士たちも同時に招かざるをえない。王たちは死を覚悟し、国を忠臣に預けてエッツェルの城（現 Esztergom か?）に出発する。途中多くの苦難に遭うが、リュエデゲールの城で大歓迎を受けて友情を固めることができた。ようやくエッツェルの城に到着した一行は、フン人たちを戦いに挑発する。祝宴の最中エッツェルの息子はハゲネに首をはねられ、凄惨な殺し合いが始まる。同席していたディエトリーヒ王はブルグント人と休戦を約し、そこから脱出できた。その後の戦いでも、誠実なリュエデゲールなど敵味方の多くの優れた勇士がつぎつぎと斃れる。最後に残ったハゲネとグンテルもディエトリーヒにより捕らえられ、王妃クリエムヒルトの前に引き出された。この場面で、そこまでは形の上だけでも宮廷風であった『ニーベルンゲンの歌』の最古層が突然姿を現す。

1　宝物の要求とクリエムヒルトの不名誉な死

大量殺戮の後に仇敵クリエムヒルトとハゲネは直接対決する。クリエムヒルト曰く、

> 汝がかつて奪い去った宝を返すなら、生きてブルグント人の国に帰れるであろう。（第二三六七詩節）

これを聞いたハゲネは、欺いてグンテルの首をはねさせる。首を手に現れた彼女に対して、ハゲネ曰く、

> 〔グンテルの死んだ今〕もはや宝物のありかは誰も知らぬ、神とこの私を除いては。鬼女よ、それは永遠に汝の目に触れぬところにあろうぞ。（第二三七一詩節）

この不遜な言葉に、彼女は別の宝物で応じる。ジーフリト暗殺以来、ハゲネは犠牲者の剣を戦利品として所

有している。彼女は愛する夫の剣を取り戻し、これによりハゲネの首をはねた。これを見ていたのがディエトリーヒの家臣ヒルデブラントであった。

ここで老ヒルデブラント曰く、「クリエムヒルトがハゲネを討ち果たしたのを許してはためにならぬ。我が身に何が起きようともよい。彼は私を危うい目に遭わせたが、かのトロネゲ人〔ハゲネ〕の仇を討ってやろう」と。

ヒルデブラントは怒りにまかせ、クリエムヒルトに躍りかかって強い一太刀を浴びせた。彼女はヒルデブラントの剣幕におびえ大きな悲鳴をあげたが、それも空しかった。（第二三七五、第二三七六詩節）

女主人公が斬殺される展開は同時代のシュタウフェン朝宮廷叙事詩では異例であっても、王妃の死はゲルマン英雄伝説の柱たるニーベルンゲン伝説のかなめであり、彼女の死無しには『ニーベルンゲンの歌』は完結しない。本章冒頭の問を言い換えれば、死刑に匹敵する女王の不名誉な死に様を、詩人はどのような理由付けで聴衆である宮廷人たちに納得させたのであろうか。

約束にもかかわらず捕虜になったグンテルとハゲネを殺害したゆえに、クリエムヒルトには不名誉な死が与えられた、と Grosse（彼が引用する Wachinger も）は当該箇所に注をする。(3) たしかに、この場面に先立ち、ゴート人の王ディエトリーヒは両人を生け捕りにし、助命を条件にしてクリエムヒルトに引き渡す。彼女はそれに同意したが（第二三六五詩節）、結局はそれを反故にしてしまった。

しかし Grosse の解釈には釈然としない部分が残る。クリエムヒルトの行為がいかにおぞましいにせよ、彼女は自分から奪われた宝物の返還を要求し、最愛の夫の仇を討ったにすぎない。彼女が蒙った損害とディエトリーヒとの約束はどちらが重いのであろうか。たしかにゴート人の王とブルグント人の王の間には誓約（第二三三七詩節）があった。前者はそれに従って後者を生け捕りにしたが、クリエムヒルトはこの誓約に束縛されない。生け捕りにした段階で、ディエトリーヒには捕虜の運命は分かっていたはずである。そうでなければ、「涙を浮かべて mit weinenden ougen」（第二三六五詩節）彼らを残して行くはずがなかろう。王は決着をクリエムヒルトに委ねたのであり、ヒルデブラントは「怒りにまかせ mit zorne」クリエムヒルトに切りつけたにすぎない。したがって、最終場面における女主人公の死刑を思わせるきわめて異例な最期の理由は、Grosse たちの挙げる説明とは異なるところに求めざるをえない。

2　対象と方法

論を開始するにあたり、本作品がシュタウフェン時代の文学作品であることを再確認する。宝物をめぐるやりとりは作品の最古層をなすが、だからといって、議論を『ニーベルンゲンの歌』の成立史に埋没させてはなるまい。作品の前段階を推測する試みがいかに魅力的であるにせよ（二十世紀前半までの多くの研究者はこの魅力に屈し精緻な成立史を描いた）、議論の範囲はシュタウフェン朝期に成立した現存写本の中に限られる。アイスランドに遺されたいわゆる『歌謡エッダ』において夫と息子を殺すグズルーンやその他の人物は、『ニーベルンゲンの歌』のいわば影であり本体ではない。ギリシアやローマの英雄すら当時の騎士の装いで登場するのが中世文学の特徴であり、それをアナクロニズムと貶めるのは、現代人の偏見であろう。詩人が「いにしえの物語のいみじきこと」（第一詩節）を語っているつもりでも、それらの女性たちの姿は外見に過ぎず、中身は一二〇〇年前後に宮廷で活躍した女性である。詩人が過去にこだわるのは、時の流れや経過を意識しているのではなく、真実性の保証を過去に求めているからに過ぎない。(4)

二十世紀後半の優れた多くの先行研究、なかでも Hans Kuhn, Werner Schröder, Gottfried Weber 等は、かつての成立史研究の残滓を完全には払拭していないものの、『ニーベルンゲンの歌』をその成立期に位置づけ、登場人物像の輪郭を明確にした業績として今日でも忘れがたい。(5) しかし中世文学の登場人物の心性と現代人のそれには共通部分も少なくあるまいが、八百年をさかのぼってヨーロッパの宮廷人たちの心情を正しく理解するには無理があろう。ハゲネがクリエムヒルトに浴びせる vâlandinne（女悪魔、鬼女……）がひどい罵詈であることは理解できても、その程度を学問的に説明するのは困難である。文学作品の理解に心理や感情の分析が必要であるのは当然であるが、時間的空間的に隔たりの大きい作品の分析には、まず語られている行為の分析に意を用いるべきであると本章執筆者岩井（以下、岩井）は考える。その意味で Grosse の破約説には意味があるが、いささかの疑念が存することは先に示した。

そこで本章では「宝物奪取」という行為に注目する。宝物奪取は『ニーベルンゲンの歌』の根幹に関わるゆえに、これについての考察は無数に存在する。しかしそれを、作品中に頻出する財物所有権の移転あるいは財物所有者の交替全体の中に位置づけた考察を岩井は未見である。(7) 宝物奪取は非道であるが、どの程度非道であるかは他と比較しないと明らかにならない。また所有者を完全に捨象した財物は考えにくく、財物は所有者が替わるときに本質の一端を覗かせ、同時に新旧所有者の本質と両者の関係を照射する。(8) したがって、本章の取り扱う範囲は、宝物奪取のみならずクリエムヒルトの所有財産全体と彼女を中心とする人間関係に及ぶ。

宝物奪取はクリエムヒルトとハゲネの間で生じた二人のみの（王妃とかつての家臣という公的な関係であっても）私的な争いである。しかし彼女は問いかけを、夫エッツェル王、客のディエトリーヒ王、その家臣のヒルデブラント（他に家臣もいたはず）の面前で行い、同様にハゲネも彼らの目の前で返事をした。身振り手振りを含めた特定のふるまいや儀礼の重要性はこの場で繰り返す必要はあるまい。(9)「見ること・見せること」が中世社会の基底にあったことは、本章の前提の一つである。

二　財物の移転と所有者たち

本章のテーマを取り扱うために、作品中の財物の移転形態（報酬、贈与、モルゲンガーベ〈Morgengabe〉、相続、奪取）に着目する。封建的君臣関係等さまざまな切り口が存在するが、ニーベルンゲン伝説の古層に宝物をめぐるやりとりがある以上、ここから取りかかるのが本道であろう。

1　報酬ないしその色彩の強い財物の移転

騎士は労働とは無縁であり、彼らの行動倫理は労働の対価たる報酬になじまない。しかし騎士以外の人物に対しては、報酬ないしその色彩が強い財物の移転が少なからず見られる。

ジーフリトの騎士叙任の祝祭・祝宴（第二歌章）には、異なるレベルの財物の移転が包括的に語られている。[10] 祭りと宴の参加者が楽しめるように、ジーフリトの両親により騎馬試合が催され（第三四詩節以下）、飲食が振る舞われ、宴に花を添える放浪の楽人たち varndiu diet（第三八詩節）には多大な報酬が与えられた。芸人たち（騎士ではない）には、一定の演奏に対して一定の報酬が与えられた可能性もある。しかし「彼らは莫大な賜り物 gâbe のために演奏により奉仕した」（同前詩節）とあるから、報酬の多寡は雇い主のおぼしめしに依存したであろう。[11] もちろん、家臣たちも「明日をも知れぬ身のごとく（報酬を与えた）」。家臣の身でここまで物惜しみをしなかった sô grôzer milte gepflac 例を知らぬ」（第四一詩節）。『ニーベルンゲンの歌』の詩人は同業者を大いに富ませているが、この途方もなさこそ任意性のあかしであり、かつまた身分と関係がある。

身分と報酬との関係は、戦勝祝いにおける論功行賞（第四歌章）に明らかになる。グンテルは家臣には豊かに報いるが、ジーフリトには何も与えられない。「彼〔ジーフリト〕は何か〔＝恩賞〕を受けるにはあまりにも身分が高かった[12] Dar zuo was er ze rîche, daz er iht næme solt」（第二五九詩節）。そのような人物を味方につけるために（第二七二詩節以下）、王妹クリエムヒルトとの結婚が実現した。たしかにこの結婚は両人の愛の成果ではあるが、（当時の権力者たちの結婚と同じく）宮廷人たちの思惑の産物でもある。しかし、クリエムヒルトはジーフリトに与えられた報酬ではない。

「報酬」が比喩的に用いられる例もある。ハゲネは宴会の最中に王子オルトリエプの首をはね、返す刀で養育係の首をはねた。これは悲惨な報い lôn であった（第一九六二詩節）。さらに、ブルグント人一行を迎えるために遣わされた楽人ウェルベルの右手を切り落とした。「これをブルグント人の国に使いした報酬と知れ daz habe dir ze botschefte in der Burgonden lant」（第一九六三詩節）。『デ・ボーア』や Grosse は ze botschefte を「使者の報酬として」と解する。[13] 岩井も同意見である。

騎士も使者になって他人のために働くと報酬とは無縁ではなくなる。リュエデゲールはエッツェルとの縁談をクリエムヒルトにもたらし、冗談ではあるが使者の報酬 botenbrôt（喜ばしい内容の場合に使者に与えられる賞与）を欲しがる（第一二一六詩節）。作品前半でジーフリトはグンテルを助けて、プリュンヒルトへの求婚旅行を成功させる。ウォルムスに帰るにあたり、ハゲネの提案で、ジーフリトは先触れとなる。これはハゲネの深謀で、ジーフリトをグンテルの下に置くための手段である。最初はためらうが、クリエムヒルトとの会見の可能性をほのめかされ、結局彼は喜々として使者に立つ。念願が叶ったジーフリト曰く「それでは私に使者の報酬 botenbrôt を賜らんことを」（第五五三詩節）。喜んだクリエムヒルトはジーフリトに黄金によって使者の報酬 botenmiete を与えたいが、彼は身分が高すぎた。しかし彼は答える、「御手ずからとならば ûz iuwer hant いただきましょう」（第五五七詩節）。二四箇の腕輪が与えられたが、それを彼はただちにクリエムヒルトの侍女たちに与えた。ハゲネの意図とは異なるが、このときのジーフリトは女王クリエムヒルトの下に立ち、ひたすら奉仕するミンネの騎士である。

これに似た場面が作品後半に現れる。苦難を経てブルグント人たちの一行はリュエデゲールの城にたどり着き、そこで大歓迎を受けた。フォルケールは城主の妃のために歌いバイオリンを奏で、心よりの感謝を表す。(14) 彼女は一二箇の腕輪を gâbe として演奏に報いるが（第一七〇六詩節）、この gâbe には形容詞 friuntlich（ここでは「ミンネの」）が冠置されている。フォルケールの添え名は「楽人 spilman」であっても騎士で貴族であり、祝宴に現れる楽人とは身分が異なる。これも報酬の形を借りたミンネの奉仕であり、妃の gâbe はむしろ贈与と見なすべきである。

2　贈与

直接の反対給付は求めないが、間接的な反対給付や贈与者の声望が結果的に高まることを期待する財物の移転を「贈与」とする。(15) 本作品におけるほとんどの贈与は人間関係の改善に資するが、必ずしもそうはならない場合がある。

・ジーフリトの両親による贈与

『ニーベルンゲンの歌』においては、王の地位は力では得られない。ハゲネの報告によると、ジーフリトは、ニーベルンゲン族(16)の二人の王を殺しすべての家臣たちも打ち負かした。しかし彼がそこで王となったという記述はない（第三歌章）。実質的な支配者となったかもしれないが、彼の誉れは語られても王という地位への言及はない。ここに本作品の宮廷的性格が明白に表れている。ジーフリトが王（作品中では世継ぎ）として認められるには、両親の努力が必要であった。

前述のジーフリトの騎士叙任式のため、父ニーデルラント王ジゲムントは親しい親戚縁者を呼び集めるが、招待は他国にまで及んだ（第二七詩節）。彼らがつつがなく来られるように王は馬と衣装を贈与する。証言の正当性が証人の身分と人数によって担保される時代においては、王位継承の正当性も祝宴参加者の数と身分によって保証される。身分の高い若者たちも四百人集められ、ジーフリトと同時に騎士の刀礼を受ける。教会における盛大なミサはもちろんであるが、当時の騎士たちに好まれた娯楽もたっぷり提供された。

しかしそれだけでは両親の真の目的は達せられない。父ジゲムントは息子をして土地や城 lant unde burge を（身分ある）人びとに与えしめたので、彼らはこの招待を喜んだ。母ジゲリントは息子のために黄金を与えたので、皆はジーフリトに好意を寄せた（第三九、四〇詩節）。ここに一同はジーフリトを主君にしたいと欲した。封建時代の国王が皆を納得させたうえで息子に国を譲るには、儀式を伴ったこれだけの努力が必要であった。

・グンテルによる贈与

王侯は競って贈与する（作品中、ポトラッチの存在は否定できない）。グンテルはブルグント人の王であるかぎり、贈与において宮廷の誰にも負けられない。第四歌章から第五歌章にかけての戦勝祝いにおいて、グンテルは一人を除いて贈与競争に勝利した。捕虜にした王たちも手厚くもてなし看護させたので、彼らの思い上がった心も萎えたし（第二五四詩節）、自分の忠実な臣下に恩賞を与えたのはもちろんである（第二五五詩節等）。ただしジーフリトには勝てない。第二五九詩節にあるごとくジーフリトは身分が高すぎて贈与は不似合いであるし、狙いは王妹クリエムヒルトとの結婚なので、それ以外では満足しないからである。さらにジーフリトはプリュンヒルトへの求婚旅行でも身命を賭してグンテルに尽くすので、王はクリエムヒルトを嫁がせざるをえない。クリエムヒルトの結婚はグンテルからの贈与と見なすべきである。これにより一時的にせよ、グンテルはポトラッチにおいてジーフリトに対抗できることが示せた。

王妹の結婚により、ジーフリトとの力のバランスは保たれた。もはやネーデルラントの王子が、ブルグント王の権威を揺るがすことはあるまい。また、ザクセンやデンマークの王たちは、ジーフリトの活躍があって、ブルグント人たちの脅威ではなくなっている（身代金を取らない捕虜の釈放がすでに大きな贈与）。十分に恩賞を与えられた家臣たちは、王に忠誠を誓うであろう。

しかし、宮廷の主としてのグンテルの権威はこれのみでは輝かない。そもそもこの宮廷にジーフリトが滞在していること自体問題で、心ある家臣たちは悩んでいる。幸いなことに、クリエムヒルトを手に入れたジーフリトはウォルムスを去って故郷に帰る。ジーフリト・クリエムヒルト夫妻は、あらゆる点でグンテル・プリュンヒルト夫妻に勝るが、両夫婦の対照がなければ、ブルグント人王家の権威は安泰であろう。プリュンヒルトをめぐる冒険で、ジーフリトが身を隠す（文字どおり隠れ兜 Tarnkappe による）のはまさにその理由であり、ウォルムスに再び姿を見せたジーフリトの命が狙われるのは、ブルグント人たちが宮廷を守る行為の必然的結果である。

・プリュンヒルトによる贈与

力比べでグンテルは、ジーフリトの援助がないと自分の妻プリュンヒルトに勝てない。しかしこの援助こそ人目に絶対触れてはならなかった。妻に対する優位を周囲に誇示できる機会はなかなか与えられなかったが、その機会はプリュンヒルトを連れて島を去るときに得られた。出発に際し、彼女は豊かに持っている自分の金銀を贈与することにした。ところが分配役であるグンテルの家臣があまりに気前がよいのでプリュンヒルトは狼狽し、荷造りは自らの手の者に任せる。これを見たハゲネは、ウォルムスにも宝はございます。女王様はご自分の宝を持って行く必要はございません（第五一九詩節）と言うので、

「いいえ。私のために二〇の櫃に黄金と衣装を詰めてください。グンテル様のお国に着いたら、これを私は分け与えるつもりです。」

宝石が彼女の櫃に詰め込まれた。その場に、彼女の家令たちが立ち会わなければならなかった。彼女はグンテルの手の者を信じようとはしなかった。このようすを見てグンテルとハゲネは笑い出した。（第五二〇、第五二一詩節）[17]

ジーフリトもプリュンヒルトもグンテルより肉体的に強い。グンテルは前者にあらゆる面で圧倒されるが、後者に対しては贈与において優位を保てる。気前のよさが王侯のたしなみで、物惜しみは嘲りの対象となる。これは作品の基調音であり、後半になると不気味なきしみと共に響く。

・贈与における気前のよさと物惜しみ

作品後半における贈与の主役はリュエデゲールである。彼はエッツェルの信頼あつい辺境伯であり、勇敢であるばかりでなく物のあわれを解する理想的騎士（すべての徳の父 vater aller tugende、第二二〇二詩節）と讃えられる。王の恩顧に頼る身（第一六八一詩節等参照）でありながら物惜しみせず、乞われれば自分の所有するすべて

を贈与する。娘すら贈与の対象であるが、最も印象深いのがリュエデゲールからハゲネに贈られた楯である。これには Wapnewski の著名な考察があるので屋を重ねる愚は犯したくないが、この楯は両者の友情の証しでありハゲネの手に在って大いにその真価を発揮した。興味深いのはリュエデゲールがゲールノートに与えた剣である（第一六九六詩節）。最後にこの剣はリュエデゲールの兜を貫き元の持ち主に戻った（第二二二〇詩節）。彼の贈与は全くの善意から行われるにもかかわらず、忌まわしい結果をもたらす。『ニーベルンゲンの歌』における破局の到来は、個人の意思や善意を超えている。[18] 彼のような人物すら、なにゆえに横死を遂げなければならなかったか。作品は問いかけているのであろう。

リュエデゲールの気前のよさはクリエムヒルトと対比される。本来、彼女は決して物惜しみする人物ではない。とりわけ夫の仇討ちのために「多くのよそ者の武士 vil unkunder recken」（第一一二七詩節）を集めるためには。[19] しかしこの彼女もハゲネによると吝嗇な女王となる。ニーベルンゲン伝説の最古層は、結末部分以外にも顔を見せる。エッツェルの城に到着したブルグント人の一行を迎えてクリエムヒルトは尋ね、ハゲネは嘲りをもって答える。

〔クリエムヒルト曰く〕「……ライン河のかなたのウォルムスから、私に何を持参したか言え。返答次第では大歓迎をも受けようぞ。」

「武士たちがあなた様に土産物を持参すべし、とあらかじめ心得ておれば」ハゲネは言った。「私にも贈り物をお国に持参するほどの富はありますのに。よく考えておくべきでした。」（第一七三九、第一七四〇詩節）

『デ・ボーア』の注にあるごとく、ハゲネはクリエムヒルトの言葉をねじ曲げて返答した。女王は奪取された宝物のことを述べているのに、ハゲネは話題を一般化し、客人を迎えるために集まっている多くの人びとに、女王が家臣から贈り物をせびっているかのごとき印象を与えることに成功した。これはリュエデゲールと正反対の軽蔑される卑しい人物である。

作品前半では、クリエムヒルトは夫を暗殺され、仇討ちのため宝物を気前よく贈ったために財産を没収された哀れな未亡人であった。後半になると、勢威ある王の妃でありながら吝嗇で、昔の恨みが忘れられず、残忍で同情に値しない人物に変えられてしまう。前半のハゲネはウォルムスの宮廷を守るためには手段を選ばない冷酷な男であるが、後半になると機知に富み勇敢でありながら人の心を解する人物となっている。登場人物の変化が贈与によって無理なく明らかにされ、物語全体にダイナミズムが与えられている。

3　モルゲンガーベ(20)

婚姻は財物の大規模な移動の契機となる。ハゲネがプリュンヒルトに保証したごとく、グンテルの妃はブルグント人の宝を所有できる（既述）。リュエデゲールがクリエムヒルトに保証したごとく、エッツェルの妃は彼の財産を共有できる（第一二三五詩節等）。そしてもちろんニーベルンゲンの財宝も、彼の死後未亡人クリエムヒルトの手に渡った。彼女が正規所有者であることは、宝の番人のアルプリーヒが明快に保証している。ニーベルンゲンの国からウォルムスに宝物を移送することになり、番人曰く「われわれは財宝のすべての引き渡しをためらわない。高貴な女王様がこれをモルゲンガーベである、とおっしゃっておられるのだから wir turren ir des hordes vor gehaben niht, sît sìn ze morgengâbe diu edel küneginne giht」（第一一一八詩節）。

この箇所は、ことばの力に鈍感な現代人の誤解を招きやすい。《そう言っているからそうなのだ》という論理は、証言の正当性に証人の身分や数が大きな意味を持った時代においては強力であり、自分の主君の妻であり身分の高い女王の発言は、すでに発言者の立場と身分ゆえに真実である。これがヨーロッパ中世に生きる人々の一般的な解釈であり、写本による微妙な差はあるものの、先立つ詩節において詩人も所有の正当性を保証している。

ハゲネがこの宝物を奪う箇所では、クリエムヒルトの所有権の正当性（あっさり踏みにじられるが）が、グンテルにより主張される。「何もかも彼女のものだ ir ist lîp und guot。彼女がそれで何をしようと、私は口を挟むべきでない。……誰に彼女が自分の金銀を与えようと、我々は気にしないのだ」（第一一二九詩節）。複数の辞書（*DRW.* Bd. VIII Sp. 1049, *Phraseologisches Wörterbuch des Mittelhochdeutschen*）によると、lîp und guot は慣用句（「ありとあらゆる」）であるが、この箇所は文字どおり解釈してもよい。むしろ自由人たる彼女の体が彼女の所有であるのと同じく、その財産も彼女の自由なのだ、と言いたかったのかもしれない。語義の議論は措く。財宝の処分権すら含む完全な所有権が彼女に所属していることが、宮廷の主たるグンテルにも認められているからこそ、彼女は兄弟に伍して発言できた。

4　相続

ブルグント人と土地は、王兄弟とクリエムヒルトに分割相続される可能性があった。第一一歌章はプリュンヒルトの婚礼とジーフリト夫妻の招待に挟まれた地味な箇所である。しかし、クリエムヒルトの財産（観）を考察する際には欠かせない。ここでは、クリエムヒルトの遺産の取り分が問題となる。

愛するクリエムヒルトを手に入れたジーフリトは目的を果たしたので、ウォルムスの宮廷を去って故郷サンテンに帰ろうとする。クリエムヒルトは夫ジーフリトに帰りを急がないように言って曰く、

「……その〔出発の〕前に、兄弟たちは私にも土地を分けてくれるはずです。」クリエムヒルトからこれを聞いたとき、ジーフリトの心は楽しまなかった。（第六九一詩節）

クリエムヒルトの意向を聞きつけたのであろう。ブルグント人の王三人はただちにジーフリト夫妻の許に現れる。

若きギーゼルヘルは言った。「私どもの領土と城を貴殿にお分けする所存です。支配下にある富なら、クリエムヒルトと共に十分お取りいただきたい。」（第六九三詩節）

王たちの申し出の動機はジーフリトに対する感謝のみではないのかもしれない。彼らはクリエムヒルトの相続分を超える財を分け与えようとしているのであるから。それは措くとして、どのような理由の贈与であろうとジーフリトは欲しなかった。ただし返礼を渋る吝嗇ゆえの断りと思われないためには、シュタウフェン朝の宮廷においてはそれなりの理由づけが必要である。

……我が愛する妻に与えようとなさっている分を、
妻は受け取らないでいることができます。と申しますのも、私が生きている限り妻は王冠を戴き、彼女はこの世の誰よりも金持ちになるのですから。（第六九四、第六九五詩節）

土地等の受け取りを夫が断るので、次にクリエムヒルトは取り分として封臣を要求する。兄弟は三千人の騎士たちを分けようと提案するが、その中心となる人物ハゲネはウォルムスに留まる旨を明言する。この場におけるハゲネたちの反応により、ただちに理解できる。当時の宮廷社会において、クリエムヒルトの要求は状況をわきまえない非常識であった。Mowat & Sacker によれば、クリエムヒルトは「幼稚 childish」ですらある[21]。ここにクリエムヒルトとプリュンヒルトの並列性を認めるのは正しい（Mowat & Sacker 同前箇所）。男性の王ジーフリトとグンテルに比較すると、両女王は共に滑稽なまでに欲が深い。本作品には女性の財産所持に対して嘲笑が聞こえる（前出第五二一詩節）。

かつてプリュンヒルトはグンテルに相談した。

そこで〔嫁ぎ行く際に〕女王〔プリュンヒルト〕の曰く「私の国々は誰に任せておきましょうか。その〔出発の〕前に、私とあなたで管理を決めなくてはなりません」と。高貴な王曰く「それに最もふさわしい男をお呼びなさい。その男を代官としましょう。」

女王は彼女の側近に直近の親戚を見いだした。彼はオジであった。彼に言って曰く「それでは御身に私の城と国を預けておきましょう、グンテル王が支配をなさるまで[22]」と。（第五二二、第五二三詩節）

父祖の土地であっても、結婚すると妻から夫へと所有が移行し、妻の自由にはならない。また女王であっても、結婚すると夫が支配するまで親戚の男に委ねざるをえない。

クリエムヒルトに戻る。ジーフリトの父は息子が嫁の一族に暗殺されても、嫁に対して仇を討とうとはしない。舅はクリエムヒルトに自分と共に遺児の待つニーデルラントに帰ろうと誘うが、クリエムヒルトはそれを謝絶する。ジゲムントからジーフリトへと相続された土地は、幼い息子グンテル（オジと同名）に相続されるのであろう。クリエムヒルトはブルグントの国にいても、ニーデルラントにいても、土地の相続から除外されている。

二度目の夫エッツェルは、クリエムヒルトとの息子オルトリエプに一二の国を与える予定（第一九一五詩節）であると宣言する。息子はすぐに殺されるので実際には相続はできないが、この宣言は妻の一族に対する最大限の友好の証しである。しかし、妻自身に領土が与えられるわけではない。ここに私たちは、女性には所有の移転が制限されている財物の存在を知る。

5　奪取

財物を力ずくで取り上げるのは、決して洗練された騎士の作法ではないが、『ニーベルンゲンの歌』においては稀ではない。奪取においては人間関係は悪化の一方向しかありえないので財物に注目する。

・ニーベルンゲンの宝物の奪取

ハゲネが自らの首を賭しても引き渡しを拒絶した宝物、いわゆる「ニーベルンゲンの宝物」は所有者が転々としてきた。彼自身の語るところ（第三歌章）によると、かつてはニーベルンゲン族の所有であったが、冒険の末にジーフリトが宝の主 des hordes herre（第九七詩節）となった。

宝物の所有権は明確であるが、正義の存在は保証されていない。宝は山（の隠し場所？）から取り出され、ニーベルンゲン族がそれを分配しようと欲していた（それ以前の持ち主は不明）。放浪時代のジーフリトはこの財宝の分配を頼まれたが不調に終わった。彼は怒り、ニーベルンゲン族を討ち平らげ財宝を結局自分のものにしてしまったという。ここには正義も権利も存在しない。強者が腕力を頼んで手に入れるのみである。この宝物は魅力的で、常に冷静沈着なハゲネも思わず本音を漏らしてしまう（第七七四詩節）。「〔ジーフリトは〕永遠に生きたとしても、使い切れぬほどの財産をお持ちだ。ニーベルンゲンの宝物をしかと手にしているのだから hort der Nibelunge beslozzen hât sîn hant これがブルグント人の国にやってくれば……」。ニーベルンゲンの宝物を手に入れるのに、大義名分は不要である。

モルゲンガーべとして財宝の（おそらく）共同所有者となったクリエムヒルトは、夫の死後、単独所有者となった。この財宝の存在は暗殺者たちの不安の源である。未亡人は財宝を与えて人を集め、ウォルムスの宮内に親クリエムヒルト勢力を形成したからである。王族たちにはためらいがあったが、ハゲネは反対を押し切って財宝を奪取し、ライン河に沈めてしまった（第一一三七詩節）。財宝を取り上げられてしまった彼女の立場はとたんに弱くなる。「いとしい弟よ。どうか私のすべての保護者になってたもれ beidiu lîbes und guotes soltu mîn voget sîn」（第一一三五詩節、beidiu lîbes und guotes「命と財産の両方＝すべて」）。誇り高い未亡人であった女王も、若者 kint という添え名を持つ弟ギーゼルヘルの保護 voget 下に入らざるをえない。voget は中世の単語の例に漏れず意味用法が曖昧であるが、守護者、保護者等の意味であろう（第二〇九詩節参照）。どの意味にせよ、クリエムヒルトの立場は、財産を奪取されて決定的に変化した(23)。

・領土の奪取

ハゲネの報告によると、ニーベルンゲンの財宝と同じく、ジーフリトはニーベルンゲンの土地を奪取して自分の領土とした（あるいはハゲネはジーフリトのこの冒険を語って、英雄がそのような危険人物であると示唆したのかもしれない）(24)。次にジーフリトはブルグント人の土地と民と城 lant, liute, bürge の奪取を試みる。

ハゲネの物語を受けて、グンテルは自分の宮廷にジーフリトを迎え入れようとするが、彼の反応は宮廷人の期待を裏切った。ブルグント人王族を前にして、「貴殿の所有にかかるすべてを我が物にする所存。国も城も支配するつもり」（第一一〇詩節）と言い放つ。[25]ブルグント人たちは、当然これに強く反発する。まずグンテルが反論する。

グンテル曰く、「なぜ私がそのような目に遭わねばならぬのだ。父が長いあいだ誉れをもって守ったものを、何者かの力によって失わねばならぬとは。そのようなことになれば、騎士の道に外れることになりましょうぞ。」

勇猛な男（＝ジーフリト）曰く、「こちらは手を引くつもりはない。貴殿の力で平和が保たれぬなら、私がすべてを支配するだけのこと。[26]」（第一一二、第一一三詩節）

ジーフリトの言葉にあきれたブルグント人たちは次々と反論する。メッツのオルトウィーンはジーフリトに挑戦して、身分違いをたしなめられる。何人かの王族と主だった家臣が反論しその場面は十数詩節続くが、つまるところ前に挙げたグンテルのロジックを超えていない。すなわち、父が尋常に所有していたから、その息子（である自分たち）が正当な所有者であり、ジーフリトの言動はそれに反するから違法なのである。正しい過去は正しく引き継がれるべきである。過去に正しかったことが現在も未来も正しい。典型的なヨーロッパ中世の思考法である。

しかしこの思考法も実力にはかなわない。結局グンテルの妥協によりジーフリトも軟化し、彼はウォルムスの宮廷に受け入れられた。この異分子を抱え込むことにより、宮廷に紛争の種が蒔かれた。

・剣の奪取

ジーフリトは佩剣バルムンクをニーベルンゲン族から贈与された（第九三、第九五詩節）。この武器は真の所有者を得た。ジーフリトはこれを振るって、かつての所有者を滅ぼす。ザクセン・デンマーク連合軍を相手にしたときも、この剣はジーフリトの手にあって、大きな働きをした。ジーフリトがこの武器を手放すのは死のときである。剣が奪われていたので、彼は暗殺者に反撃を与えられなかった（第九八三詩節以下）。その後この剣はハゲネの手に落ちる。彼はこれクリエムヒルトに見せつけて悲しませ（第一七八三詩節以下）、彼女の息子と味方を殺す。しかし最後には、剣はクリエムヒルトの手に握られてハゲネの首をはねたことは先述した。

剣にはうかつに手を出すべきでない。ハゲネはバルムンクの真の持ち主ではなかった。うわさに曰く、「それを彼は非道にも手に入れたのだ daz er vil übele gewan」（第一七九八詩節）。安直な比較は慎むべきであるが、アイスランド・サガには、奪取されて返還されない剣が災いをもたらす例がある。(27)

しかし奪取された剣が平和裡に持ち主に戻る例もある。ブルグント人たちがパッサウからベッヒェラーレンに境を越えるとき、警備に当たっていたのは、クリエムヒルトの忠実な家臣エッケワルトであった。ハゲネは、彼が眠っていたので剣を奪ってしまう。騎士が不面目を恥じるさまを聞いたハゲネは、この剣に腕輪の贈り物を添えて返却する。エッケワルトは感謝して、かねてよりクリエムヒルトに忠実であったにもかかわらず、彼女の真意をブルグント人たちに漏らしてしまう（第一六三二詩節以下）。剣の奪取が騎士にとって恥辱であったことは理解できるが、眠っている騎士から剣を奪うのも騎士の誉れとはなるまい。私には不可解な箇所である。(28)

・装飾品の奪取

ブルグント人一行はドーナウ渡河を試みる（第二五歌章）。渡し守を探すハゲネは黄金の腕輪で誘い、向こう岸にいた男が欲に駆られてやって来る。しかし「強欲な者にろくな死に方はない diu gir nâch grôzem guote vil bœsez ende gît」（第一五五四詩節）。彼はハゲネの願いを断って襲いかかるので逆に首をはねられる。船を入手したハゲネは自ら船頭となって一行を渡す。複数の文化に共通して、渡し守はあの世とこの世を結ぶ超越的存在である。いままさにブルグント人たちはこの世を離れて、クリエムヒルトの待ち受ける死の世界に移ろうとしている。渡し守には渡し賃を払うのが通例であるから、冥界への入り口で装飾品のやりとりが行われるのは当然であろう。

欲に駆られての行為ではないが、その夜ひょっとしたらジーフリトは思い上がっていた durch sînen hôhen muot（第六八〇詩節）のかもしれない。王に頼まれた彼は夜に寝室でプリュンヒルトを取りひしぎ、そのときに彼女から指輪と帯を奪った。彼はこれらを妻クリエムヒルトに与えたが、それが彼の災いとなった daz wart im sider leit（第六八〇詩節）。これらを人前で見せてプリュンヒルトを侮辱したクリエムヒルトは愛する夫に殴られ（第八九四詩節）、その夫は暗殺された。彼らばかりではない。この奪取により後に多くの武士が戦って苦しみのうちに命を失い、さらに多くの人びとの嘆きを引き起こした。装飾品の奪取はニーベルンゲンの災いの直接の発端である。(29)

三　所有の制約

右の考察を所有される財物の特質に着目して見直すと、所有者交替になじむ財物や、人と財物の関係などが鮮明にあぶり出される。

1　所有者と所有物のつながり

旅芸人たちは報酬として馬や衣服などを受け取り、それを単純に喜ぶほかは許されない。これらの財物は近代社会の貨幣と同じく、人とのつながりが希薄である。しかし「報酬」であっても人とのつながりが濃厚であると、事情はにわかに異なる。フォルケールは身分ある騎士である。リュエデゲールの奥方から拝領した腕輪は彼女のまごころの現れであり、それを知る彼はリュエデゲールと戦おうとはしない（第二二〇三詩節以下）。悲劇的ではあるが、真の喜びや人格の高潔を歌う感動的場面の一つである。

貴族たちと比べると、ミニステリアーレ（家人）も身分が低い。ルーモルト、ジンドルト、フーノルトは、勇猛さや賢さは讃えられても、またザクセン・デンマーク戦争の活躍に恩賞を受けても、グンテルたちと共にエッツェルの国に赴きそこで悲劇的最期を遂げることはできない。クリエムヒルトの招待に応じたグンテルは、出発に際し土地と民をルーモルトに預ける。彼は第一歌章から登場し、選りすぐりの武士 üz erwelter degen（第一〇詩節）かつ宮廷の儀礼等を司る重要人物であり、役も大膳職である。しかし本作品において調理場は喜劇が演じられる場で（暴れる熊、第一六歌章）、彼の誠実に疑いの余地はないが、進言には滑稽な響きすら聞き取れる（グンテルにウォルムスでの安逸な生活を勧告、第一四六六詩節以下）。

かつてグンテルはプリュンヒルト求婚のためウォルムスを離れたが、このときは誰にも国を預けなかった。今回はあっさりとルーモルトに託す。王曰く、

「国と幼い息子はお主に任せる。婦人たちによく仕えよ、これが我が意志だ。泣く者があれば慰めよ。エッツェルの妃は我らに敢えて危害を加えまい。」（第一五一九詩節）

王の見込みの甘さが露呈している部分であるが、むしろ大切な国を任せる口ぶりに忠臣への信頼を見て取るべきであろう。ただし統治の極意をミニステリアーレに分かりやすく説く口ぶりにどこか滑稽感がある。身分社会ではミニステリアーレに国政はなじまず、女性と子どもの世話がふさわしい。

身分と財物と所有の間には密接な関係が認められる。財物の所有が悲劇に至るのは、身分が高い人びとの（『ザクセンシュピーゲル』でいう「ヘールシルト」を有する身分）の特権である。『ニーベルンゲンの歌』では、彼らのみが心のこもった――人とのつながりが強い――財物を所有し贈与する。ハゲネ（王族に連なる高位貴族）が城と戦場で受け取る二枚の楯も、辺境伯リュエデゲール（と彼の亡き息子）の心がこもっているからこそ友情の証しとして意味を持ち、所有者の悲劇性を高める。人格とつながりがある財物はそれだけで大きな意味がある。

それゆえ、父祖伝来の土地（自分の子孫に相続させられる土地、自分も祖先から子孫に重なる世代の構成員であると意識できる拠り所）は格別の取り扱いを受け、非常に貴重であった。王に信頼され人びとに尊敬されるリュエデゲールですら所有していない[30]（第一六八一詩節等）。しかしこのような土地が、懇望するエッツェル王とクリエムヒルトにより約束される事態になった（第二一五八詩節）。ただしその代償は良心を押し殺し友人たちと戦う心の葛藤である。残念ながら彼は戦死するので、実際には手には入らなかった。

2　他の作品に見られる父祖伝来の土地

人と財物の社会的位置づけおよび両者の関係、とりわけ父祖伝来の土地に関わる問題は、ドイツの地における人びとの心を動かしてきた。

・『ヒルデブラントの歌』において

ドイツ文学史の冒頭を飾る『ヒルデブラントの歌』[31]（九世紀前半書写）にはすでに、父祖伝来の土地に関する記述がある。ヒルデブラント（『ニーベルンゲンの歌』のヒルデブラントと伝説上の同一人物）の長い亡命生活は終わりに近づき老雄が故郷に帰ろうとすると、若武者が道を塞ぐ。若者は請われて自分の父親について語る（一騎打ちの前の名のり）。父親は忠実に仕える主君と共に国を追われ、息子と妻は故郷に arbeo laosa 状態で残された。arbeo laosa はおそらく erblos（「遺産のない」）に等しく、父親の亡命により息子は父祖伝来の土地を失っている。若武者は金の腕輪による和解を拒絶するが、その裏には土地相続の可能性を奪った父に対する怒りが含まれている。息子の怒りと父の絶望。羊皮紙不足のゆえかここで記述は唐突に切れるので、真の結末（息子の死であることは他作品から推測されている）は不明である。しかしどのような黄金をもってしても、息子が苦しんだ無遺産状態の償いとはならなかったことは理解できる。自分を一族とのつながりの中でとらえていた時代においては、父祖伝来の土地の有無は身分ひいては存在にまでかかわり、動産によっては代替不可能だったのであろう。[32]

ほぼ同時代に記録されたフランク人の法にも、父祖伝来の土地の重みが感じられる。『サリカ法典 Lex Salica』（六世紀?～九世紀）は異本が多く内容が微妙に異なるが、遺産（五九章）については明確である。動産は女性の相続も認めているが、不動産に関しては男系の相続しか認めていない。これは『リブアリア法典 Lex Ribuaria』においては少し形を変え、「男性親族がいるかぎり、hereditas aviatica は女性親族に相続させない」（五六・四）とされている。諸家は hereditas aviatica を男系で相続された「不動産」と解する。おそらくそれは正しい。

・『トリスタン』において

『ニーベルンゲンの歌』にやや遅れてゴットフリートの『トリスタン』は成立した。トリスタンの父リヴァリーンは領主モルガーンと戦って敗れ、土地（レーエン lêhen）を奪われた。成人したトリスタンはモルガーンに会って、父の土地を自分に与えるように要求する。しかし領主は彼が嫡出子でないことを理由に要求をはねつける[33]（『ザクセンシュピーゲル』一・六三・三参照）。それに対するトリスタンのことばがある[34]。

私は法にかなった出生ではない、それゆえ封土（レーエン）や封土の権利を失っている、と貴殿はお考えなのだ。（五四一二詩行以下）

トリスタンは決闘により自分の申し立てを証明しようとするがそれさえも拒否され（決闘にも身分が必要）、激昂してモルガーンに切りつけ殺してしまう。ここでも、父と土地と身分が密接に関係して登場している。『ザクセンシュピーゲル』をさらに見ると、ラント法の一・四には封と相続財産を受けられない（一人前と見なされない）男子についての記述がある。また相続順序においては男性優位である（一・一七・一）。一・三八・二には一年と一日以上帝国アハト刑に処せられた者の所有地と封が剝奪され、一年と一日以内に引き出さないかぎり、王の所有になると記されている。また、父親がいかなる罪を犯しても、息子はそれに対して責任を負う必要はない（二・一七・一）。レーン法[35]二・一によると、「僧侶、女性、農民と商人および（生得の）権利無くあるいは合法婚以外で生まれた人のすべて、および父祖父の代から騎士でない者」は、封建的権利（封を受け封を授ける権利や能力）に欠けるという。この記述によるかぎり、トリスタンの父が土地を没収されたのも当然、息子の要求もまた当然と思えるが、法書の内容がどこまで実行されたかは不明であり、また当時あまりに常識的な事柄は残されなかった可能性がある。したがって判断の決定的根拠とはならないが、時代の雰囲気をかなりよく物語っている。父祖伝来の不動産を相続できないのは、自由人の一人前の男子（『ザクセンシュピーゲル』

の時代なら「騎士」とは見なされないという意識があった。

・『ファーヴニルの歌』において

男系で受け継がれた不動産は身分に関わる。間接的証拠として十世紀のアイスランドに残された『ファーヴニルの歌』(36)（『歌謡エッダ』に含まれる作品）を挙げる。ヴァイキングの時代に大陸の伝説が北欧に伝播したと思われるが、故地では十二世紀になるまで記録が残されていない。北欧伝承はもちろん独自の発達を遂げており大陸の伝承の直接の代理にはならないが、芸術的価値のみならず記録の空白期間を埋める存在としても重要である。

大陸ではジークフリート等の名前で知られる英雄は、北欧ではシグルズと称する。さまざまな伝承があるが、父が早く戦死したので養父のもとで育った。彼は幼少時から非凡な力を発揮し、怪物退治すら行う。『ファーヴニルの歌』は、彼が怪物ファーヴニルに致命傷を与えたところから始まる。瀕死のファーヴニルはシグルズに素性を尋ねる。

……もしおまえが〔父の〕一族のなかで育ったとしたら、勇敢に戦えただろうに。さて、おまえは戦の囚われの身、囚われ人はいつも怯えている、と言われているぞ。

私が父の財産から離れたところにいる、とおまえは嘲るのだな、ファーヴニルよ。私は囚われ人ではないし、たとえそうだとしても、私が自由に生きているのをおまえは知っている。

この箇所によると、囚われ人 haptr（不自由身分）は臆病であり、怪物退治が可能なほど勇敢な人物は「自由

lauss」である。そして自由な人物は父の一族の中で育てられ、父の財産を受け継いでいる。シグルズは父の財産 feðr-munir から「離れて fiarri」いることから、父の財産とは不動産のことである（feðr-munir を「父の好意」と解しても本質的な違いはない）、と想像するのは大胆すぎるかもしれない。しかし、父祖から伝えられた財産を持たず父の一族に守られないのは、身分に関わる大問題である。[37] 古代英語の文学作品にも、主君を失い故郷を離れてさまよう嘆きが記されている。父祖伝来の土地に関して、フランク人によってやがてまとめられる大陸の社会、北欧人たちの社会、またブリテン島（これらは影響を与えあったはず）には、意識の上で共通する部分が存在した。

3 制約された所有

人と財物の関係がふさわしくないとき、所有はかならず有害である。ドーナウの渡し守は強欲であったゆえに落命した。奪取は死に直結する。クリエムヒルトはエッツェルの弟ブレーデルを味方につけ、ブルグント人たちを襲わせようと画策する。その恩賞は、死んだ家臣の土地とその未亡人であった。子孫に伝えられる不動産が入手できる絶好の機会なので、心を動かされたブレーデルはブルグント人に襲いかかるが、反撃されて落命する（第一九二七詩節）。格別の財産であった不動産は、エッツェルの信頼があついリュエデゲールですら所有できなかったのであるから、欲深いブレーデルごときの手に入るはずがない。土地所有者には制限があることの傍証である。

『ニーベルンゲンの歌』の後日談『ニーベルンゲン哀歌 Nibelungenklage』には、残されたブルグント人たちは彼の息子を王とするために、まず騎士に叙任したとある[38]（版によって異なるが四〇〇〇詩行以降）。この段取りのよさは、後継者すなわちブルグント人とその土地の所有者として、彼の息子しか考えられていなかった、と解するべきである。先に息子ジーフリトを後継者とするために、父王と母王が大規模な祝宴を催し、贈与を盛んに行ったさまを見てきた。しかしこれは、ジーフリトを次の王とするための声が自ずと湧いてくるのを促すのが目的であり、他候補が存在したのではない。先述のごとく、ジーフリトの死後ニーデルラントでは、息子グンテルが問題なく後継者となったはずである。

上述から判断するかぎり、とりわけ父祖から受け継いだ土地と人（自由人も含まれる可能性があり「民」としない）の所有には厳しい制約があり、ふさわしくない所有者には大きな災いが降りかかる。

四　結論

クリエムヒルトは最愛の夫の仇討ちをしたのみにもかかわらず、なにゆえに客の臣下によって不名誉な死を遂げなければならなかったのか。本章においては、作品中に記されている財物の移動と移動の制約に注目した。『ニーベルンゲンの歌』成立の時代には人と財物の濃厚な関係が存在した。人格がこもった財物を贈与されれば真の喜びが得られ、奪取すれば惨事が待ち受けていた。財物の移動に対する関心は深く、それは人の目に見えていたはずであり、見えない行為はいかがわしかった。また、所有権の自由な移転可能な財物と、移転に制限がある財物は厳密に区別されていた。前者の代表が身分の低い放浪詩人たちが受け取る報酬であり、後者の代表が王の所有物たる父祖伝来のクニすなわち土地と人である。土地の所有が封建社会の根幹をなしており、その無制限な所有の交替は社会に大きな混乱を引き起こすからであろう。

所有制限の中に女性の相続があった。嫁ぎ先への出発に際し遺産を欲しがるクリエムヒルトや、財産を惜しむプリュンヒルトが滑稽に描かれていることにも注目すべきである。もちろん文学や法書に書かれている内容が、すべて実現されたとは思えない。しかしたとえそうであっても、「あるべき姿」(あるいはその否定)として記されたことに疑いの余地はない。なおかつ彼女たちの吝嗇が、男性によって嘲笑されていることも忘れてはなるまい。これについてAndersonは興味深い指摘をしている。(39) クリエムヒルトはジーフリトを深く愛していたが、その裏で夫たち(エッツェルの場合も含まれるので複数)からのindependenceを保とうとしていた(Anderson, p. 8)。これは卓見であり、岩井はAndersonの見解に賛成するが、彼はクリエムヒルトの精神状況の分析(いわゆる「精神分析」ではない)に手一杯で、残念ながらindependenceを支える経済力の分析にあまり重きを置かない。

クリエムヒルトは夫たちを愛していた。それとはまったく別に、彼女は独自の道を歩もうとしていた。彼女は独自の判断によりジーフリトの命を救おうとしたが、相談した相手が悪かった。ジーフリトを亡き者にして宝物をブルグント人のものにしようと企むハゲネに、夫の重大な秘密を打ち明けてしまった。彼は彼女の近縁macであり(第八九八詩節)、裏切るはずがないと信じ込んでいたからである。しかし彼は秘密を知って喜んだ(第九〇五詩節)。クリエムヒルトの浅慮に対するハゲネの高笑いが聞こえそうな箇所である。暗殺後、彼女が夫の国に帰ったとしても、土地と人は息子の所有になるにちがいない。彼女は独立の根底にあるのがこれらであることを十分心得ていた。息子のそばにいても、『ヒルデブラントの歌』の若武者のごとく、彼女は夫の一族の中で浮き上がった存在にすぎないであろう。彼女はやむをえず敵の中に留まり、自分の自由になる動産をもとに味方を増やそうとするが、それすら取り上げられてしまう。独自の道を歩もうとするクリエムヒルトの企ては、ハゲネによりことごとく妨害された。

フンの国に嫁いだ彼女は再び独自の方法により、前夫の仇を討とうとする。真の意図は夫に隠したままブルグント人王家一族を城に招待した。ハゲネにはすべて分かっていたが招待に応じる。城に到着した彼は公衆の面前でクリエムヒルトを侮辱し嘲った。おまけに彼は、夫から奪った剣とリュエデゲールから贈与された楯で身を固めている。彼女の戦いは、周辺の全男性と男性的なるものへの挑戦とならざるをえない。しかし女性ゆえに武力を持たず、独立した経済基盤所持を許されないクリエムヒルトが自ら戦うのは不可能である。一族に守られたグンテルとハゲネを屈服させるには、彼女は再び動産を用いて男たちを戦わせる以外に道はない。結果として敵味方双方が全滅した。

死屍累々のまさに地獄絵である。しかしこれは最愛の夫の仇討ちと見なせないこともない。むしろここでは、人と財物の関係に目を向けるべきではないか。奪取された財物は奪取者に災いをもたらす。ニーベルンゲンの宝物はすでに二重に奪取された。最後の場面でクリエムヒルトが三度目の奪取を試みるとき、おぞましい奪取者として殺されるのは当然であろう。

しかし岩井はもう一つの説明の可能性を提案したい。独自の道を歩もうとする彼女は、ニーベルンゲンの宝物を再び手に入れようとした。これは動産であるし、本来モルゲンガーベとして彼女の所有であったから、彼女の行為にも一分の理はある。しかしそればかりでなく、作品前半部で彼女は、男性社会の根幹をなす父祖伝来の遺産に関心を示し自分の所有にしようと試みた。これにジーフリトは不快感を抱いたし、また夫自慢の果てとはいえ、思うままに振る舞う妻を殴っている。クリエムヒルトを心から愛していた彼にすら、男の意に沿わないときの彼女は気に入らない。もちろん本来語られた作品である『ニーベルンゲンの歌』の登場人物に、前半部と後半部で一貫した人格を求めるのは無理かもしれない。たとえそうだとしても、彼女が一貫して男たちと戦う社会の反逆者であったことは否定できない。残忍である前にまた破約者である前に、男に頼らないばかりか、財産を用いて男たちを操り、真っ向から男性社会に挑戦するまことに危険な反社会的存在である。もちろんこれは、クリエムヒルトの不名誉な死の直接的きっかけではない。しかし男たちに危機感を抱かせるには足る。それゆえ女王であっても陪臣の手により果てざるをえなかったのではなかろうか。

女性の人格が中途半端にしか認められなかった時代、クリエムヒルトは敵(男性)からの嘲笑をものともせず、自己承認要求のために奮闘した。しかしその報いは、愛する夫の暗殺と一族皆殺しと自分自身の不名誉な死であった。彼女は広大な土地を有するトスカーナ辺境伯マティルデや、煮え切らないアベラールを叱咤する富裕な市民の娘エロイーズの妹であり、アキテーヌの相続人エレオノールの同時代人である。クリエムヒルトは文学上の虚構であるが、『ニーベルンゲンの歌』の中では血肉を備え、中世を生きる他の女性と共に男性社会に風穴を開けようとした。ただし彼女たちの活躍には財産の裏付けがあり、その所有形態が問題であったことを、忘れてはなるまい。

註

(1) その大きな部分がいわゆるゲルマン英雄伝説 Germanische Heldensage である。そもそも「ゲルマン人」の定義に大きな議論があるが、本章においては、ゲルマン語を用いる人びとの民族移動期の経験から発した伝説、と定義する。ドイツの地に住まう人びとの心中に、この伝説は生き残ったであろう。しかしそれに由来する文学作品は痕跡程度にしか遺されていない。キリスト教布教が速すぎて、伝説が文学に昇華する前に滅んだのではあるまい。Tacitus によれば、ゲルマン人たちは戦を前にした集会で高吟するのが習慣であったらしく(*Annales* 1, 65; *Historia* 5, 15)、それらが英雄歌謡であった可能性は高い。伝説はただちに歌謡となったであろう。むしろ作品として成立していても、非キリスト教的であるゆえに湮滅させられたか、あるいは羊皮紙に書き留められるだけの価値を認められなかったのではないか。民衆本の世界やアイスランドの文化遺産から、英雄伝説の豊穣は容易に想像できるのであるが。Victor Millet, *Germanische Heldendichtung im Mittelalter*, Berlin/New York: Walter de Gruyter, 2008 の Einleitung に、現代に至るまでの議論がコンパクトにまとめられている。

(2)『デ・ボーア』。Helmut de Boor ed. *Das Nibelungenlied. Nach der Ausgabe von Karl Bartsch*, 22. revidierte und von Roswitha Wisniewski ergänzende Aufl. Wiesbaden: Heinrich Albert Verl. 1996. 他写本参照のために用いるのは、Michael S. Batts ed. *Das Nibelungenlied: Paralleldruck der Hss. A, B und C nebst Lesarten der ubrigen Hss.*, Tübingen: Max Niemeyer, 1971.『ニーベルンゲンの歌』(岩波文庫、二〇一一年)。

(3) *Das Nibelungenlied.* Mhd / Nhd. Nach der Hs. B hrsg. von Ursula Schulze. Ins Nhd. übersetzt und kommentiert von Siegfried Grosse. Stuttgart (Philipp Reclam jun.) 2010. S. 870.

(4) ゴットフリートの『トリスタン』の前書きがその典型。Karl Marold, Werner Schröder ed. *Gottfried von Straßburg, Tristan, Band 1: Text*, Berlin/New York: Walter der Gruyter, 2004.

(5) Kuhn の vâlandinne や Weber の Entmenschung (p. 20)。Hans Kuhn, *Kriemhilds Tod (1965)* (Ders. *Kleine Schriften. Zweiter Bd.*), Berlin: Walter de Gruyter, 1971, S. 158-182; Gottfried Weber, *Das Nibelungenlied Problem und Idee*, Stuttgart: J. B. Metzlersche Verlagsbuchhandlung, 1963; Werner Schröder, *Nibelungenlied-Studien*, Stuttgart: J. B. Metzlersche Verlagsbuchhandlung, 1968.

(6) 厳密に使い分けてはいないが、所有者に重点を置くときは「所有者の交替」、財物やその所有権に重点を置くときは「財物の移転」を用いる。

(7) 例えば Gephart はモノを仲介として強まる人間関係を考察の対象とし興味深いが、つながりを意識しすぎている感がある。Irmgart Gephart, *Geben und Nehmen im "Nibelungenlied" und in Wolframs "Parzival"*, Bonn: Bouvier, 1994.

(8) かつて岩井は『ニーベルンゲンの歌』におけるヒトとモノのつながりについて論じたが(岩井「『ニーベルンゲンの歌』における贈与」(『教養諸学研究』一三四号、二〇一三年、早稲田大学政治経済学部、六九―九六頁)、そこにおいては移転できる財物と移転できない財物の区別が曖昧であった。本章においては、その議論をさらに進める。

(9) もちろん中世の全期間に視覚重視の傾向が等しく現れたわけではない。それにはさまざまな差が存在した(Gerd Althoff, *Die Macht der Rituale*, Darmstadt: WBG, 2003 等参照)。しかし、文字の使用が限定的であったこの時代における視覚の重要性は、強調されてしかるべきであろう。

(10) 詳細は、岩井「『ニーベルンゲンの歌』における祝宴(一)」(『教養諸学研究』一二八号、二〇一〇年、早稲田大学政治経済学部、一―三四頁)、および「『ニーベルンゲンの歌』における贈与」(『教養諸学研究』一三四号、二〇一三年)を参照されたい。

(11) この箇所の gâbe は現代ドイツ語の Gabe (贈与物) ではない。ちなみに Lohn の語源的祖先 lôn は、後述のとおり、比喩的に用いられている。

(12) 『デ・ボーア』の注は、贈与 Gabe 全般に関わるように読めるので、受け入れがたい。

(13) 王子が客人であるブルグント人を侮辱したので、養育者は監督不行届の報いとして斬首された。楽人は女王の企みを知っていながら招待したので、誓いの手である右手を切られた。『ニーベルンゲンの歌』の前段階を想定すると、このような解釈も可能である。

(14) Ehrismann はこの演奏をエッツェルの城におけるフォルケールの活躍(第一九六六、一九七六詩節)の前触れと見なす。岩井も同意見であるが、Ehrismann の主張のように vriuntschaft がこの gâbe によって固められたとは思えない。Otfrid Ehrismann, *Überlegungen zur Gabe im Nibelungenlied Rüedeger und die Burgonden* (Moser, Dietz-Rüdiger /Marianne Sammer ed., *Nibelungenlied und Klage: Ursprung - Funktion - Bedeutung, Symposium Kloster Andechs 1995 mit Nachträgen bis 1998*, München: Literatur in Bayern, 1998, pp. 361-382), p. 372 参照。

(15) マルセル・モース『贈与論 他二編』(森山工訳、岩波文庫、二〇一四年)によりまとめた。

(16) 本来、ニーベルンゲンの宝物の持ち主が「ニーベルンゲン」であり、ブルグント人たちも後に「ニーベルンゲン」と称される。したがってこの名称には矛盾があるが慣例に従う。

(17) 写本A「ギーゼルヘルの」。「グンテルの」の誤記。

(18) モースは「贈り物や財が毒に転化するというこのテーマは、ゲルマンの伝承において基本的なものである」(『贈与論』三八七頁)と述べ、Der Ring des Nibelungen と Reginsmal から (Rm. 7) 見当違いの引用をした後に、呪いのこもった贈り物の危険を指摘する。しかしリュエデゲールの場合はモース的な「ゲルマン法」とは異なる。善意の贈与すら災いをもたらすことがあるという、新しい問題提起である。

(19) そしてここでも「徳」が問題になる。彼女は多くの徳を顕した si pflac vil guoter tugende (第一一二七詩節)。当然ながら、Mhd. の tugent/tugende は Nhd. の Tugend と重ならない部分がある。

(20) モルゲンガーベ Morgengabe とは、婚姻の翌朝、夫から妻になされる贈与（物）。日本語の対応語を知らないので原語により記す。

(21) D. G. Mowatt & Huge Sacker, *The Nibelungenlied: An Interpretative Commentary*, University of Toronto Press, 1967, p. 72. すなわち、子どもの女性に対して男性たちは大人、と暗示されている。

(22) 「グンテル王が支配をなさるまで」は写本AとBには存在せずCのみ。しかし『デ・ボーア』ではグンテルの支配を強調し採用している。たしかにこの方が、この場面の趣旨にふさわしい。

(23) ハゲネに財宝の大部分を取り上げられても、クリエムヒルトの手元には若干は残された（駄馬 mœre たった百頭ほど！では運びきれない。第一二七一詩節）。しかしハゲネはこれさえも奪うので、クリエムヒルトの嘆きは大きい。彼女を慰めるリューデゲールのことばによれば、エッツェルの財宝はこれに劣らない（第一二七五詩節）。しかしこのときリューデゲールは主君のために求婚しており、彼のことばは仲人口のきらいがある。それは別として、ニーベルンゲンの宝はおそらくドイツ文学史上最大の宝であろう。

(24) ところがその経過に、写本間で若干の相違がある。写本AとBの第九六と九五詩節においては、ジーフリトの太刀風に怯え、「土地に加えて城 daz lant zu bürgen」もジーフリトに献上した。英雄は金銀宝石ばかりでなく領土も手に入れたことになると、ニーベルンゲンの財宝には領土も含まれるのだろうか。ちなみにこの詩節は写本Cには存在しない。この部分は後世の挿入かもしれない。岩井はこの財宝は金銀宝石のみであると想像する。

(25) この暴言には伏線がある。ブルグント人の姫に求婚しようとして、ジーフリトは父親から警告される。これに応えて曰く「穏便に頼んで手に入らなければ、力ずくで手に入れるだけのこと。民も国も彼らから奪ってみせます swaz ich friwentliche niht ab in erbit daz mac sus erwerben mit ellen dâ mit mîn hant. ich trouwe an in entwingen beide liute und lant」（第五五詩節）。

(26) ジーフリトの言い分は、（小）ピピンの問いに対する教皇ザカリアスの回答に似る。すなわち、王の力を持たぬ者より力を持つ者が王の名にふさわしい。もちろんこれは、すべての簒奪者に共通のロジックであろう（DCCXLVIIII, *Annales Regni Francorum*）。

(27) 名のあるほどの名剣は、一族の運命を左右する力すら持つ。Laxdœla saga の Fótbítr がその好例である。夫が大切にしていた剣を、離婚にあたり妻は奪い去って返さない。そこで夫は呪いをかける（三〇）。「その剣を自分のものにすると、剣はおまえに幸せをもたらさないぞ ekki happ mun þér í verða at hafa með þér sverðit」や「それでは次のように言ってやる þat læt ek þá um mælt」などの発言は、モノやコトバに力があった時代を思わせて興味深い。この物語は恋する男女を中心に展開し、やがて栄えていた一族も内部で争いをはじめ、男たちがこの剣で命を落とす。

(28) このエピソードは、全体的に調和の取れた『ニーベルンゲンの歌』の流れの中で、唐突の感がある。作品に先行する多くの「エックハルト」像のアマルガム（Panzer の解釈に対する Mowatt & Sacker, p. 118）としてしまうと、成立史的研究の袋小路に入ってしまう。成立史的立場にあるなら、Mowatt & Sacker が次ページで述べているリュエデゲール像の混乱（リュエデゲールのブルグント人に対する誠実さは叙事詩成立の過程でどのように形成されたか）と関連があるように思われる。なお写本Cでは、この部分（本章の詩節の数え方では、第一六一七詩節一行目後半から第一六四二詩節三行目まで）欠。

(29) 指輪はとりわけ記念のしるし（思い出の品）として好まれた。帯も共にこれらはプリュンヒルトの純潔の象徴である（Horst Wenzel, *Hören und Sehen, Schrift und Bild*, München: C. H. Beck, 1995, p. 71 参照）。人目につかない夜の寝室の行為が、指輪と帯という具体的なモノとして人目につく。文学作品としての『ニーベルンゲンの歌』の妙味の一つである。

(30) 当該詩節記述は第二一三九詩節の内容と矛盾しているように思われるが、辺境伯は息子たちに相続できる土地を有していない、と解すべきであろう。リュエデゲールの身分上の本質は、名詞でもあり形容詞でもある ellende（第一六七六詩節）に集約できる（語源的に、現在のドイツ語の Elend/elend「悲惨（な）、下手（な）」に対応）。elilenti として八世紀にはすでに登場し西ゲルマン語に広まっていた。本来「よそ者の」「他国において」の意味で、属しているべき法的共同体から離れていることから「惨めな」の意味になった経緯がある。なお、リュエデゲールは（後に触れるトリスタンたちも）封を受ける身分であり、土地の所有に関して、王であるグンテルやジーフリトと等しくは語れない。しかし本章はそこまで立ち入らず、封土の存在に触れるのみとする。

(31) Rosemarie Lühr, *Studien zur Sprache des Hildebrandliedes, Teil I und Teil II*, Ffm. und Bern: Peter Lang, 1982.

(32) 息子は父と戦うことにより、武具相続の可能性まで絶たれるという。これはこの親子の悲劇性を高める卓見である。Ute Schwab, *arbeo laosa, Philologische Studien zum Hildebrandlied* (Basler Studien Bd. 45), Bern: Francke Verlag, 1972,

p. 58 参照。

（33）　Karl August Eckhardt ed., *Sachsenspiegel Landrecht*, Hannover 1933（Fontes iuris germanici antiqui in usum scholarum ex MGH separatim editi）.

（34）　ゴットフリートの『トリスタン』（前掲書）。

（35）　『ザクセンシュピーゲル、レーン法』については、石川武『ザクセンシュピーゲル・レーン法邦訳――アウクトル・ヴェートゥスとの比較・対照をも兼ねて』（北大法学論集五一～五六巻、二〇〇〇～〇五年）に敬意を表する。

（36）　Klaus von See, Beatrice La Farge, Wolfgang Gerhold, Eve Picard, Katja Schulz, *Kommentar zu den Liedern der Edda, Bd. 5: Heldenlieder*, Heidelberg: Winter, 2006, pp. 415-421. この作品のみでは難解であるが、同内容の散文作品該当部分をもって解釈を補う。

（37）　『ゲルマーニア』（一世紀）の記述が九世紀にも生きているとすれば、ローマのごとき個人による大土地所有はゲルマーニアの地には存在せず、耕地は必要とする人の数に応じて分けられ、その後、身分に従って分配される（二六）。男系より女系の結びつきが重んじられるが、相続においては男系が最優先であり（遺言状は存在しない）、息子、兄弟、父方の伯父叔父、母方の伯父叔父の順である（二〇）。これに関して、バンヴェニスト Benveniste の興味深い考察がある。arbi（Erbe）は英語 orphan（lat. orbus）に対応しており、「相続」と「孤児（あるいは息子のいない父）」の関連は現代人には不思議に思えるが、それは息子がいない場合にのみ「相続（者）」が意識されたからであるという。すなわち、財産は直接息子に渡されたので「相続」という意識は存在しなかった、というのである（エミール・バンヴェニスト『インドヨーロッパ諸制度語彙集Ⅰ』言叢社、一九八六年、七七頁以下）。

（38）　*Die Nibelungenklage*, Mhd. Text nach der Ausg. von Karl Bartsch, Einführung, nhd. Übersetzung und Kommentar von Elisabeth Lienert, Paderborn/München/Wien/Zürich: Ferdinand Schoningh, 2000. 『ニーベルンゲンの歌』の内容をそれ以外の作品から引用するのはルール違反であるが、寛恕されたい。当時の人びとの考え方がよく分かる。

（39）　一九六〇年代は『ニーベルンゲンの歌』研究の転回点。Nagel と Weber のクリエムヒルト研究は実り豊かであったが、その流れは一九八五年に発表された Philip N. Anderson, *Kriemhild's Quest*（Euphorion, 79, Bd., 1985）, S. 3-12 に引き継がれる。

第三章　経済思想史における三浦梅園

川口　浩

はじめに

これまでの日本経済思想史研究において、豊後国富永村（現・大分県国東市）の医者・三浦梅園（一七二三―一七八九）を取り上げた論考は、数の点ではさほど多いとは言えないが、それにもかかわらず、彼は言わば「破格」の取り扱いを受けてきているように感じられる。たとえば、一七七三年（安永二）、「宇佐の医者上田養伯が物価問題について尋ねたのに対し、条理に照らしてその原を探って、その派に及んだ」(1)『価原』の現代語訳が、管見の限りでも、二種類あることは異例ではないだろうか。(2) このような梅園に対する特別扱いのそもそもの切っ掛けが、次の如くであることはよく知られているであろう。

『価原』は……一篇の経済論である。この中に貨幣論があり、……それがグレシャムの法則と一致するということから、一躍有名になって、三浦梅園の名は経済学者を通じて世間に喧伝されるに至った。それは明治三十八年に河上肇博士が学会誌に発表したことによる。また面白いことにかの国富論の著者アダム＝スミスは梅園と同年生れ、『価原』は『国富論』に先だつこと三年に撰述されている。[3]

すなわち、河上肇（一八七九―一九四六）によって、ヨーロッパの近代の経済学に見られる認識の一部が『価原』に「発見」[4]され、しかも梅園とアダム・スミス（一七二三―九〇）が全くの同時代人である事実が、この「発見」にある種の期待感と信憑性を与え、その結果として、日本経済思想史というよりは、むしろ「日本経済学史」上の特筆すべき人物という梅園像が形成され、それが現在の研究にも受け継がれているのであろう。

しかし、そもそも河上肇は、梅園が日本経済学史上に率然として現れた彗星だなどということを言っているわけではない。よく引き合いに出される「所謂ぐれしやむノ法則」（傍点原文）を例に取れば、河上は「当時ニ於ケル他ノ学者ト等シク、彼ノ既ニ認メ居タリシ所ナリ[5]」（傍点引用者）と述べており、梅園の創見だとは言っていないのである。実際、金銀貨の品位についての関心や認識を十八世紀の江戸時代人が広く共有していたであろうことは、一六九五年（元禄八）以降の徳川政権の貨幣政策を一瞥すれば容易に推測しうることであり、梅園もそうした江戸時代人の一人だと考えた方が遙かに自然である。また、「彼ハ所謂貨幣数量説ヲ取レリ[6]」についても同様であり、貨幣の数量・品位と物価との関係についての議論は、十八世紀の日本においては珍しいものではない。よく知られた例を示せば、『価原』の成立より約半世紀前、新井白石（一六五七―一七二五）と荻生徂徠（一六六六―一七二八）は、相異なった立場からそれぞれ次のように述べている。

> 古の善く国を治め候人は、物の貴賤と貨の軽重を観候……凡そ物の価重く候事は貨の価軽きにより候て、貨の価軽くなり候事は其数多きが故に候へば、法を以て其貨を収めて其数を減じ、又物の価軽く候事は貨

の価重きにより候て、貨の価重くなり候事は其数少きが故に候へば、法を以て其貨を出して其数を増し、貨と物とに軽重なきごとくに其価を平かにし候時は、天下の財用ゆたかに通じ行はれ候……当時万物の価の重くなり候事、金銀の数多く候て、其価軽くなり候故により候事疑ふべからざる事にて候(7)。

元禄金銀吹替られて、御蔵に金満たり。程なく……其金民間にひろごり民間に金多くなる故に、人弥奢て商人弥利を得、一人の身一軒の家にても、物入の品多くなり、……又田舎の末々まで商人一面に行渡たる事、……元禄巳後の事也。然ば当時金銀半分より内にへりて慶長の昔に返れども、世界の奢、風俗の常と成たる所は、慶長の時分とは遙に別也。……諸色の高直に成たるは、全く元禄の時に金銀に歩を入れて、金銀の位悪敷なる故に、高直に成たるにも非ず。又金銀の員数ふゑたる故に、高直に成たるにも非ず。元来旅宿の境界に制度なき故、世界の商人盛に成より事起て、種々の事を取まぜて、次第次第に物の直段高く成たる上に、元禄に金銀ふゑたるより、人の奢益々盛になり、田舎までも商人行渡り、諸色を用ゆる人ますます多くなる故、ますます高直に成たる也(8)。

要するに、梅園の思想全体の中から、特定の部品を取り出し、しかもその部品と同時代ならびに前後の時代の思想状況との関係を検討しないままで、その部品の歴史的意味を云々するようなやり方では、梅園を日本の経済思想史上に位置づけることは難しいということである。それは、日本的時間からの梅園の排除である。もちろん、個々の部品を取り出してきて、それが如何なるものかを検討することは、思想を分析的に理解しようとする際の不可欠な作業の一つではあるが、それらの部品をもう一度組み立て直して、元の思想の全体を再構成してみなければ、部品一つ一つの意味も不分明であろうし、思想全体の理解に達することは、なおさら覚束ないであろう。[9] しかし、梅園研究にこのような問題点があることは、管見の限りではあるが、既に七十年近くも前に野村兼太郎（一八九六―一九六〇）が指摘しているところである。やや長くなるが、それを左に引用しておく。

梅園の経済論は当時としても著しく異色あるものではない。むしろ当時の知識層の多くの者が抱いてゐたところと大差ないであらう。然るに……貨幣論については……経済学界の長老の推挙に依つて著しく有名となつた。……従つてその後においても、梅園はしばしば正統学派の経済論者と比較されてゐる。……梅園がその鋭い観察力を以つて当時の経済状態を洞察し、貨幣について多くの卓見を示したことは十分に認めてよい。しかしそれが西洋経済学者の所説と似てゐるかどうかといふことは、あまり重要なこととは思はれない。……片言隻句を捕へて、作者の思ひもかけぬ議論を引き出すことは、却つて思想史の正当の理解を誤り、その思想家の価値づけを不当なものとする惧れがある。……文中の一節を捕へて濫りに布衍する時は、時に論者の意向を間違つて解釈することになるばかりではなく、思想史研究の立場からみても無意味である。私は梅園の「価原」を何回か読んでみたが、梅園としても傑作ではないばかりでなく、江戸時代の経済書としても、特に名著とするほど高く評価し得ない者である。……しかし、彼は社会を客観的に観察する態度を常に維持してゐた。……彼の学問的態度は「価原」の如き経済論にも維持されてゐることに注意したい。[10]

本稿は、三浦梅園の経済認識は、基本的には「当時の知識層の多くの者が抱いてゐたところと大差ない」という事実から出発している。そもそも梅園という人物は、独自の「条理学」を唱えた自然哲学者であったのであろうが、その人柄の全体を見れば、十八世紀後期の中では、さほど特異な存在のようには思われない。たとえば、次の文章は二十八歳の時の旅行記であるが、ここから近代市民社会の経済学者を彷彿とさせるような要素を見出すことができるであろうか。

先内裡へと志ける。外ほりは水浅くたたへて、松をうゑたり。……東門俗に日の御門といふ。仙洞この南に居まして、藐姑射の山ぞ常磐なる、鴨川の水この堀にわづかに流るるのみ。南門ふかく鎖して、清涼殿の棟ほのかにみえたり。西のかた紫宸殿を望み、西門は洞に開たり。……誠に人間天上の文物を詠る事の有がたくいみじくぞ覚ける。徳に在て険にあらず。……城高きにあらず、堀ふかきにあらねども、千年の星霜をへて北極巍巍として移らず。……豈異国羯鼓の生臭き、朝には犬羊と称し、夕部に君主と称すると日を同して語るべけんや(11)。

梅園が江戸時代の経済思想史における特異な人物ではないとすれば、なぜ彼をここで取り上げるのであろうか。それは、むしろその「平凡さ」の故に、江戸時代人の経済認識とは如何なるものかを探るうえでの一つの材料になりうると考えられるからである。ただし、大枠としては「平凡」ではあっても、梅園の経済思想に何の特徴もないのかと言えば、恐らくそうではないであろう。通常、どのような人物の思想であっても、一般性と個体性が、多かれ少なかれ、同居しているであろうし、梅園について言えば、彼は独自の「条理学」を築いていった人物であり、経済思想もまたそうした彼の思想体系全体と無関係ではなかったはずである。本稿では、梅園の経済思想の江戸時代的「平凡さ」を捉えてみたい。

一　条理

梅園の「条理」なるものを筆者はよく理解することができない。しかし、恐らくその前提にあるのであろう一種の「懐疑の精神」については、筆者もそれなりに共鳴できるような気がする。

神鳴り、地震りたりといへば、人ごとに頸を撚り、いかなる事にやといひのゝしる。我よりして是を観れば、其雷地震をあやしむこそあやしけれ。故いかんとなれば、其人、地動くを怪しみて、地の動かざる故を求めず、雷鳴る所を疑ひて、鳴らざる所をたづねず。是空々の見ならずや。此故に、皆人のしれたる事とおもふは、生れて智の萌さゞる始より、見なれ聞なれたる癖つきて、其知れたると思ふは、慣れ癖のつきたる事なり。……此故に、其うたがひあやしむべきは、変にあらずして、常の事也。……この故に、智を天地に達せんとならば、雷をあやしみ、地震をいぶかる心を手がゝりとして、此天地をくるめて一大疑団となしたき物に候⑫。

しかし、右のような「天地をくるめて一大疑団となし」、その「疑」を問い続ける姿勢を是とするにしても、次のような疑問も同時に湧いてくるのではないだろうか。すなわち、この「疑」に対する答は、結局のところ、自己の判断に依存し、「智を天地に達」するようなものではないのではないかという主観と客観の関係如何という問題である。たとえば、「我が心を以てこれを推度して、その必ずまさにかくのごとくなるべきと、必ずかくのごとくなるべからざるとを見ることあり、これこれを理と謂ふ。……故に理なる者は定準なき者なり。

何となれば……人の見る所は、おのおのその性を以て殊なり。……人おのおのその見る所を見て、その見ざる所を見ず、故に殊なるなり(13)」という荻生徂徠の主張は、それなりの説得力を持つであろう。これに対して、梅園は次のように述べている。

天地は、我立る者にはあらず。其立ちたる者に、我したがふ事に候へば、天地を全観する事も、人事を精しく察する事も、唯有る通りそのまゝにみるより外の細工なく候。……右の趣に候へば、天地をしるは我私の意を入れず、あるまゝに天地に従ひて、天地を師とするにしくはなく候。されども天地、物いはず、人々のおもふ様に見らるゝ物にして、正す処の人、千差万別に候へば、口舌を以て争はんには尽期なく、自得にしくはなく候。されども其自得も心〳〵にて、天地はあぢなる物に候。……さるによつて我説、人に強不申(14)。

梅園も「天地、物いはず、人々のおもふ様に見らるゝ物」であることを分かっている。しかし、と言うより、だからであろう、梅園は「あるまゝに天地に従ひて、天地を師とする」ことを学問の本質であると考えたのではないだろうか。たとえば「予、形体医典ニ合セザルヲ以テ、屢諸獣ヲ剝シ、禽魚介虫ニ及ブ(15)」という動物の解剖は、恐らく、梅園にとっての「格物」すなわち「唯有る通りそのまゝにみるより外の細工なく候」の一つの方法であったのであろう。「天地」の「条理」の実在性とその認識可能性を認める点で、梅園の発想は、朱子学の「格物窮理」に親近していると言えよう。

ただし、梅園がたとえば解剖によって認識しうると考えた「条理」は、朱子学の「格物窮理」が対象とする「無極にして太極の理」のような形而上の原理ではなかったように思われる。梅園は、次の文章が示しているように、全ての「物」は「天地」の「一元気」によって生じるものと考えている。言い換えれば、梅園にとって、こうした「天地」とは異次元の時空間は存在しないということである。

微塵も形あるうちははなれぬ処を一といふ。その一、一元気也。其の二、侌昜なり。……一一は相反せり。ふたつにあらざるものなければ反せざるものもなし。されば天地かく迄大きに万物かく迄しげゝれども唯ふたつまで也。ふたつとは気と物とのふたつ也。気はかたちなきものなり。物はかたちあるものなり。天地かく迄大に、万物かく迄多けれど、かたちあるものひとつ、かたちなきものひとつ、此ふたつに過べからず。……そのかたちなきもの天にして、形あるもの地なり。されば侌昜とは一々の名を得たるなり。天地とは気物を名を得たるなり。気物といひ一々といひ天地といひ侌昜各々の事にあらず。……されば天は虚なるが天の体也。地は実するは地の体なり。……されば虚とは唯、形が虚なりといふ迄にて、気に虚空といふことはなし(16)。

すなわち、「一元気」から成る「天地」が実在であり、だからそれは「我をれる所(17)」であり、その「天地」そのもののあり方が「天地の条理(18)」なのであろう。したがって、梅園の「条理学」は、理気論について言えば、朱子学の理気二元論よりは、たとえば「一元の気之が本と為って、理は則ち気の後に在り(19)」と言われるような、古学派の気一元論・気先理後説に近いように思われる。ただし、梅園にとっての「条理」は不可知なものではないし、むしろ積極的に知らねばならないものであり、この点では「窮理」を埒外に置く古学派とは一線を画していると言うべきであろう。後に引用する註(22)の文章が示す梅園の蘭学への接近も、この文脈においてのものである。

要するに、梅園の思惟のあり方は、江戸時代思想史の流れの中にあり、朱子学や古学派儒学、国学や蘭学などの諸思想が並立・混淆・共鳴・反発しつつあった十八世紀後期の思想状況に根差したものであったと考えられる。[20]

二　人の倫・天下和睦

梅園にとって、人と社会はどのようなものであったかを見てみたい。思想とは、突き詰めて言えば、人間とは何かということであろうし、そのような人と人の関係が社会だからである。

千万と雖も、一言もって之を尽くす、曰く安。仁もって人を安んじ、義もって己を安んず。それ人は、類男女あり、等尊卑あり。而して相合交す。その合に天人あり、故に交にもまた天人あり。人の天をもって合するものは、父子なり、兄弟なり。これよりして、叔姪宗族の交、自ずから成る。人をもって合するものは、君臣なり、夫婦なり。これよりして、上下内外の交、自ずから成る。これを拡れば窮まりなしと雖も、これを約すればすなわち四なり。これをもって、子の父における、臣の君における、おのおのまさにこれを安んぜんとす。父子は家の君臣、君臣は国の父子なり。而して孝は親に事えるの名、忠は君に事えるの名なり。敬愛、これを尽くして、天下和睦す。[21]

ここで述べられていることとは、「父子」「兄弟」「君臣」「夫婦」といった人間関係の本源性であろう。つまり、個体が一次的で、全体が二次的だといった発想にはなっていないということである。そして、こうした人間関係を成り立たせているものは、自他の「安」を求める人間の資質だと梅園は考えているように思われる。全ての人間関係において、人々が「安」を得ることができれば、社会全体が「和睦」することは当然である。もう一つ、次の文章も、梅園の社会像の基本を示すものである。

天地に達観すべし。天地は容れて遺さぬ者也。……古聖の説にあらずとも天地に並べて見るべき也。只大同とは孝悌忠信礼義廉恥。これを離れ、天地の化育を害し、王者安民の道に害ある者、是悪むべき者也。……窮理を務めん事は天地の大観に於ては一助あるべし。……松村〔未詳〕曰、西洋の学畢竟窮理の学也。務めて物の性を知るに在り。性を知るにて能物を成すといへり。此窮理の字も性の字も宋儒の所謂と同じきにも非ざれども、西洋の学は能くものの理を推し極め物の性を尽す。能く道を小にせず、物を天地の如く容れ、天地に達観せんとならば、能く天地の条理をしり、是非を大同上に分ち、各好尚を海の如く容るべし。是乃天地を師とする也。(22)

まず、「王者安民の道」が、「天地を師」とし「天地に達観す」るための「窮理」との関係の中で語られていることが分かるであろう。しかし、「窮理」によって把握されるであろう「条理」は、単に狭い意味での自然「物」の「理」だけではないことに注意しておきたい。すなわち、「孝悌忠信礼義廉恥」を「離れ」ては「安民」はありえないのであり、規範的価値が不可欠の要素として「条理」には組み込まれているのである。

しばしば評されるように、梅園の思想の核心は「自然哲学」と呼ばれるべきものなのであろう。けれども、それでは梅園の学問はたとえば解剖図の作成を目指すような自然観察学かと言えば、そうではないように思われる。「敬愛」「孝悌忠信礼義廉恥」のような倫理的要素が梅園の思想の中に見て取れるからである。言い換えれば、梅園を儒者と見なすことは不適当かもしれないが、それでも、彼の人間観・社会観が、恐らく儒教に淵源しているような規範主義的色彩を帯びていることは間違いないであろう。後にも述べるように、経済思想の部分を含めて梅園を理解しようとする場合には、このことを計算に入れておくことが必要である。

三 士農工賈

江戸時代における人間関係は、社会的には、士農工商の身分制として現れる。人間関係の本源性を前提にすれば、これも「天下和睦」にとって重要な要素の一つである。

君民一体。士は事に勤め、農は耕に力め、工は職に走り、商は交に走る。これこれを給し、彼これに資するは、すなわちその養。意もって思い、技もって為すは、すなわち営。人事の然る所は、すなわち天の給する所。[23]

「君民一体」とあることから分かるように、梅園には江戸時代の政治・社会体制に基本的な違和感はないと考えられる。そして、そのような社会に調和と安定をもたらすものが「君」であると期待されている。しかし、「君」だけで十分かと言えば、そうではない。士農工商それぞれの社会的な役割が想定されているのである。

人、その分を守り、その職を勤む。分を守らざれは、すなわち僨乱す。職を勤めざれば、すなわち荒廃す。職に士農工賈ありと雖も、しかも上一人より下億兆に至り、造化を賛するをもって職とし、上一人より下億兆に至って、その地を守るをもって分とす。天功を貪り、天物を費やす、これを汰といい、人功を偸み、人物を費やす、これを賊とす。仁義礼学は、道の綱なり。殺活予奪は、政の柄なり。鰥寡孤独を愍み、士農工賈これを用い、才良を甄抜し、蝥賊を沙汰す、……人の志す所は、すなわち家国の安寧、人の弁ずる所は、すなわち尊卑親疏。天功を貪らざれば、欺きを用いる所なく、天物を費さざれば、奢を用いる所なし。人功を偸むものは、勤めを用いる所なく、人物を費やすものは、倹を用いる所なし。……父は家にして君なり、君は国にして父なり。故に、慈もって子を愛し、孝もって父を敬す、孝慈なれば、安んぜざるの家なく、愛敬なれば、安んぜざるの国なし。学においてこれを知り、礼においてこれを修む。(24)

ここでは、「士農工賈」にはそれぞれの「職」「分」があり、全ての人間がおのおのその「職」「分」を果たすことによって、「家国の安寧」が実現されると述べられている。すなわち、「君は民を安んずるをもって職とし、臣は君を奉ずるをもって義となし、而して四民は君の職を相けて、而してその蔭に息するものなり(25)」である。兵農分離を前提とし、武士・百姓・職人・商人の身分間・地域間分業によって成り立っている江戸時代社会においては、士（君臣）農工商の各身分は全て社会的に有用な存在だという認識は、広く共有されていた常識であったと言って大過ない。たとえば、梅園より一世紀以上前に、「諸職人なくしては、世界の用所、調べかならず。武士なくして世治べからず。農人なくして世界の食物あるべからず、商人なくして世界の自由、成べからず。此外所有事業、出来て、世のためとなる(26)」と述べた仏僧がいた。仏教や儒教、あるいは、そうした色分けとは関わりなく、このような四民観は江戸時代人の通念であり、梅園もそれを共有していたということである。

四　六府

既に見た通り、梅園にとっての人間や人間関係のあるべき姿は、端的に言えば「天下和睦」である。では、こうした理想的な人や社会が実現されるためには、何が必要なのか。無論、その一つは「孝慈」「愛敬」「孝悌忠信礼義廉恥」という道徳規範であるが、梅園の思惟のあり方からすれば、人の内面のあり方とは別の、より具体的な要素があると想定されうるのではないだろうか。

五なるものは、五行なり。洪範に権輿す。曰く。一に五行。一に曰く水、二に曰く火、三に曰く水、四に曰く金、五に曰く土。……謹んで按ずるに、尚書禹謨に、水火木金土穀、これを六府という。府なるものは、これを財するなり。洪範これを五行という。行は陳なり。水火金木土穀は、民生日に陳してこれを財として用いるものなり。先王、最もこれを重んず[27]。

水火木金土穀コレヲ六府ト云、正徳利用厚生コレヲ三事ト云。後世之治、千術万法有トイヘドモ此六府三事ニ出ズ。……天下ノ至宝トイフ者ハ此六府ナリ。……王者ノ材トスル所ハ水火木金土穀ナリ。……是天下ノ至宝ニシテ……得難キ者ニアラズ。……得難キノ宝ハ得ズシテモスム者ナリ、得ヤスキノ宝ハ民生須臾モ離ルベカラザル者也。……王者ノ宝ハ有用ノ者也[28]。

「正徳利用厚生」の「三事」については後に述べるとして、ここでは「水火木金土穀」すなわち「六府」が

「先王、最もこれを重」しとする「天下ノ至宝」とされていることを確認しておきたい。つまり、「六府」が「民生」のための「財」すなわち物質的基盤だということである。

ところで、「水火木金土穀」に象徴されるような財貨を「宝」とする考え方は、江戸時代人の文章の中に時々見られるものである。たとえば、梅園より一世代前の、徳川御領の代官・蓑正高（一六八七―一七七一）は次のような文章を残しているし、明治の初めでも「人間生養の根元にして、宝の第一なる穀物[29]」といった表現がなされている。

国家のたからといふは、食すべき五穀を第一とし、第二は身に衣べき布帛をいふなり、たからとは田から出る物なるを以て、五穀をさして宝とはいへり、夫金銀は飢たる時喰ふべからず、寒して衣べからず、まことに五穀と布帛の二ツは、人の生を養ふ本たるを以て、宝の一とする事むべなり、……富とは財宝に非ず、穀の多く豊なるをいへり[30]、

要するに、人間の生活や社会の存立にとって不可欠な財貨を「至宝」とする実物重視の発想であり、これは、恐らく、農作物の不熟が飢えにつながりかねない前近代の農業社会における切実な生活実感であったであろう。梅園にもそれが見られるということである。

五　金銀

右のような「六府」を「至宝」とする見方は、ある種の貨幣観と連関している場合があるように思われる。

たとえば、本居宣長（一七三〇―一八〇一）は、次のようなことを述べている。

金銀通用はその法によりて、大に得失の有べき事也、まづ此金銀といふ物は、上もなき宝にてはあれ共、実は飲食のかはりにもならず、衣服のかはりにもならず、すべて何の用にも立がたき物なるに、これを通用するは、その何の用にもたゝぬ物を以て、世中の一切の用を弁じさする仕方なる故に、その仕方によりて、得失はある事也、……金銀を広く通用する事は、慶長のころより始まれることにて、……此金銀通用始まりては、其世上の便利にして、尤自由よろしき事也、……今の人は、もとよりかくのごとくなる世に馴たる故に、金銀の甚多きといふことをしらず、便利の甚宜しき事をも覚えずして、返て世上通用の金銀の払底にて、得がたき故に、世は困窮するやうに思ふは、商人心にして、末をのみ思ひて、本を知らざるもの也、今の世に金銀の得がたきは、少き故にはあらず、あまり多きよりおこれること也、……今は右の如く世間に此とりやり掛引しげく、金銀つねに人の耳目にちかく親しく、又金銀にて何事も済む故に、人毎にこれを得んことを願ふ心も、むかしよりは格別に甚しく切なるによりて、甚得がたきやうに覚ゆる也、(31)

ここで宣長は貨幣を否定しているわけではないが、貨幣の通用が拡大するにつれて、それ自体としては「何の用にも立がたき」貨幣の獲得に人々の指向が集中しすぎていると、若干冷ややかな物の言い方をしている。そして、町の住人である宣長でもこのようなことを言うとすれば、梅園が「金銀」を流通手段と見なし、それ以上の意味を貨幣に与えていなかったとしても、あながち不思議ではないであろう。次のように、梅園にとって貨幣は「舟車」のようなものであった。

金銀少ケレバ世ノ中貧シク金銀多ケレバ世ノ中ユタカナル者カト思ヘドモ然ニアラズ、ココニテ得ト天下ノ至宝ハ六府ニ過ザル事ヲ察スベシ。……金銀ハ諸貨ニ易ヘテ用ユルヲ以テ其用トス。金銀並ニ銭コレヲ幣ト云、珍ニシテ小也。諸貨ノ重大ニシテ移シ難キニハコビヲツクル者ナレバ、其用舟車ニ近キ者ナリ。……天下ノ勢ヲ慮ル人ハ能財ノ有用無用ヲ弁知スベシ。譬ヘバ海内ニ如此沢山ニ充ル所ノ金銀今悉ク尽キ果テタリトモ、他ノ五材アラマシカバ民生立ヌト云事ノ有ルベキヤ(32)。

また、よく引き合いに出される梅園の「貨幣数量説」も、「金銀」は流通の仲立ちにすぎないということの別の表現であろう。

譬バココニ一島アリ。土地人民足リ、米粟布帛魚塩、他島ヲ仮ラズ一切事足リ、唯金銀ノミ無ランニ、民粟ヲ以テ器械庸作ニ易ヘテ金銀ノ貴キヲモ知ラデ立ザル事ヤハアルベキ。追追ニ銭一万を入レテ他ノ用ヲ通ゼンニ、一万ノ銭其一島ノ用ヲ足ラシムベシ。是ヨリ増シテ十万ニ至ラバ、十万ノ銭、其一島ノ用トツリ合ヲナシテ、一万ノ銭決シテ一島ノ用ヲ弁ゼジ。其初ハ島ノ諸用一万ノ銭トツリ合ヲナシ、米一石五百銭ニ当ラバ、其五百銭以テ一奴ヲ買ベシ。又入レテ十万ニ至ル日ハ一石ノ米、五千銭ニツリ合ベシ。……此故ニ金銀多ケレバ物価貴シ、金銭少ケレバ物価賤シ。物価賤キハ金銀ノ貴キ也。物価貴キハ金銀ノ賤キ也(33)。

「金銀」は「天下和睦」にとって本質的ではないということである。

六　四民の職分

右のように考えるならば、人間の生活や社会の存続にとっての最も基礎的な必需財の安定的生産・供給が、最重要課題となるであろう。

金銀ノ通用ハ天地ヨリシテ観ル時ハ左ノ物ヲ右ニ移シ右ノ物ヲ左ニ移スニ過ズシテ、布粟器械昨日マデナキモノノ今日ハ天地ノ間ニ出来テ、造化ノ功ヲ賛ケ、饑渇ヲ愈ヤシ、寒暑ヲ禦グノ功ニ何ゾタクラブベキ。然レバ此至宝ヲ少シニテモ天地ノ間ニ生殖シ、少シニテモ天地ノ間ニ存シ、民生生生ノ用ヲ助クル程天ニ事フル務ハアラジ(34)。

しかし、こうした「至宝」は、自然に生ずるものではない。つまり、それは生産され、また、世の中に適正な形で行き渡らされねばならないのである。言い換えれば、こうしたことの担い手が不可欠だということであり、それが、既述の「士農工賈」である。

人ハ四民トテ士農工商ノ四ニ過ズ。士ハ上ニ事ヘ下ヲ教エ、礼儀ヲ道トシ政刑ヲ権トシ、社稷ヲ守リ国土ヲ安ンズル者ナリ。農ハ黍稲桑麻ヲ作リ出シテ自他ヲ養ヒ、筋力ヲ以テ徭役ヲ務メ、余算ヲ得テ工商ト相通ズル者也。工ハ天下ニハ色色ノ器財ナクテカナハヌ者故ニ、朝夕其道ヲ鍛錬シ、百ノ器物ヲ造リ出シ、民生ノ用ニ不自由ナキ様ニスル者也。商ハ農ノツクリ出セル米麦布帛、工ノ造リ出セル百ノ器械コナタニ余リカナタニ足ラズ、此ニアリ彼ニナキヲ通用サセテ天下ノ用ヲ成ス者ナリ。此四ツノ者ハ一ツモ闕テハ天下ノ用ヲ成シガタシ。是ヲ以テ人タル者、士農工商ノ本業ニ本ヅキ各職分ヲ務メテ怠ラザルヲ敬テ天ニ事フルトスルナリ。此外ニ遊ビテ民ノ用ヲナサズ、天下ノ物財ヲ費ス者ヲ遊民ト云テ国家ノ蠹トナスナリ。(35)

要するに、「士農工商」の「四民」が、「天下和睦」にとって有用な「職分ヲ務メテ怠ラザル」という意味において、真っ当な人間だということである。こうした四民観は、先に見た註(26)の文章などにしばしば登場する江戸時代人の通念・常識であり、これに対して、「職分」を遂行しない「遊民」——註(24)では「汰」「賊」——は、当然非難の対象である。(36)

七　国益

さて、「孝悌忠信礼義廉恥」の側面を一応別にすれば、右述のような「至宝」の生産や分配が滞りなく遂行されていれば、「民生」の安定が達成され、「天下和睦」が実現するであろう。だが、十八世紀後期の現実の江戸時代社会は、梅園の目には必ずしも理想的なものとは映っていなかったように思われる。それは、「今ノ世ハ何ニモナラヌ金銀ヲ何ニモカエヌ至宝ト思フヨリ(37)」生じた事態である。

今ヤ昇平ノ世ノ中ニシテ、唯苦シムコトハ金銀ナレバ、上下ヲシナベテ唯一心専念金銀ニアリ。コヽニ於テ其形ハサマザマカハレドモ心ハ何レカ乾没ニ在ラザラン。一得一失ノ理勢、誠ニイカントモスベカラザルモノナルベシ。サレバ今天下ノ事勢ヲ聞クニ、何方ヲ尋ネテモ郡県ノ人ハ年年ニ減リ、都会ノ人ハ年年

ニ増ス由也。是衡ヲトル人ノ最眼ヲ着クベキ所ナリ。(38)

今や武士層を含めて全ての者が「金銀」を得ることに「専念」し、このため人々が「金銀」の得やすい「都会」に集まり、「郡県」すなわち村方の人口が減っているというのである。そして、なぜこのような村方人口の減少が問題かと言えば、「民生」を支える必需財の中心が、農産物だからである。梅園は、『丙午封事』――一七八六年(天明六)、在住村の領主・松平親賢(一七五三―一八〇二)宛ての意見書――に次のように書いている。

封国の富は山沢に有、山沢の要は田地に在。田地をつくらしむる為に多く百姓をたくはへ、百姓すくなく候得ば、農業手後れ、年年不熟と成、国用足不申、大国も小国と成申候。(39)

しかし、それでは具体的にどうすれば村方人口を回復させられるのであろうか。人々が「金銀」を求めて動いていることが事実だとすれば、事の良し悪しは別にして、「金銀」の問題を等閑に付したままでは問題の解決は難しいのではないだろうか。そこで出てくるのが、生産奨励策である。

ところで、江戸時代後半期、「国益」という言葉が使われるようになった。この場合の「国」は、日本ではなく、大名領を指しており、「国益」とは地域の利益のことである。(40) たとえば、次の文章は、筑後国立花家の家臣が、恐らく一八四〇年代に記したものである。

「商人ハ交易売買ヲ業トシテ利潤ヲ得、国益ヲ専トシ家業ヲ守テ商ヲスル者ヲ云ナリ、……町人商人ノ可心得ニハ自国ニテノ商売ハ都テ利潤ヲ軽ク得……商ヲ多ク致シ、又他邦江ノ商売ハ都テ利潤ヲ重ク得……商ヲ弘ク致シ、仮初ニモ自国ノ物ヲ貪リ取テ大利ヲ得テ国中ヲ困ル事ナカレ、……自国ナラハ少利ヲ取リ、他邦ナラハ大利ヲ得テ商ヒノ繁昌ヲ心掛ケ、商売繁盛ニ及フ時ハ大ナル利潤ヲ得テ益家繁昌スベキ事顕然ナリ、……正直正路ニ商売ヲ致シ、相応ノ利潤ヲ得テ渡世ヲ可レ経ナリ、是町人商人ノ肝要トスル心得ナリ、……益繁昌シ家富栄テ子孫永久ニ可レ至ナリ、是国益ノ本ナリ、[41]

ここでは、「自国」すなわち立花家領と「他邦」が区別され、そのうえで、商人は「他邦」で「大利ヲ得」るべきであり、それが「国益ノ本」だと述べられている。梅園も「国益」という言葉を使って、彼が住んでいた杵築松平家領の利益について次のようなことを言っている。

何とぞ在中木綿出精作り立、国中の用、大概地綿にて相すみ申候はば、過分の義に御座候。一面に出来不申候とも、土地にあひ候処、出精仕候て、金銀外に出不申候はば、一廉の国益にて御座候。左様なる働御座候はば、一廉御賞玩被下候者、追追きそひ興る者、出来可申候。[42]

つまり、梅園は、自領内での木綿生産によって、領外への貨幣流出が食いとめられるので、領内での木綿生産を勧奨して欲しいと領主に要請しているのである。また、彼は、領内への貨幣流入を促し、領外への貨幣流出を抑止することを、比喩的に「我領地を中くぼにし、外のうるほひは流れ込み、こなたの潤は出ざる様専要に候[43]」とも表現している。

村方における生産が拡大し、「金銀」が獲得されれば、生産者が町方に出る必要がなくなると共に、松平家領全体の利益にもなると想定されているのであろう。

註(42)の文章を例に取ると、「木綿」の生産には、少なくともその生産者と「御賞玩」する大名家が関わっているであろう。では、もしその綿作によって「国益」が実現されたとすると、その「国益」を享受するのは、生産者か大名家か、あるいは、両者だとするとその割合はどのようになるのであろうか。この点で、梅園は為政者側に強く自制を求めている。

八　義と利

夫天下国家ヲ有スル人ノ豊饒ト云ハ、全ク金銀ノ上ニアラズ。金銀ヲ有シテ豊饒トスルハ、商賈ノコトナリ。此故ニ今ハ上下交利ヲ射テ錙銖ヲ争フ程ニ悪ク心得タル人ハ、政ヲ執レル身ニモ商賈ノ術ヲ以テ国ヲ治メントスル人モアリ。乾没ト経済ト同ジク利ヲ求ムル者ナリ。其差別、商賈ハ利ヲ以テ利トス、経済ハ義ヲ以テ利トス。……国家ヲ有スル人ハ、国家ヲ一身ト見ル時ハ、民ニアルト我ニアルトノ隔ナシ。商賈ハ人ニ有セラル、ヲ損トシ、自有スルヲ得トス。君、其民ヲ外ニスレバ、民ノ物ヲ己ニ得テ得トシ、民ニ散ジテ損ト思フ。是ヲ以テ百計千慮聚斂ニ在リ。……政ヲ執テ利ヲ下ニ遣ス、一視同仁人ニ君タル者ノ利ナリ(44)。

すなわち、「君」にとっての「国家」は「民」と「我」を一如とする「一身」であり、したがって、「利ヲ下ニ遣」してもそれは「君」にとっては、「損」ではなく、「利」であり、これが「義ヲ以テ利トス」なのである。そして、より具体的には、次のように、領主は、従来からの歳入に今後も依存し続け、「聚斂」を自制し、

「下」への介入を控え目にすることが、結局は「国」に「富み」をもたらすというのである。

上を損し候得ば下益し、……聚斂は下民凋弊のもとひたる事、御存知被遊候御事にて御座候。御領内五万石にちかく、猶市廛山林船七島いろいろの御入も多く御座候。何卒是にて国用被弁候へかしと奉存候。……左候はば、其外の働は農商の存分に御任せ、教諭の道、御施被遊候はば自然と国富み可申候。[45]

さて、右のように、梅園が「上」に「聚斂」の自制を求める根拠は、経済的であると同時に、むしろ倫理的であろう。しかも、右の文章の最後の所では、「教諭の道」の施行が求められている。最後に、それはなぜかを考えてみたい。

九　利用厚生正徳

梅園は、既述のように「至宝」の生産を求めているが、それだけではなく、それに従事する人々のあり方にも目を向けている。

人ノ農ニ就キ工ニ務メ、士上ニ廉恥礼譲ノ風ヲ誘ヒ、民下ニ華靡淫奔ノ俗ヲ改メバ、遊手ハイツシカ少クナルベシ、是ヲ生之者衆、食之者寡、為之者疾、用之者舒ト云、乃利用ノコトナリ、用ヲ利スル者ハ其生ヲ厚フセンガ為也、[46]

ここでは、「上」の誘導によって「下」に徳性を涵養すべきこと、「遊手」すなわち「遊民」を「職分」の遂行者に更生させるべきことが語られ、さらに『大学』から「生之者衆、食之者寡、為之者疾、用之者舒」[47]を引用することによって、生産への従事・徒食の排除・消費の抑制が主張されている。すなわち、人と社会の制御は社会を安定的に維持していくための必須の条件であり、その制御を実現するためには、一人一人の徳性や社会の善良な風俗が必要だということであり、こうしてはじめて「至宝」が獲得されるのである。そして、「利用」とは、かかる「至宝」を人や社会の利益になるように用いることである。

しかし、「利用」の実現とは言っても、それはせいぜい「饑渇ヲ愈ヤシ、寒暑ヲ禦グ」程度のつつましやかなものであり、しかもこの「利用」はそれ自体が目的でないことに注意が必要である。すなわち、「利用」を通して、「其生ヲ厚フセン」こと、つまり人々の生活を安定させ、人生を全うさせることが目標なのであり、かつ、この場合のあるべき人生とは、根本的には「正徳」に裏打ちされたものであることが求められている。つまり、「孝悌忠信礼義廉恥」に基づく人と社会ということである。『価原』の最後は、次の文章によって締め括られている。

人貴賤ノ隔アレドモ斉シク天地ノ子ナレバ、大人モ小人モ天ニ敬シミ事ルニハ隔ナシ、天地ノ大徳ヲ害スルハ最恐ルベキ事ナリ、然レバ各其分ニ応ジ残ヲフセギ、賊ヲイマシムベキコトナリ、其事乃経済也、廼利用厚生正徳ナリ、サレバ利用厚生ニ何程ヨキ道ヲ得テモ、己徳ヲ正サザレバ、令スル所好ム所ニ反スレバ、民従ハザル習ニテ、礼譲廉恥ノ風ヲコラス、……此故三事、利用ヲ初トシ、厚生ヲ本トシ、正徳ヲ主トス、徳正シキ時ハ人感化ス、其指揮水ノ壑ニヲモムクガ如シ、何レノコトカナラザラン、君ハスナハチ陶冶也、下ハ則土鉄也。ソノ器ヲナシ用ヲナサンコトハ全ク陶冶ノ手中ニアリ、[48]

おわりに

三浦梅園の思想は、「一元気」と「格物窮理」の「折衷」による「条理学」ということになるのではないだろうか。それは、特異と言うよりは、ポスト徂徠の十八世紀後期の思想界の傾向に沿うものであるように思われる。そして、その「条理学」は、近代の自然科学との類似性を含みつつも、単純に連続したものではないであろう。すなわち、動物の解剖によって認識される「天地の条理」には「孝悌忠信礼義廉恥」が含まれ、人や社会は「正徳」に基づくべきものであることを、見逃してはならないということである。梅園の真意は、むしろこの点にこそあるであろう。

しかし、梅園自身を離れて思想史の流れを考えた時、「条理学」的な思惟のあり方が、西洋船来の自然科学の受容への抵抗を弱める、あるいは、むしろそれを促進するような効果を、結果として持ったかもしれないことは否定できないであろう。実際、梅園自身が「窮理の学」としての「西洋の学」に接近しているのである。しかし、このことをもって近代的な自然科学との連続面だけを言うことは、梅園の思想の歴史的拡大解釈であろう。そもそも梅園は「窮理の学」という側面を越えて「西洋」を肯定的に評価していたわけではないのである。

聖人の道といふものは仁義といふ物あり。義にあたらざる事あれば、君の命を奉ぜざる事あり。やむ事を得ざれば、いさめて死する事はあり。君にそむくの道はあらず。其いさむるといふに不義に随て君を不君に陥らしめざるが為なり。君父の外にひとつの尊きものをたて、極刑にあひても君にそむきても、我死後のむまき楽にはかへじとていふ様なる教はあらず。故に聖人の道は義を以て我身の苦楽にかへず。異教のごときは義といふものなき故、かかる世のさばきをなし侍る。しかれば後世、世に君たらん人、此事にこり、人の耳目をあきらかになし給はば、必ずかかる憂はあらじ。(49)

同様のことは、梅園の経済思想についても言えるように思われる。梅園が求めているものは、人間の生活・社会の存続にとって不可欠の必需的財貨を長期・安定的に生産・供給し続けることであり、それは、超歴史的に考えれば、経済行為・経済活動が担うべき最も基本的な役割であろうし、江戸時代に限って言えば、前近代の農業社会に適合的な経済に対する意義づけであったと言えよう。

しかし、梅園が領主に対して意見具申を行った際、「国益」という地域利害概念を使っている事実には留意が必要である。すなわち、他領との交易によって、自領が「金銀」を獲得することに、現実的な意味が見出されているのである。これは、恐らく、十八世紀後期の特徴であるように思われる。ただし、梅園は大名家の財政健全化の観点から「国益」を論じているわけではないし、市場経済指向的な経済行動を「上」や「下」に推奨しているわけでもない。したがって、梅園の経済思想を市場経済との適合性という文脈でのみ捉えることには慎重であるべきであろう。

そもそも、梅園にとって、経済行為・経済活動がもたらす人や社会の経済的安定は、それ自体が目的ではなかったであろう。むしろ経済は「孝悌忠信礼義廉恥」という倫理的価値を実現するための一つの必要条件であり、梅園が経済に関心を持つのは、その限りにおいてであったように思われる。倫理的価値を基軸として、その観点から自然や社会を見る思想のあり方は、十八世紀日本の思想界においてはむしろ「平凡」であったろうし、むしろそこに梅園の歴史的意味があるように思われる。梅園の中に、ある時期以降の日本で常識化してくるような富強・進歩・発展・成長といった観念が見出されるわけではない。

＊漢文は読み下した。史料中の旧漢字・旧かな・変体仮名は、原則として通行の字体に改め、句読点などを適宜付加した場合がある。また、引用文中に執筆者の注を挿入する場合には、〔 〕をもって表示した。

註

（1）田口正治『三浦梅園』（人物叢書新装版、吉川弘文館、一九八九年）一三一頁。
（2）白井淳三郎・山下愛子・飛田紀男・名倉正博訳『現代語訳『價原』』（非売品、一九八八年）。田中秀臣「三浦梅園『価原』」（『上武大学ビジネス情報学部紀要』六巻一号、二〇〇七年）。
（3）前掲田口、一三一―三二頁。
（4）西川俊作『江戸時代のポリティカル・エコノミー』（日評選書、日本評論社、一九七九年）一一〇頁。
（5）河上肇「三浦梅園ノ『価原』及ビ本居宣長ノ『玉くしげ』ニ見レタル貨幣論」（『国家学会雑誌』一九巻五号、一九〇五年、八四頁。後、『河上肇全集』第六巻、岩波書店、一九八二年に所収）。
（6）同前、八三頁。
（7）新井白石「白石建議四」（市島謙吉編輯・校訂『新井白石全集』第六巻、国書刊行会、一九〇七年）一九一―九二頁。
（8）荻生徂徠『政談』（平石直昭校注『政談――服部本』平凡社東洋文庫、二〇一一年）一三四―三五頁。
（9）川口浩、石井寿美世、ベティーナ・グラムリヒ＝オカ、劉群芸『日本経済思想史――江戸から昭和』（勁草書房、二〇一五年）第一章参照。
（10）野村兼太郎「三浦梅園の経済論」（『三田学会雑誌』四一巻七号、一九四八年）一九―二三頁。
（11）三浦梅園『東遊草』（梅園会編『三浦梅園全集』上巻、名著刊行会、一九七九年）一〇四八―四九頁。
（12）三浦梅園『多賀墨卿君にこたふる書』（尾形純男・島田虔次編注訳『三浦梅園自然哲学論集』岩波文庫、一九九八年）二二六―二七頁。

(13) 荻生徂徠『弁名』（吉川幸次郎・丸山真男・西田太一郎・辻達也校注『日本思想大系36 荻生徂徠』岩波書店、一九七三年）一五〇頁。
(14)『多賀墨卿君にこたふる書』四三—四四頁。
(15) 三浦梅園『造物余譚』（『三浦梅園全集』上巻）八〇三頁。
(16) 三浦梅園『手びき草』（『三浦梅園自然哲学論集』）一二〇—一二二頁。
(17) 同前、一一七頁。
(18) 三浦梅園『帰山録』（『三浦梅園全集』上巻）一一〇四頁。
(19) 伊藤仁斎『童子問』（清水茂校注『童子問』岩波文庫、一九七〇）一六一頁。
(20) 辻本雅史『近世教育思想史の研究——日本における「公教育」思想の源流』（思文閣出版、一九九〇年）参照。
(21) 三浦梅園『玄語』（島田虔次・田口正治校注『日本思想大系41 三浦梅園』岩波書店、一九八二年）四九六頁。
(22)『帰山録』一一〇三—〇四頁。
(23)『玄語』四一七頁。
(24) 同前、五〇一頁。
(25) 同前、五〇八頁。
(26) 鈴木正三『万民徳用』（鈴木鉄心編『鈴木正三道人全集』山喜房仏書林、一九六二年）七〇頁。
(27) 三浦梅園『贅語』（『三浦梅園全集』上巻）三五三頁。
(28) 三浦梅園『価原』（『三浦梅園全集』上巻）九〇五—〇六頁。
(29) 田村仁左衛門『農業自得附録』（熊代幸雄・長倉保・稲葉光國・泉雅博校注執筆『日本農書全集21』農山漁村文化協会、一九八一年）一〇二頁。
(30) 蓑正高『農家貫行』（滝本誠一編『日本経済大典』第一一巻、明治文献、一九六七年）六二五—二六頁。なお、蓑については、川口浩「幕府代官蓑正高の経済思想——その農業・農村・農民像」（新保博・渡辺文夫編『中京大学経済学部付属経済研究所研究叢書第3輯 近代移行期経済史の諸問題』中京大学経済学部付属経済研究所、一九九五年）参照。
(31) 本居宣長『秘本玉くしげ』（大久保正編『本居宣長全集』第八巻、筑摩書房、一九七二年）三五一—五二頁。

(32)『価原』九〇六―〇七頁。
(33)同前、九〇八―〇九頁。
(34)同前、九二〇頁。
(35)同前、九一二頁。
(36)守本順一郎『徳川時代の遊民論』(未来社、一九八五年)参照。
(37)『価原』九一二頁。
(38)同前、九一五頁。
(39)三浦梅園『丙午封事』(『梅園全集』上巻)八二八頁。
(40)藤田貞一郎『近世経済思想の研究――「国益」思想と幕藩体制』(吉川弘文館、一九六六年)、藤田貞一郎『「領政改革」概念の提唱――訓詁学再考』(清文堂、二〇一一年)参照。
(41)三善庸礼『御国家損益本論』(宮本又次編著・原田敏丸校訂『御国家損益本論』清文堂史料叢書第七刊、一九七三年)一八頁。
(42)『丙午封事』九〇二頁。
(43)同前、八三〇頁。
(44)『価原』九一五―一六頁。
(45)『丙午封事』八九二頁。
(46)『価原』九二〇―二一頁。
(47)金谷治訳注『大学・中庸』(ワイド版岩波文庫、二〇〇三年)七六頁。
(48)『価原』九三七―三八頁。
(49)三浦梅園『五月雨抄』(『梅園全集』上巻)一〇一一―一二頁。

第四章　西欧・中国における文献研究の発展
——十八世紀日本の比較対象として——

竹村英二

はじめに

拙稿「江戸時代における漢学学問方法の発展——十八世紀を端緒とする書誌学・目録学、そして原典批判の伝統」[1]にて筆者は、幕末までに清代考証学も包摂しながら発展した中国古典テクスト研究における資（史）料の批判的考証の緻密化、釈義と理解手法の体系化が、近代以降の実証的文献研究、書誌学的研究の屋台骨であったことを、内藤湖南（一八六六—一九三四）や狩野直喜（一八六八—一九四七）、さらには、まさにその学問的転回を経験／推進した主体でもあった重野安繹（一八二七—一九一〇）、久米邦武（一八三九—一九三一）、中村敬宇（一八三二—九一）ら、あるいは森田思軒（一八六一—九七）、村岡典嗣（一八八四—一九四六）といった人物の識見にも言及しながら論じた。さらには、儒学研究の「客観的考証」の側面の高度な発達が、儒学世界特有の世界観・価値観の体系からの学問としての自己転回を促し、客観的かつ自立的な知的体系を形成、儒学的世界観に規定されるところの思惟様式、あるいは学問的ハビトゥスからの解放にも寄与したことも指摘した[2]。江戸後期

～幕末を代表する「学問の選手」が誰であったか、近代の知的基盤の〝祖型〟は誰のどのような学問であったか、さらにはそれらが近代学問のどの分野の発展に貢献したかについては、吉川、村岡、西田、久米、大久保らの間で微妙な相違があるが、皆、口を揃えて力説するのは、十八世紀以降日本の漢学世界において発展をみた精微な校勘学と文献研究、そしてそれを基盤とした「原典批判」が日本の近代学問発展の基盤であり、近代史学の創始者であった重野や久米、そして大久保利謙（一九〇〇―九五）らは、彼ら自身が国史学を確立させるにおいて受容を試みたランケ史学に対する漢学の学問方法の優位性すら語る。(3)

さて、十八世紀日本儒学世界の文献研究は、ドイツ・ゲッティンゲン学派のガッテラー（一七二七―九九）やシュレーツァー（一七三五―一八〇九）らの業績、さらにはリシャール・シモン（一六三八―一七一二）、ジャン・アストリュック（一六八四―一七七六）らによる『聖書』の著者の複数性の摘発、著述の時期と場所の「歴史性」の析出努力、あるいはジャン＝バッティスタ・ヴィーコにおける所謂〝Canon〟とされる文典の「考察対象化」、〝客観化〟といった知的事象にも比肩し得るものであるのは、筆者の別の論稿でも少し触れた。(4) しかし、西欧世界において発展をみた客観的文献研究は、十八世紀ドイツにおいて突如発現したものではない。十七世紀初頭までにはオランダ・ライデンを中心とする学問発展がみられ、ジュネーヴ、モンペリエ、パリなども含めた、いくつかの文献研究の拠点とその飛躍的発展に寄与した幾人かの学者の存在がある。さらには、とりわけ十六世紀中葉より十八世紀までの二百年余における法学の分野における文献批判的考証の発展、医学における臨床的・解剖学的研究手法の発展があり、それらが、歴史研究を含む人文学の研究「手法」をいかに変容させたかについての豊富な専門研究も存在する。これらは、十七世紀後半～十八世紀、さらには十九世紀前半までに発展をみた日本における文献研究、原典批判の勃興・発展の比較対象として／それを照射する重要な手がかりとして極めて有用であるにもかかわらず、これまでの日本思想史やその隣接分野において、西欧文献研究発展史を十全に吟味し、これに鑑みながら十八世紀日本儒者のアプローチの特質を考えるといった試みは管見の限りいまだ例がない。本章はこの点を意識しながら、江戸儒者における文献研究、原典批判の水準の比較対象の系統的呈示を試みるものである。

一　古典テクスト（Canon）の文献研究と「原典批判」——西洋における発展の様相

1　経典の「考察対象化」のうねり

「歴史学」の分野で、「独立した科学としての歴史学」の祖とされるのはバルトホルト・ニーブール（一七七六—一八三一）、レオポルト・フォン・ランケ（一七九五—一八八六）らであり、多くの歴史研究者の間では、彼らこそが「近代歴史学」の開祖とされる。日本の歴史学の端緒も、ランケ史学の、東京帝国大学文科大学開設当初の歴史学教授であったルードヴィッヒ・リースを通じての「移入」に始まったというのが定説となっている感があるが、(5)これが再考に付されるべきであるのは、近年マーガレット・メール、佐藤正幸らによる指摘があり、(6)筆者も先に挙げた拙稿にて論じた。

西欧において、キリスト教的世界観の枠内での「普遍史」から離陸し、客観的「世界史」が台頭してきたのは上記のゲッティンゲン学派のガッテラー、とりわけ彼の前半の普遍史的業績からの脱却を象徴する『世界史』（一七八五年）、『世界史試論』（一七九二年）、あるいはシュレーツァーあたり、つまりは十八世紀末であるとの指摘は、岡崎勝世による。(7)哲学の分野においても、はるか遠い昔の西ローマ帝国の滅亡以来の、長期にわたるキリスト教的歴史哲学の支配が覆えされ、近代の歴史哲学が芽をふいて来たのはようやく十八世紀になってからと論じるのは、和辻哲郎である。(8)歴史哲学、歴史学のかような発展は、いうまでもなく十七世紀後半よりにわかに盛んとなるキリスト教経典の原典批判、とりわけ前出のシモンやアストリュックらによる『聖書』の著者の複数性の摘発と「歴史性」析出努力、それらを基盤に、『聖書』が異なった時代に書かれた諸書を編集した『文献』と考えるに至った知的大変動が寄与していた。

さらに根源的な次元においては、デカルト（一五九六―一六六〇）『方法叙説』（一六三七年）、アントワーヌ・アルノー（一六一二―九四）らによる『ポール＝ロワイヤルの論理学』（一六六二年）といった書に表徴されるごとくの知的共通感覚をもった知識層の勃興が挙げられよう。

2　後期ルネサンス――十六世紀末における文献研究の発展

デカルトの前掲書、そしてフランシス・ベーコン（一五六一―一六二六）による『学問の進歩』（一六〇五年）をもって、彼らはしばしば「新科学」そして「経験哲学」の祖と認知される。一方、これに大いなる反駁を加えるのが西洋文献研究の発展の歴史の分野で多大な業績を擁するアンソニー・グラフトン（Anthony Grafton）である。彼の主著の一である *Defenders of the Text*（1991）は、同書の目的が、「新科学」のはじまりをベーコン、デカルトにもとめる「誤謬」にみちた一般的見解（グラフトンは「一般的〝ドグマ〟」との強い表現を使用）の「攻撃」にあるとの刺激的な一語で始まる。[9] グラフトンは、彼らこそが西洋の古典文化を〝単なる〟「文学的な」ものにおとしめた張本人であり、ルネサンス期の学問発展ですら客観的・科学的知性とは何ら関係のないものに矮小化せしめたものとし、[10] これらの謬説を、ルネサンス後期のアンジェロ・ポリツィアーノ（Angelo Ambrogini Poliziano　一四五四―九四）、その次の世代のジョセフ・スカリガー（Joseph Justus Scaliger　一五四〇―一六〇九）、アイザック・カソゥボン（Isaac Casaubon　一五五九―一六一四）、そしてケプラー（Johannes Kepler　一五七一―一六三〇）らの学問の性質の解明をもって正さんとする。以下、このグラフトンの著作を手がかりに、彼も言及する先行研究も参照しながら西欧における文献批判の方法の発展について俯瞰しよう。

同書の「序章」においてまずグラフトンは、ギリシャ古典テクスト理解における「歴史的」視点導入の不可欠性を提唱したのはイタリア・ルネサンス期の古典研究者（Humanists）にはじまり、さらには北イタリア、とりわけボローニャの法学（研究）者連中もこれに寄与したとする。一方、ルネサンス初期の学者／詩人であったフランチェスコ・ペトラルカ（Francesco Petrarca　一三〇四―七四）の学問においてすでに文献の批判的考察の萌芽がみられ、この流れはロレンツォ・ヴァッラ（Lorenzo Valla　一四〇七―五七）や、やや遅れてはじまるオランダ・ルネサンスの代表的古典研究者であるデズィデリウス・エラスムス（Desiderius Erasmus　一四六六―一五三六）といった人物にも継承され、時代が下るに従ってその批判精神はさらに先鋭化せられていった。この流れはさらに、法学者／哲学者で、フランス宗教改革の先導者でもあったジャン・ボーダン（Jean Bodin　一五三〇―九六）などにも継承されていった(11)。

すでに一九六〇―七〇年代の米国の古典研究者の間で、北イタリアの法学者を中心とする〝prehumanists〟と称される一団の学者の存在、そして〝humanists〟において発展した学問がルネサンス期の学問発展の重要なポイントであり、さらにはこれが、宗教改革運動の学問方法的基盤にもなっていったことが認識されていた一方、彼らにおいては多くの場合、この学問方法はラテン語文法の研究、古代ローマの修辞法学習に限定されるもので、その有用性は極めて限られたものであったとの認識にとどまるものであったことを、グラフトンは指摘する(12)。

これまでのアンジェロ・ポリツィアーノに関する研究も、古典文献に造詣の深い学者としての一定の認知は有するものの、往々にして詩作に長けたルネサンスの要人としてのそれの考察を超えるものではなかったが(13)、彼の、文献研究者としての重要な役割を再評価したのがグラフトンである(14)。いうまでもなくポリツィアーノは、ホメーロス『イリアス』のラテン語訳なども手がけたフィレンツェ・ルネサンスの代表的古典研究者・詩人であり、これまでにもセバスチアーノ・ティンパナーロ、アレッサンドロ・ペローザ、マニーロ・パストレ・ストッキらによる彼の研究があるが、とくにティンパナーロは、ポリツィアーノにおける原史料の「歴史的」理解の重視に着目する。すなわち彼は、スカリガーによる精微な文献研究の時代をはるかに溯る十五世紀後半の時点において、時代が下るに従い史料の権威が低下する点、上代の一つの史料が後代の諸史料の「元本」となっていることをポリツィアーノが突き止めている点を指摘する。[15] 翻ってグラフトンは、ポリツィアーノより少し前の世代の"humanists"らの学問は、古代テクストの修辞、文学性のみにこだわる段階ではないものの、極めて旧来型の「注釈」にとどまるものであったとし、対しポリツィアーノの学問はそれまでの人文学において中心的であった「修辞的」スタイルから極めて「技術的」体系を擁する「文献学」への発展の画期であり、この方法的移行は「革命的」なものであったと表現している。[16] ティンパナーロ以前のポリツィアーノ研究は、ヨーロッパにおいても文献学者としての彼を等閑視していた感があったが、ティンパナーロ、そして近年のグラフトンの研究において日の目を見たこの点の指摘は本論にとっても重要である。

グラフトンはさらに、一連の論述のなかで、文献批判の微細の研究に最も長じているはずの現代の文献学の専門研究者は、かえってルネサンス学者における文献研究における創造性、方法的革新性、あるいは「意識」といったものの「発見」には最も疎いものであったとしているのは注意したい。[17] そしてこの、ルネサンス期の学者における文献研究の「革命的」転回がその後の学問発展に決定的な意味をもつという点が看過されてきたという実態は、ともすれば、現在の日本思想史学が十八世紀日本儒者における文献研究の緻密さ、水準の高さに宿る創造性にあまり注意を払わないという状況とも類似するものもあろう。徂徠にはじまる秦・漢の文、唐詩への傾倒に関する研究は、とくに日本思想史学のみならず、日本漢文学の分野で重厚な研究の蓄積があり、翻っては読み下しのヴァリアントとその精緻化に関しては国文学の分野において膨大な研究蓄積がある。一方、徂徠から山井鼎、根本遜志へと引き継がれた経学、伊藤東涯・蘭嵎、中井履軒、大田錦城、山本北山らにおいて大いなる発展をみた古代文献研究については、とくに戦前の武内義雄、戦後でも吉川幸次郎などはそれを大いに評価し、これについては和辻哲郎、西田幾多郎といった哲学者も大いに賞賛するところであったが、近年においてはその重要性が看過されてきたといえる。

3　J・J・スカリガーとI・カソゥボン

さて、グラフトンに戻るが、彼が専著をもってその文献批判発展への寄与を力説するのは、十六世紀後半～十七世紀初頭にかけて活躍したジョセフ・スカリガー（Joseph Justus Scaliger　一五四〇―一六〇九）ならびにアイザック・カソゥボン（Isaac Casaubon　一五五九―一六一四）の二人である。[18]前者は宗教家であると同時に、「古代史」を「ギリシャ・ローマ史」からペルシャ、バビロニア、ユダヤ史までも含むものに拡幅した人物として著名である。後者は『聖書』のカトリック的発展史の「標準」をなしていたバローニオ司教（Cardinal Cesare Baronio　一五三八―一六〇七）による *Annales Ecclesiastici* の誤謬を、バローニオがそもそもギリシャ語、ヘブライ語といった初期キリスト教文献が書かれていた言語を解さなかったこと、それ故の彼による原典の誤読、不理解を、周到な文献考証をもって摘発、それをもってとくに初期キリスト教史の再構築を促した人物として学問史にその名を残す。

両者ともに、ギリシャ語、ヘブライ語の原典に関する豊饒な知識をもっての厳密な字句の検証、文献批判をその学問基盤とする当代随一の学者であるが、日本における彼らの研究は少ない。また、フランス宗教戦争（期間には諸説あるが、いちおう一五六〇～六二年の初期の紛争にはじまり、一五九八年のナント勅令の発布をもって集結したとされる）は国内の争いにとどまらない、スペインのフェリペ二世とイングランドとの代理戦争の様相をも呈するものであったが、彼らの一生はこの長く苛烈な宗教戦争が打ち続く期間におおむね一致する。実際、かような状況下、カソゥボンはフランス南西部アジャン（Agen）にて生誕する直前にカトリック教徒による焼き討ちにあい、難民となりジュネーヴまで避難、そこで生をうけた[19]。その後は同地にて、続いてパリで学究活動に励むが、カソゥボンの庇護者でもあったフランス国王アンリ三世の暗殺（一五八九年）を目の当りにし、モンペリエに逃れ、晩年の四年間はイングランドに逃避、以降、同国にて客死するまでロンドン、オックスフォードにて学究活動を続けた[20]。

スカリガーはユグノーの子としてジュネーヴに生まれ、パリを中心に活躍の後、人生の終盤はライデン大学で送っている。この移動も学問的要求からというより迫害を逃れるためであり、カソゥボン同様、ユグノーであった故に生命の危険にもたびたび遭遇する人生を送らざるをえなかった。両者ともに、凄惨な宗教戦争のさなか、宗教的力関係に歴史的・客観的真実が左右される状況に強靭なる真理の希求への意志をもって対抗し、「博識」と「客観的」テクスト研究の努力をもって「宗教史の是正」に力を尽くし、またそれもって西欧における「文献批判」の発展に大きく寄与した人物であった。

さて、スカリガーとカソゥボンの批判的文献研究については西欧の学問発展史においては極めて重要視されているが、とくにカソゥボンは一六一〇年から没年（一六一四年）までイングランドに滞在、また、この時期が、彼の学問の集大成であると同時に、バローニオによる *Annales Ecclesiastici* の極めて体系的で周到な批判を敢行した時期であったことは、グラフトンの専著（註(18)に記載）が克明に物語る。その集大成がカソゥボンによる *Exercitationes Ad Cardinalis Baronii*、即ち「バローニオ司教による著作の検討」である。グラフトンらによる前掲 *I Have Always Loved the Holy Tongue: Isaac Casaubon, the Jews, and a Forgotten Chapter in*

Renaissance Scholarship の第四章は、カソゥボンによる *Ecclesiastici* の誤謬の詳細で具体的な摘発を試みるもので、この書において彼は、バローニオがギリシャ語、ヘブライ語をまったく解さず、よって「原典」の検証が不可能であったこと、よって当時の儀礼、慣習等への理解がなかったこと、さらにはカトリックに有利な物語の解釈をさしたる根拠もなく作り上げている様相などが具体的に呈示される。(21)

十九世紀に刊行された『ケンブリッジ英文学史』(*The Cambridge History of English Literature*) は、タイトルが示すとおりの「文学全集」であるが、その第七巻は“Cavalier and Puritan”と題され、この主題に関連する文献、著者が取り上げられている。その第十三章はフォスター・ワトソン (Foster Watson) による“Scholars and Scholarship, 1600-1660”と題された論文であるが、ここで、アイザック・カソゥボンは文献批判の発展に極めて重要な業績を残した人物として取り上げられている。(22) 以下に、ワトソンによるカソゥボン評を引用する。

> スカリガーに加え、当時のヨーロッパにおいて最も博識との名声を得ていたのがアイザック・カソゥボンである。まさに彼によって、彼が内に秘める良心の崇高さをもって、真実の諸要因は明らめられ、銘記せられた。彼は、なにものにも影響されない、極めて独立的な古代世界の思想とその状況的与件の探究をもって、諸事の根源に至ったのである。(23) (傍点筆者)

十九世紀後半のオックスフォードの歴史家であった前出のマーク・パティソンも、その著 *Isaac Casaubon* にて、彼がいかに、政治的、宗教的権威から独立的に研究をすすめ、「真理の追究」に良心をもって取り組み続けたかについて著作全般を通じて言及している。(24)

二　「法」研究、「医学書」研究の伝統と文献批判

前節の各項にて論じたように、西欧における客観的実証研究、経験的学問はおおよそルネサンス前半期よりその萌芽をみ、同後期にはアンジェロ・ポリツィアーノの文献研究に表徴される方法の体系化が進んだ。この流れは十六世紀末から十七世紀初頭にかけて初期キリスト教文献の原典批判を展開したスカリガー、カソゥボンにおいて大いなる発展をみることとなった。

ここでいま一つ注目したいのは、十八世紀末の西欧における「歴史学」の「客観的方法」発展を溯ること約二百年ぐらい前、即ち十六世紀末ごろにおける、とりわけ近年のジャンナ・ポマタ（Gianna Pomata）、ナンシー・G・シライシ（Nancy G. Siraisi: 書誌情報には“Siraisi”と表記されるが、同氏の夫が“Shiraishi”であることからも、この日本名が正しいと思われる）らによる研究が明らかにするところの、法学、医学研究の分野における研究方法の発展であり、これらの学問分野において発展をみた「文献考証」「原典批判」の方法が、歴史学を含む他の人文諸学に影響を及ぼした事実である。

二〇〇五年刊行の二人の編著による論集[25]は、前近代西欧における経験的学問の発展に関する諸論文を集めたものだが、とくに、それまで修辞的・文学的側面を主軸としていた歴史研究において、歴史学的「方法」と「原典批判」重視への転回がみられたことが強調される（また、彼女らはこれを、“literary genre”から“epistemic genre”への転回と表現している）。そしてその根本的要因として、法学者の「批判的」方法の歴史学への「流入」(the spilling over into history writing of the critical methods of the jurists, mos gallicus) があったことが述べられている[26]。加えて人文諸学の学問方法に影響を与えたのが臨床学と解剖学であり、十六世紀の末頃よりこれらの研究論

文が歴史研究の分野の紙面にも登場、これらにおける身体の各部位の解剖的・臨床的研究手法の人文諸分野における〝拡散〟と隆盛がみられた (proliferated and flourished) とする。[27] グラフトンも、この、人文学系統の学問方法の発展における「法学」「医学」の影響を指摘、[28] A・シーファートも、十六世紀末から十八世紀末までのおよそ二百年間が、〝前科学的〟経験的知性が台頭した期間であったとする見解を呈示している。[29]

三　知の〝辺境〟において展開される自由な原典批判

ここで、いま一つの事例として興味深いのが、十六世紀末から十七世紀前半ぐらいにかけての英オックスフォード大学という知的空間である。いうまでもなくこの時代のイングランド、そしてかの地の〝知の中心〟とされるオックスフォードは、すくなくとも伝統的古典研究の分野に関していえば、イタリアなど当時すでに知の中心として栄えていた場所からは隔たった、西欧の「辺境」に位置する、古典研究・文献の蓄積も大陸の主要大学に大きく劣る、卓越せる学的素養をもつ学者の存在、そのギルド的集合もほとんどない、当時まったく重要視されていない一地方大学であったのは、十九世紀に同大学教授を務めていた前出のマーク・パティソンも語っているところである。[30] しかし同時にパティソンは、当時のオックスフォードはすでに、宗教その他の教義に影響されることのない、客観的「調査」を基盤とする学問発展の揺籃期にあったことも記している[31](...the soul of true learning, viz. the spirit of investigation, was wanting in the circle which surrounded James... They were led into the region of learning)。つまり、辺境であったからこそ、「自由な」学問が可能であったのである。

アイザック・カソゥボンが当時友人に宛てた手紙のなかにも、かような知的空気を彷彿させるような文面がある。

(People in England) love(s) letters and cultivate(s) them, sacred learning especially. Indeed, if I am not mistaken, the soundest part of the whole reformation is to be found here in England, where the study of antiquity flourishes together with zeal for the truth.(32)

グラフトンも前掲書 *Worlds Made by Words* において、オックスフォードの辺境性はむしろかの地を古典的因襲から自由な学問環境として成立せしめ、純粋に「文献」の客観的・批判的研究という面においてはむしろ大陸の諸大学のそれよりも「精緻」で「体系的」な発展がみられたとしている(33)。

このような学問環境は、カソゥボンをして当時においては類い希なる学術ネットワークの構築を可能ならしめた。オックスフォード中央図書館（ボドレィアン図書館）の初代司書トーマス・ジェームズはカルヴィニストであったが、ユグノーであったカソゥボンは宗教的相違に頓着することなく彼との知的交流を続けた。また、英国国教会の司教でありケンブリッジ近郊イーリー大聖堂の所属であったランスロット・アンドリュースとはかなり近しく交流していたようである。さらにはユグノー古典学者スカリガー、ルター派の学者であったケプラー、そしてユダヤ教信者であった学者らとも、カソゥボンは分け隔てなく交流していたようである(34)。これは、当時の大陸の状況下においてはまったく考えられない学問交流であった。

第一節3項にて触れたカソゥボンによる *Exercitationes Ad Cardinalis Baronii* は、彼が暗殺の危険を逃れて一六一〇年にイングランドに亡命、没年（一六一四年）までに同地にて執筆した彼の最晩年の書であり、その学問の集大成であった。世界最初の *Annales Ecclesiastici* の極めて体系的で周到な批判書であり、キリスト教史の再考を促す書であったが、実はオックスフォード大学図書館司書のトーマス・ジェームスも、カトリックの学者による初期キリスト教テクストの恣意的な解釈、誤読を問題視し、同宗派の優位性、権威の呈示のためのかような誤読の是正に尽力していた(35)。かく、十七世紀初頭のオックスフォードは自由で客観的実証に基づく研究を可能ならしめていた環境であったが、カソゥボンも、「学者」としての矜持は「真実」の解明にあるとの姿勢をもって、当時「主流」を占めていたキリスト教者によるテクストの改竄、偽りの権威の蔓延の「浄化」に専心していた。

重要なのは、これらの動きを、単なる新旧宗教間の対立、あるいは各々の宗派の支持者同士の対立とのみ捉えては、この時期の学問発展の枢要を見誤るということである。勿論カソゥボンやスカリガーの学問的営為は宗教的「権威」への対抗であったが、それ自体よりも、論争を行なう過程において発達した／あるいはそれと同時並行でそこから派生した、精緻な文献考証、それに基づく「原典批判」(source criticism)を至上とする学問態度の発展とその学問発展史における重要度が問題とされるべきであろう(36)。前出のF・ワトソンいわく、

The older ideal of imitation, both in form and in substance, of the great classical writers of antiquity had now passed. It was essential for those engaged in theological conflict on an intellectual plane to *know*.(37)（イタリックママ）

この時代の学問でとりわけ重視されるに至ったのは、imitation of classical antiquity ではなく、an intellectual plane to *know* であり、それにむけた independent enquiries, quest for truth であった。またそれは、いわゆる従来型の「注釈」(commentary または exegesis, あるいはとりわけ interpretive and commentarial scholarship)とは次元を異にする、グラフトンがつとに提唱するところの技術的で高度に体系的な文献研究手法であった。

四　古典テクスト（Canon）の文献研究と「原典批判」――清代中国を事例に

ここで、中国、とくに清代における文献研究の状況について俯瞰してみたい。いうまでもないが、日本における「中国学」の歴史は長く、社会・人文系諸学問分野のなかで最も研究がすすんだ分野の一つでもある。清代の研究に限っても、とくに大谷敏夫、木下鉄矢、濱口富士雄、井上進、吉田純らによる、注目すべき清代の経書研究があり、中国本土、そして台湾においてもとくにここ二十年ほどの間に陸続と出現している。(38)「清代」の「考証学」研究に限っても相当な蓄積があり、これら各々の労作の詳察は本稿の射程を遥かに超える。よってここでは、そのなかでとりわけ本章の問題意識にかかわる研究のみを取り上げる。

平田昌司は、「伝統的な中国の学問体系で、工芸や技術・音楽理論・数学・天文暦法・医学など自然科学の分野は、補助的学問にすぎ」ず、「学問の序列において自然科学が最優位にたつ」動きが活発となったのは十九世紀末以降であり、翻っては古来の経学・諸子学・史学・文学も、それが「科学的」次元の研究となるには、経書の絶対的権威性からの離脱、政治・倫理との関係性の切断が必須条件であったとする。(39)平田は同論文の末尾で、清学もある面においては「科学性の追求にはなじみやすいものであった」とし、章炳麟や胡適らの学問も、これを「考証学化の色合い」を強める方向での継承発展であったとも述べる。(40)一方、一九二八年の胡適による「治学的方法与材料」においては、「あの最も科学的精神をそなえた巨匠たち――顧炎武・戴震・銭大玕・段玉裁・孔広森・王念孫・王引之ら――の科学的成果は、はなはだ限界があった」と、清代の名だたる考拠家が名指しで批判されている。(41)この問題は、「近代前夜」におけるどの程度の客観性、考証的水準の達成をもってそれが十分であったか否かが判断される、実に微妙な問題であるが、それと同時に、本論にて考察してきた西欧における客観的・体系的学問方法の発展、さらには十八世紀日本の学問発展と比較するにおいては、平田も指摘する「経書の絶対的権威性からの離脱」の度合の問題、そして、古典テクストの経学的（あるいは考証学的）研究が、どの程度政治や倫理の〝引力〟から自由であったかが極めて重要な問題となる。

この問題に対し、二十世紀初頭に章炳麟、劉師培、そして上の胡適らが清代学問を批判するにおいてその念頭にあった「科学」とは次元が異なるものの、清代考拠家の学問にあらわれるところの実証性、史料批判の体系性、客観性は、〝epistemological revolution〟とも形容できる次元の現象であったとするのは、ベンジャミン・A・エルマンである。[42] 対し、このエルマンの主張、すなわち明代までの学問と清代の考証学との間の学問特性の「断絶」をことさら強調し、清代以降の学問が「認識論的」な「革命」であったと形容することへの反対の見方も、とくにエルマンの『哲学から文献学へ』刊行以降、前掲の木下鉄矢、吉田純、小島毅、伊東貴之らにおいて活発化している。[43] 小島、伊東らはとくに、宋代における経学の発展と、それを継承発展させた明代の経学が、清代考証学の基盤となっていることを主張する。筆者も、たとえば『尚書』研究では朱熹とほぼ同世代の呉棫（生没年不詳、一一二四年の進士）、同・呂祖謙（一一三七—八一）、同・陳大猷（生没年未詳、一二二九年進士）、さらには宋末〜元初・王柏（魯斎、一一九七—一二七四）、同・呉澄（草廬、一二四九—一三三一）、明・梅鷟らにおける「段階的」な研究の発展があり、その上に清初の朱彝尊（一六二九—一七〇九）、そして閻若璩（一六三六—一七〇四）、王鳴盛（一七二〇—九七）らによる研究の「大成」がなったとする立場である。[44] 加え、『尚書』の偽古諸編に関して忌憚のない批判を展開した宋末〜元初・呉澄、清初・閻若璩ら、あるいはかなり溯るが唐代に『史通』を著した劉知幾らは、どちらかといえば「例外的」であるのは、たとえば伊東貴之の前掲論文（註（38））も指摘するところである。[45] これに対し、経書を徹底的に「客観的考察対象」に押し据えることをし得たのは、むしろ十八世紀日本の考証学者であったというのが、筆者の基本的見解である。

この違いを規定する理由はなにか。別稿にて論じたが、たとえば黄俊傑は、「(東アジアにおいては―筆者、以下同)儒家的経典の解釈は必然的に政治的権力と相互作用をもった密接な関係に置かれて」おり、「経典解釈と権力との入り組んだ関係」「解釈者と権力構造の相互作用」がその枢要であると力説する[46]。これは、逆にいえば、解釈が常に政治性／政治状況に規定されてきたことを結果的には追認し、たとえば清代考拠家の知的営みが単純な文献批判ではなく、高度に政治的な判断や思想的な色合いを濃厚に反映させたものでもあったとする伊東貴之の指摘[47]とも相通じよう。

その一方で黄俊傑は、「東アジア」と一括できない大きな相違が、とくに経典解釈と政治状況との「密着度」において日・中・韓の間に存在し、「徳川時代の日本の儒者は権力の中枢との関係が比較的遠」かったと述べる[48]。この指摘は重要で、とりわけ江戸後期～幕末の考証学を担った多くの儒者はこの属性にある人々であり、これは、哲学的(あるいは、具体的に、「朱子学的」)思惟、政治思想／理念そのものに“lean-in”することが多くの場合その前提である中国士大夫層とはその思想形成の環境与件に大きな差があるのは留意されよう。以下の節では、この点に留意しながら、十八～十九世紀前半にかけての江戸時代の日本儒学界の状況、とくに十八世紀日本の儒学思想世界における状況について考えてみよう。

五　「日本考証学者」の特質

上述のごとくの日中儒学の差異を考えるにおいても、西欧における学問発展の系譜との比較においても、各々の地域の思想環境的差異に対する注意が必要である。いうまでもなく、英仏の宗教戦争(各々十六世紀、十七世紀)、あるいはドイツの「三十年戦争」に比肩するような骨肉の思想＝宗教的闘争の歴史は日本にはなく、十八世紀においてもかような状況は存在しなかった。寛政期の改革の一環としての幕府による朱子学の推奨は、昌平校教授を朱子学者に限ったり、あるいは諸藩において朱子学者以外の藩儒が左遷の憂き目にあったり、あるいは私塾に移ったりという事象に象徴されるような、他の学統にあった儒者への一定の不利益をもたらしていたのは事実である。また、この幕府のお触れに対し亀田鵬斎、山本北山、冢田大峯、豊島豊洲、市川鶴鳴ら「寛政五鬼」による強い反発もあった。しかし彼らは、幕府の儒学政策に対して大いなる反論を試みることが可能であった故に「五鬼」なのであり、彼らは「追放」や「禁固刑」に処されたわけでも、「処刑」されたわけでもなく、スカリガーやカソゥボンのように激しい迫害を逃れるため国外逃亡を余儀なくされることもなかった。

一方、幕末期に「考証学」を実践し、のちその素養をもって近代日本史学の創設に関わった久米邦武（一八三九―一九三一）は、「私も其宋学の中で育ち、随分老輩の呵責もうけ、公然と道徳を離れて独立に歴史を論ずる口を嵌制せられたことも久し」かった[49]と述懐、彼の時代には「儒学が宗教の模擬の様に落込んで」おり、そんな中、「考証学といへば学問の謀反人の様になつて居」った[50]と嘆いている。特定の〝宗派〟にある儒者以外の者をこっぴどく疎外する「気風」が、日本の儒学界において厳然と存在しており、このような時代環境において、「客観的」事実の検証のみを基盤とする「公正な」原典批判を遂行するには、尋常ならぬ自律性と抵抗精神が必要であったことは論を俟たない。総じて、十八世紀後半～十九世紀中葉までの日本の知的環境は、苛烈な宗教戦争の泥沼ではなかったものの、やわらかい思想統制が独立的学問をしばしば牽制または疎外するような状況にあったといえよう。大久保利謙が、江戸後期～幕末の考証学を「反道学」、あるいは反朱子学的〝自由性〟を保持した、官学的道学を嘲笑するニヒリズムを有した学問であったと形容するのは[51]、ある面正鵠を射ていよう。

古代テクストと対峙するにおいて、聖人・経典を尊崇するも絶対視せず、経典のなかの「真なるもの」の確定にむけあらゆる文献をひとしく「考察対象」の位置におし据える学問は、十七世紀末～十八世紀前半の山井鼎、根本武夷、伊藤東涯・蘭嵎あたりの学問にその萌芽がみえる。かような学問は、主に明和～天明期（一七六四―八八）、そして十八世紀後半の日本の思想世界に登場した井上金峨（一七三二―八四）、中井履軒（一七三二―一八一七）、吉田篁墩（一七四五―九八）、山本北山（一七五二―一八一二）らにおいて体系的な書誌学・文献学として発展せられ、化政期の大田錦城（一七六五―一八二五）、松崎慊堂（一七七一―一八四四）、狩谷棭斎（一七七五―一八三五）、さらには幕末に台頭した東條一堂（一七七八―一八五七）、海保漁村（一七九八―一八六六）、安井息軒（一七九九―一八七六）らにおける考証学としての継承発展があった。久米邦武（一八三九―一九三一）、重野安繹（一八二七―一九一〇）といった近代史学を成立させた漢学者らの学問は、これを基盤とする。一世紀を超える時差があるもののカソゥボンによる世界最初の本格的な *Annales Ecclesiastici* の批判書、あるいはトーマス・ジェームスによる初期キリスト教テクストの恣意的な解釈、誤読の是正努力にも十分比肩し得る、そして体系性においてはむしろそれに匹敵する文献研究が日本においても成立していたのであり、中井履軒、山本北山らによる『尚書』研究は、「聖典」であってもその成立過程における紆余曲折の様相を精密に特定し、それに内在する偽古／擬古箇所を摘発する、「原典批判」を至上とする学問としての先進性すら呈示する業績である。十八世紀日本において、この自由な原典批判を可能ならしめた気風または要因はなにか。

まず筆者は、先の黄俊傑も指摘するごとくの、経典解釈と政治状況との「密着度」における日中間の差異、とくに黄による日本儒者における権力の中枢との距離の遠さに関する指摘が重要であると考える[52]。社会＝経済的与件との密着度が高い〝市井の人〟が思想的営為の担い手の「多数派」を占めていたのが江戸後期～幕末の考証学の実情であり、この面における中国士大夫層との差異は留意されよう。この点に関しては、中国哲学や旧来型の日本思想史研究よりも、筆者も長くかかわる日本経済思想史の知見がより強い注意の喚起を促す[53]。

江戸後期～幕末の考証学者が日々の経済活動に直接従事している人々を日々見ていた／まさにその日常に生きていたという事実は、これら儒者の知的営為における、とくにジョン・ロックの経験論に明示されるような「経験」と認識「対象」との「連合」の在り方における、とくに認識対象と類似せるものに関する「記憶」とその蓄積を前提とする新たな認識の連鎖を考える上で極めて重要であり、これ即ち儒者と古典テクストとの連合の前提的事実をめぐる日中儒者の間の差異の考察においても意識すべき点である。

武内義雄（一八八六―一九六六）はすでに戦前において、清代の考証学者は優れた校勘・訓詁の学を樹立したが、彼らは「経書を神聖視してこれを批判することを遠慮し」、「書物の原典批判は（清学においては）まだ十分に採択発展せられていない」と述べ、これは「我が国の先儒によって」「啓かれた」と述べている[54]。加藤常賢（一八九四―一九七八）は、清学の到達点にある江声、孫星衍、段玉裁といった考拠家にあっても、彼らは「古代の聖王思想の信者であり、近代科学以前の人々であった」と断じている[55]。とくに武内は、考証における客観性と政治色のない実証性、聖賢の道や諸子の説をも客観的観察対象とする学問姿勢は日本においてより高度な発展をみたとしている。武内は己れの学問には富永仲基「加上法」が重要な意味をもつと述懐するが[56]、富永こそ独立的気風をその身の上とする町人学者の典型である。

さらにもう一つの要素として、研究「対象」（即ち古典中国文語）と研究「主体」（日本儒者）との距離あるいは〝兼ねあい〟の問題が挙げられよう。この第二のポイントの勘案に極めて重要な視座を提供するのは市來津由彦である[57]。市來はとくに「漢文訓読の現象学」において、文体を①中国の文言、②その白話、③現代中国語、及び④日本の漢文訓読書き下し文、⑤一般文語文、⑥現代日本語の六項目に分け、そのうえで、古代漢語文言文を現代語訳するにおいては、「中国語であれ日本語であれ、文言文の記号的表記世界から、ニュアンスもべったり書き込む表記世界への変換がここでおこなわれる」（傍点筆者）と論じる。これはまた、古典の文言文の「表記の表層では文脈内にしか現れない」「時制、推量などの簡略化されている感情、ニュアンス的要素を読み取り、助字的語彙そのものの変換に加え」る作業とも述べる。(58) それに「加えて日本語では外国語翻訳ということが同時に求められる」のであり、「漢文訓読法はこの両課題を一気に行なう特殊な翻訳技法である」とする。(59)

市來のこれらの指摘は、(a)「古典中国文言文」と「現代語（日・中双方のそれ）」との変換過程における問題、(b)さらに「日本語訳」を行なうにおける問題に我々の注意をむけ、さらに、日本儒者による「経書」の「解釈」とはまさにかような要素を内在させた問題であることへの注意を促す、まことに重要な指摘である。伊藤東涯が精微な「経典解釈」の遂行と同時並行で、『助辞考』『助字詳解』『用字格』といった書を通じて、字・句法、文の法・体、そして文章そのものの深遠な理解のための方法の整序を試みていたのは、まさに市來が呈示する諸問題への意識故であるともいえる。

いうまでもなく、「言語特性の精究」と「詳密な経学的テクスト理解」は車の両輪であり、かような二軸での精密な研究は、結果として、十六世紀末～十八世紀末の西欧における、"epistemic genre" の飛躍的発展、「法学」「医学」における学問方法の発展の影響を反映しての「精緻」で「体系的」な「文献研究」の発展に比肩し得る学問の発展に寄与したと推定し得る。

おわりに

本稿では、後期ルネサンスにその萌芽をみ、十七世紀初頭にオランダ・ライデン、ジュネーヴ、パリ、そしてオックスフォードなどの文献研究の拠点においてその発展をみた西欧における批判的文献研究の発展について俯瞰し、さらには、とりわけ十六世紀中葉より十八世紀までの二百年余における法学の分野における文献批判的考証の発展、医学における臨床的・解剖学的研究手法の発展とその人文学への影響についても触れた。これらは、十七世紀後半〜十八世紀、さらには十九世紀前半までに発展をみた日本における文献研究、原典批判の勃興・発展の比較対象として／それを照射する重要な手がかりとして極めて重要であり、また、これらは、十八世紀日本儒者のアプローチの特質を考えるのにむけた有用な比較対象である。

中井履軒、あるいは少し前の伊藤蘭嵎、履軒の懐徳堂の先輩富永仲基、少し後の大田錦城らにおける、辛辣な原典批判は、水田紀久の言葉を借りていえば、「斯道の始祖、聖人を絶対視せず、これらを、ただ後の立論者が権威と仰ぐ偶像と断じ、その超人格をも、思想発達の原則により、ひとしく相対的地位に定位し去」る知的営みであった[60]。履軒をはじめとする江戸後期以降に出現した日本儒者の営為は、単なる「漢・魏回帰」、あるいは「漢学の復興」ではない[61]。それは、多分に政治色の強かった清代中国の考証学者の営みとは異なる、価値中立的に一切の偏りを排し、純粋に文献的に「最適」と判断された「古典」とその「原解」のみを適宜客観的に析出、吟味・考究する営みであり、この、まさしく「文献批判の方法」と認定し得る学問の十八世紀における成立は、世界史的にみても特記に値する思想現象であったとすることが可能であろう。

しかしてその前提として、当時の儒者をしてそのような営みが真っ当であると判断せしめ、それに従事せしめた根拠は、既述のように、彼らの多くが、政治＝イデオロギー的与件よりも社会＝経済的与件との密着度が高い〝市井の人〟であったこと、また、これは稿をあらためて論究したいが、彼らが、古代テクストの〝発信源〟と言語的・地理的に適度な距離をもって接しえた位置に存在していたといったことが指摘されよう。

無論、これらのみが江戸後期儒者の学問的特異性醸成の唯一的要因であったとするのは些か性急に過ぎようが、彼らが、日々の経済活動に直接従事している人々の「感覚」の中で／それとともに日常を送り、まさにその「経済活動の日常」に生きていたことは重要である。とりわけ、歴代中国の士大夫におけるごとく、あくまで儒学が「王朝国家の理念」として捉えられ、この制約ゆえ儒学の学問「方法」が価値中立的でニュートラルなものとして独立性を保持せしめられることが困難であり、結果、否応なく政治的乃至イデオロギッシュな、あるいはドグマティックな教義にとどまっていたのとは対照的であったといえよう。これとは異なる日本儒学の系譜は、西欧におけるルネサンスや宗教改革といった大きなエポックを経ていない江戸日本において、客観的考証主義を発展せしめる土台として機能していたとすることができよう。

註

（1）『思想史から東アジアを語る』（国立臺湾大学日本学研究叢書18、臺湾大学出版中心、二〇一五年）所収。

（2）同前。

（3）大久保利謙『日本近代史学史』（白揚社、一九四〇年、第五章「歴史的認識の諸問題」）七四―七五頁。

（4）「日本儒学における考証学的伝統と原典批判――G-B・ヴィーコ、A・ベェクらのフィロロギー、そして清代考証学との比較のなかで」（笠谷和比古編『徳川社会と日本の近代化――十七～十九世紀における日本の文化状況と国際環境』日文研共同研究成果論集、思文閣出版、二〇一五年）。

（5）たとえば宮地正人「史料編纂所と近代日本の史学史」（東京大学史料編纂所編『歴史学と史料研究』山川出版社、二〇〇三年）。

（6）Mehl, Margaret, "Private Academies of Chinese Learning in Meiji Japan: The Decline and Transformation of the kan-gaku-juku," *Nordic Institute of Asian Monograph Series*, No. 92, Copenhagen, 2003; M. Mehl, *History and the State in Nineteenth-century Japan*, Hampshire: Macmillan, 1998; 佐藤正幸『歴史認識の時空』（知泉書館、二〇〇四年）。また、とくに幸田成友に焦点をあてた宮田純「幸田成友（一八七三―一九五四）の基礎的研究――東京師範学校附属小学校在籍時を中心として」（『21世紀アジア学研究』国士舘大学21世紀アジア学会、二〇一五年）もこの時期の歴史学の方法発展の理解に有用である。

(7) 岡崎勝世『キリスト教的世界史から科学的世界史へ――ドイツ啓蒙主義歴史学研究』(勁草書房、二〇〇〇年)、とくに第二編「ガッテラーと啓蒙主義歴史学の形成」。また、岡崎勝世『科学vsキリスト教』(講談社現代新書、二〇一三年)は前記の書を一般読者むけに著したもので、とくに第三章が有用である。ガッテラーにおける「世界史」への転換をとくに象徴する書は、Gatterer, Johann Christoph, *Weltgeschichte in ihrem ganzen Umfange*, Theil 1, 2, Gottingen, 1785; Gatterer, J. C., *Versuch einer allgemeinen Weltgeschichte*, Gottingen, 1792 である。

(8) 和辻哲郎『近代歴史哲学の先駆者――ヴィコとヘルダー』(『和辻哲郎全集』第六巻、岩波書店、一九六二年)。

(9) *Defenders of the Text: The Traditions of Scholarship in an Age of Science, 1450-1800*, Cambridge, Mass.: Harvard University Press, 1991. また、この書のほかにも西欧文献研究発展史を俯瞰的に捉えた著作が多数あり、代表作は *Worlds Made by Words: Scholarship and Community in the Modern West*, Harvard University Press, 2009; *The Classical Tradition*, Belknap Press of Harvard University Press, 2010 である。

(10) 同前、一頁。

(11) 同前、第一章。

(12) 同前、序章。

(13) たとえば土屋美子「ポリツィアーノ『スタンツェ』にみられる言語的特徴について――動詞形態論を中心に」(『イタリア学会誌』イタリア学会、二〇〇六年)、榎本武文「ポリツィアーノの「自己表現」について」(『言語文化』一橋大学語学研究室、一九九九年)。

(14) とくに前掲、*Defenders of the Text*, chap. 2. 加え、近年、日本の研究者のなかにもポリツィアーノの文献研究自体に着目するものがあるのは、榎本『アンジェロ・ポリツィアーノの人文主義・文献学に関する基礎的研究』(文部科学省科学研究費補助金研究成果報告書、二〇〇九年)などが物語る。

(15) グラフトン曰く、"(Timpanaro) showed that Poliziano had seen the problem of assessing manuscript evidence as one to be settled not by seat-of-the-pants navigation but by strict historical reasoning. In all cases he considered later manuscripts less authoritative, because farther removed from the ultimate, ancient source, than older ones. In some favored cases, moreover, he could show that one surviving manuscript was the parent of all the rest. This alone should serve as

the basis for textual scholarship. The demonstration that Poliziano had arrived, long before Scaliger, at a fundamentally historical approach to textual criticism, was dizzyingly exciting."（Ibid., *Defenders of the text*, introduction, p. 9）。

（16）曰く、"Poliziano brought about a *revolution* in philological method."（chap. 2, p. 48. 強調のイタリックは筆者）。また曰く、"Poliziano's work had marked a watershed in the history of classical scholarship: a break between an older, rhetorical style of humanism and a newer, technical philology." そして、彼の駆使した書物読解、考察の方法が、"structures, systems of interlocking propositions that they tested for coherence as an engineer tests the loadbearing parts of a building" のごとくであったと比喩的に描写する（introduction, pp. 7-8）。第二章 "The Scholarship of Poliziano and its context" は、ポリツィアーノの文献の吟味の仕方の具体例を呈示するものである。

（17）曰く、"(T)hose（modern historians）who practiced the technical disciplines of humanism, like textual criticism, at the highest level but did not draw general morals from the texts seemed far less innovative and interesting."（ibid., p. 8. 括弧内は筆者）。

（18）グラフトンによるスカリガー関連の専著は、Grafton, Joseph Scaliger: *A Study in the History of Classical Scholarship*（2 vols.）, Clarendon Press, Oxford, 1983-1993. カソゥボンに関しては共同執筆であるが、Grafton, Joanna Weinberg, with Alastair Hamilton, *I Have Always Loved the Holy Tongue: Isaac Casaubon, the Jews, and a Forgotten Chapter in Renaissance scholarship*, Belknap Press of Harvard University Press, Cambridge, Mass., 2011. また、スカリガーの書翰、手記等を集めたものに Paul Botley and Dirk van Miert（eds.）, Anthony Grafton, Henk Jan de Jonge and Jill Kraye（supervisors）, *The Correspondence of Joseph Justus Scaliger*（Travaux d'humanisme et Renaissance, no. 507）, Geneve, 2012 がある。

（19）カソゥボンの伝記として最も著名なのは十九世紀後半に当時オックスフォード大学の教授職にあった歴史家、Mark Pattison による *Isaac Casaubon, 1559-1614*, London: Longmans, Green, 1875 である。この書の序論はカソゥボンの人生がカトリック教徒の焼打ちによる逃避行にはじまった事実の描写をもってはじまる。

（20）同前。

（21）書誌情報は註（18）。

（22）Ward, A. W., A. R. Waller（eds.）, *The Cambridge History of English Literature*, Cambridge: Cambridge University

Press, 1907-16, vol. 7 Cavalier and Puritan, chap. 13, "Scholars and Scholarship, 1600-1660" (Foster Watson).

(23) "Next to Joseph Scaliger, Isaac Casaubon was regarded as the most learned scholar in Europe," who, "(I)n the inner sanctity of his conscience, the cause of truth was enshrined." He went into "the root of matters" with "the results of independent enquiries into the ideas and thoughts as well as the surroundings of the ancient world."(下線筆者、以下同。vol. 7, chap. 13, p. 311)

(24) "Casaubon had applied his knowledge to the grounds of his faith. Examining and re-examining as he was compelled to do..." "(H)e gave the highest evidence man can give of a sincere love of truth." (Pattison, *Isaac Casaubon, 1559-1614*, chap. 3, Montpellier, p. 141). また、この Casaubon も取り上げられている前掲 The Cambridge History of English Literature, vol. 7, Chapter 13 が区切る 1600-1660 は、「江戸時代」という政治的＝歴史的時代区分の「第一四半期」にほぼ相当する。日本における体系的かつ本格的な文献研究と原典批判の展開は十八世紀中葉をまち、とくに中井履軒（一七三二―一八一七）、山本北山（一七五二―一八一二）、大田錦城（一七六五―一八二五）らの業績がその象徴であるが、十七世紀後半の、たとえば伊藤仁斎（一六二七―一七〇五）『論語古義』の「第二本」「誠修校本」の推敲過程にみられる緻密な原典への注釈の付記、彼による緻密な text critique とそれに基づく『中庸』原典批判などには明らかにその萌芽がみられる。

(25) Pomata, G. and N. G. Siraisi, *Historia: Empiricism and Erudition in Early Modern Europe*, Cambridge, Mass.: MIT Press, 2005.

(26) "The development of 'historical methods' marked by 'a significant move from the rhetorical or literary to a new sensitivity to issues of method and source criticism,' is attributable to legal studies in the sixteenth century." (ibid., p. 314)。ここではとくに、「十六世紀」に "legal" な方法による影響が強調されている。

(27) Ibid., p. 2 に曰く、"A veritable explosion of clinical and anatomical reports written in the historia format began in the late sixteenth century. Case histories and autopsy narratives multiplied" 即ち、十六世紀末ごろより、"clinical" "anatomical" な方法と叙述法が盛んになったとされる。さらに曰く、"'anatomical investigations' that meant 'a thorough description of the structure of bodily parts' proliferated and flourished in the late c. 16th and the c. 17th."

(28) "Republic of Letters (born around 1500 -Respublica literarum, flourished in early c. 17th) published manuals designed

to transform history, philology... into disciplines as formal as law or medicine"（Grafton, *Worlds Made by Words*, Introduction）. この、"The Republic of Letters" における学問方法的潮流も即ち、シライシらが上の書で指摘したごとくの方法的影響をうけたものといえよう。

（29）シーファートは "prescientific empirical knowledge" との語を使う（Seifert, A., *Cognitio historica: die Gechichte als Namengeberin der fruhneuzeitlichen Empirie*. Berlin, 1976）。

（30）"When historians credit James〔一世〕with surrounding himself with learned men, it should be added that it was with learned divines only. There did not exist in this country any distinct class of scholars, or guild of learning, such as had been found in Italy in the 15th century, or as is formed by the g(G)erman professorium of our [Pattison's] day（M. Pattison, *Isaac Casaubon, 1559-1614*, 1875, p. 324）. あるいは、前掲 Grafton, A., *Worlds Made by Words*, pp. 228-30 にも、十九世紀中葉においても、オックスフォードは基本的には "教養大学" であり、専門研究のための学府とはほど遠かったとの記述あり。

（31）*Isaac Casaubon, 1559-1614*, pp. 326-27. そしてここでパティソンが用いている "the soul of true learning" あるいは "the spirit of investigation" との表現をもって描写しようとする知的現象は、前出のポマタ、シライシの共編著書 *Historia: Empiricism and Erudition in Early Modern Europe* において力説される "a significant move to issues of method and source criticism" という知的胎動とも相同的なものといえよう。

（32）*Isaac Casaubon, 1559-1614* に、著者によりラテン語から英語に翻訳された上で引用されている（p. 328）。

（33）"a resort of learned men. . . whose philological practices were more precise and systematic than his（Casaubon's）own"（*Isaac Casaubon, 1559-1614*, p. 4）。この、カソゥボンにおけるオックスフォード体験については、*Isaac Casaubon, 1559-1614*、それに関するグラフトンの "The Messrs. Casaubon: Isaac Casaubon and Mark Pattison"（*Worlds Made by Words*）, Introduction に詳しい。

（34）"[Casaubon] self-consciously located himself in a range of social networks. . .（and）felt personal warmth for learned Anglicans like Andrews and Huguenot humanist like Scaliger. . .（and）Lutherans like Kepler and even to a Jew like Barnet, and those loose ties had their impact on his ways of thinking and reading"（*Worlds Made by Words*, p. 6）. 但しカソゥ

ボンのオックスフォード滞在は短く、グラフトンがここで論じるように、かの地の環境がカソゥボンの「思考の仕方」に「影響があった」とまでするのは問題であろう。また、本文で触れたように、ボドレィアン図書館の初代司書であったジェームズとも交流していたのはパティソンの著書にも記されている。

(35)〔Thomas James〕"believed that Catholic scholars had deliberately corrupted the texts of the church fathers to make them support their theological positions"（*Worlds Made by Words*, p. 4）. とくに、セザール・バローニオによる"efforts to support papal claims to spiritual and temporal authority"については、*Defenders of the Text*, 第五章に詳しい。

(36) その重要な証左となることを、グラフトンは指摘する。即ち、カソゥボンは、彼における事実、真実に対するどこまでも真摯な学問態度故に、時には、偽書と偽りの権威の糾弾において共同戦線を張っていた学徒との対立も辞さなかったことの指摘である。曰く、"(Casaubon) firmly believed that as a scholar, he had a duty to state the truth. Though Casaubon deeply respected Joseph Scaliger, whom he saw as the strongest of allies in his fight to cleanse Christianity of forged texts and spurious authorities, he noted that Johannes Kepler had arrived at more plausible views than Scaliger on the chronology of Caius Caesar's expedition to the East. This in turn had implications for the more central question of dating Christ's birth."（*Worlds Made by Words*, pp. 5-6）。

(37) *The Cambridge History of English Literature*, vol. 7, chap. 13, pp. 311.

(38) 日本研究者によるものだけでなく、中国、台湾におけるこの分野の研究書を網羅し、研究進展の状況を呈示するのは伊東貴之「明清思想をどう捉えるか——研究史の素描による考察」（奥崎裕司編『明清はいかなる時代であったか』汲古書院、二〇〇六年）である。

(39) 平田「「仁義礼智」を捨てよう——中央研究院歴史語言研究所の出現」（小南一郎『学問のかたち』二〇一三年）三〇八—一〇九頁。

(40) 同前、三三二頁。

(41)『胡適全集』第三巻、一九六頁。

(42) B. Elman, *From Philosophy to Philology: Intellectual and Social Aspects of Change in Late Imperial China*, Harvard University Press, 1984. 近年においても"The search for evidence from China." Joshua Vogel (ed.), *Sagacious Monks*

and Bloodthirsty Warriors, East Bridge, 2002, "Early modern or late imperial?: The crisis of classical philology in eighteenth-century China," Sheldon Pollock, Elman, et.al (eds.), *World Philology*, Harvard University Press, 2015 などの論考においてこの方面での議論を活発に展開する。

(43) 小島『宋学の形成と展開』（創文社、一九九九年）、伊東『思想としての中国近世』（汲古書院、二〇〇五年）。或はまた、木下鉄矢『「清朝考証学」とその時代』（創文社・中国学芸叢書、一九九六年）、吉田純『清朝考証学の群像』（創文社、二〇〇七年）、同「『尚書古文疏證』とその時代」（『日本中国学会報』四〇、一九八八年）、井上進『明清学術変遷史――出版と伝統学術の臨界点』（平凡社、二〇一一年）など。

(44) この点については拙稿「元～清の『尚書』研究と十八世紀日本儒者の『尚書』原典批判――中井履軒『七経雕題略（書）』、同収「雕題附言（書）」を題材に」（『東洋文化研究所紀要』一六七冊、東京大学東洋文化研究所、二〇一五年三月）においても論じた。

(45) また、伊東の前掲論文に加え、同氏による「清朝考証学の再考のために――中国・清代における『尚書』をめぐる文献批判とその位相、あるいは、伝統と近代、日本との比較の視点から」（笠谷和比古編著『徳川社会と日本の近代化』思文閣出版、二〇一五年）は、とくに十八世紀日本の考証学者との差異について論じている。

(46) 黄俊傑「東アジアにおける儒家的経典の解釈と政治的権力の関係」（黄俊傑・辻本雅史編『経書解釈の思想史――共有と多様の東アジア』ぺりかん社、二〇一〇年）八頁。

(47) 前掲伊東「清朝考証学の再考のために」。

(48) 前掲黄「東アジアにおける儒家的経典の解釈と政治的権力の関係」二頁。

(49) 大久保利謙編『久米邦武歴史著作集』第三巻「史学・史学方法論」（吉川弘文館、一九九〇年）所収、第一「史学の独立」、六頁

(50) 同前、第一編「史学の独立と研究」第四「史学考証の弊」、六二一―六二三頁。

(51) 大久保利謙『日本近代史学の成立』（『大久保利謙著作集』第七巻、吉川弘文館、一九八八年）。

(52) 前掲黄「東アジアにおける儒家的経典の解釈と政治的権力の関係」。

(53) この点に関して、川口浩「江戸時代の「経済思想空間」」（『政治経済学雑誌』三四五号、早稲田大学政治経済学術院、

二〇〇一年）をはじめとする、氏による諸論考は示唆に富む。また、同氏の研究報告「近世日本経済思想と近代日本経済思想における連続と非連続」（国際研究集会「日本の経済思想」二〇一三年三月六〜七日、国士舘大学）も極めて有用である。

（54）武内義雄『論語の研究』（岩波書店、一九三九年）。のち『武内義雄全集』（角川書店、一九七八―七九年）第一巻所収、四二―四四頁。

（55）加藤常賢『真古文尚書集釈』（明治書院、一九六四年）序論。

（56）前掲武内『論語の研究』。

（57）市來津由彦「漢文訓読の現象学」（中村春作・市來津由彦・田尻祐一郎・前田勉編『訓読論』勉誠出版、二〇〇八年）、同「課題としての訓読」（『大阪市立大学東洋史論叢』別冊特集号、二〇〇六年）、同「学界展望（哲学）」（『日本中国学会報』五八集、二〇〇六年、五九集、二〇〇七年）。

（58）市來「漢文訓読の現象学」三三九頁。

（59）同前、三三九頁。

（60）水田紀久「富永仲基と山片蟠桃――その懐徳堂との関係など」（『日本思想大系43　富永仲基・山片蟠桃』岩波書店、一九七三年）六六四頁、六六四―六七頁、六七一―七二頁。ほかにも同様の主張あり。

（61）前掲武内『論語の研究』。

第五章　天保期殖産政策をめぐる思想——渡辺崋山と大蔵永常を事例に——

矢森小映子

はじめに

1　研究史と問題意識

二〇一一年（平成二十三）三月、『田原市博物館研究紀要』において、一通の書簡の発見が報じられた。[1]大蔵永常（一七六八—一八六〇）こと日田喜太夫に宛てた渡辺崋山（一七九三—一八四一）の書簡である。近世三大農学者の一人として有名な大蔵永常は、一八三四年（天保五）に、当時田原藩家老を務めていた渡辺崋山の推薦で田原藩興産方となり、殖産政策に取り組んだ。両者の間の書簡はこれまで一通も見つかっていなかったため、この新出史料は「貴重な発見」[2]とされ、早くも翌二〇一二年刊行の『愛知県史 資料編二〇 近世六 学芸』[3]に収録されるなど、注目を集めた。

しかし、この発見により研究が進展したかと言えばそうでもない。大蔵永常の殖産政策に関する研究は、近年ほとんど見られなくなっている。その理由は色々考えられるが、もはや論じつくされた感があるというのが実際のところではないだろうか。

永常による田原藩殖産政策についての研究史を振り返ると、当初は永常の伝記研究の中で言及され、[4]さらに崋山研究・田原藩政史研究[5]の中で関連史料がほぼ出揃い、その経緯も明らかになった。そしてこれらの諸研究における結論とは、永常による殖産政策は失敗した、あるいは控えめに言っても成功には至らなかったというものだった。その要因としては、次の二点が指摘されている。

第一に、永常をめぐる人間関係や対立構造の問題である。たとえば阿部真琴は、藩士である崋山と、近畿の富農を念頭に置き町人的感覚を持つ永常の精神的相違を指摘した。[6]また筑波常治は、視野の狭い田舎者の田原藩士と、都市を根拠地に全国を遍歴した「自由な町人」永常の対立を描いている。[7]さらに崋山側の問題として、永常の長期的な計画に付き合いきれず成果を焦った崋山に、農業の知識や殖産政策に対する認識が不足していたことも指摘されている。[8]

第二に、そもそも田原藩のような窮乏状態の小藩では、農民に新規の作物栽培に取り組む余裕がなく、市場圏も成立しないため、積極的な国産奨励や専売制の実施は不可能だったという地理的条件の問題である。[9]

同時代において成果を挙げられなかったこの政策は、主に「近代」の視角から評価がなされてきた。永常の農学思想の合理性や功利主義は「近代市民思想の先駆[10]」と称され、それを実践した永常の殖産政策は「その功績を言うとすれば、むしろ新しい産業思想を鼓吹し刺激せる点であった。後の建設への貴重な捨て石となったことで、これを大にしては、日本産業の発展途上に課せられた試煉であった[11]」と評価されたのである。しかし永常の思想と実践の意義は、本当に「近代」の視角からしか見出すことができないのだろうか。

筆者は大蔵永常の殖産政策をさまざまな史料と照らし合わせながら追究していく中で、この問題が当時の社会状況や経済思想のありようを反映した多様な側面を持っていること、そしてそれは「近代」の引用だけでは見落とされてしまうことに気が付いた。

そこで本稿では、次のような視角からこの問題の再検討を試みたい。

第一に、永常と崋山の関係だけでなく、藩内部や地域社会との関係性の中で分析していく。そもそも藩の殖産政策は、崋山と永常の二人だけで実行できるものではない。決して一枚岩ではない藩内部の差異や思惑、地域社会の動向や意識など、多様な諸関係の中で動態的に把握する必要がある。(12) そのために、永常側の史料、(13) 崋山側の史料(14)に加え、藩側の史料として『御用方日記(15)』『御玄関留帳(16)（置帳）』などの藩日記（田原市博物館所蔵）を活用する。

第二に、天保飢饉や中期藩政改革などの全国的な社会状況、政治動向を踏まえながら分析する。

よく知られているように、一八三三年（天保四）から一八三六年（天保七）にかけて全国的に起こった天保飢饉は、一揆や蜂起事件を続発させ、幕藩領主層に強烈な危機意識を植え付けた。田原藩においても、一八三六年には暴風雨・高潮と降り続く雨のために大凶作となり、未曾有の危機的状況におかれていたのである。(17) このような危機的状況と、それにともなう切迫した危機意識は、殖産政策およびそれにかかわる人々にどのような影響を与えたのだろうか。

一方中期藩政改革とは、主に宝暦・天明期から寛政期にかけて、諸藩を苦しめていた財政窮乏に対応してなされたもので、それらに共通して見られるのが殖産政策と藩による専売制だった。ただし深谷克己が「どの藩でも、改革政治の方に焦点を当てると、上からの特産物の導入と育成が目だつ。しかし実際には、すでにその領内に商品作物生産が広がっているという前提があり、生産物の値段と取引きに敏感になっている生産流通主体が厚く整備されているがゆえに、藩による促進・導入、さらには専売統制も可能になったという場合がほとんど(18)」であったと整理したように、どの藩でも容易に実現できたわけではない。広域市場の発展の中でその有効性がないために、小藩では実現が困難であったことはすでに指摘がある[19]。また研究史においては、幕末維新期につながる幕藩間の対立の契機として注目されたため、主に大藩が研究対象にとりあげられる傾向にあった。特に天保期の藩政改革については雄藩に注目が集まり、「量的にも規模の面でも拡大して実施された[20]」という見通しが示されながらも、具体的に検証された事例は少ないのではないだろうか。

だからこそ、全国的な動向からやや遅れて一八三四年（天保五）に始まった小藩田原藩の殖産政策について、その実態と過程を検証する作業は、中期藩政改革の意義や天保期の時代像を知る上でも重要であると思われる。以上のような問題意識に基づき、本章では、大蔵永常が田原藩で行った殖産政策の実態と経緯を、当時の社会状況および国許の家中・領民などとの関係性の中で具体的に明らかにしていく。さらに殖産政策をめぐる崋山と永常の思想の展開から、この時期の経済思想のありようと時代状況との関係を検討してみたい。

2　基本事項――大蔵永常と渡辺崋山

まず、大蔵永常と渡辺崋山がどのような人物であったのかを確認しておく。

大蔵永常は、名を孟純、通称を徳兵衛、喜太夫、喜内などという。一七六八年（明和五）豊後国日田郡隈町の農家に生れる。一七八三年（天明三）・一七八七年（天明七）に飢饉に苦しむ人々を見たことをきっかけに農業技術の道を志す。二十代で九州全土を廻り、甘蔗からの製糖技術、櫨の植樹・蠟の製法などを取得・伝授した。一七九六年（寛政八）に大坂、後に江戸を本拠地とし、関西、東海、関東などを遍歴して農業技術の研究と普及に努める。『農家益』『農具便利論』『広益国産考』など著作が多く、原稿料を主要な収入源とした。これらの書は農家を対象とした平易な文章で挿絵も多く、広く普及した。一八三四年（天保五）に田原藩に、一八四四年（弘化元）に浜松藩に出仕した。一八六〇年（万延元）江戸で没した。宮崎安貞（一六二三―九七）・佐藤信淵

料金受取人払郵便

本郷局承認

7631

差出有効期間
平成28年5月
31日まで

郵便はがき

113-8790

408

(受取人)
東京都文京区本郷1・28・36

株式会社 ぺりかん社

営業部行

購入申込書	※当社刊行物のご注文にご利用ください。
書名	定価[　　　円+税] 部数[　　　部]
書名	定価[　　　円+税] 部数[　　　部]
書名	定価[　　　円+税] 部数[　　　部]

●購入方法をお選び下さい(□にチェック)	□直接購入(代金引き換えとなります。送料+代引手数料で600円+税が別途かかります) □書店経由(本状を書店にお渡し下さるか、下欄に書店ご指定の上、ご投函下さい)	番線印(書店使用欄)
書店名		
書　店 所在地		

書店各位:本状でお申込みがございましたら、番線印を押印の上ご投函下さい。

愛読者カード

※ご購読ありがとうございました。今後、出版のご案内をさせていただきますので、各欄にご記入の上、お送り下さい。

書名

●本書を何によってお知りになりましたか

□書店で見て　□広告を見て［媒体　］　□書評を見て［媒体　］
□人に勧められて　□DMで　□テキスト・参考書で　□インターネットで
□その他［　］

●ご購読の新聞［　］
雑誌［　］

●図書目録をお送りします　□要　□不要

●関心のある分野・テーマ

［　］

●本書へのご意見および、今後の出版希望（テーマ・著者名）など、お聞かせ下さい

お名前	ふりがな	性別 □男 □女	年齢　歳
		所属学会など	
ご職業 学校名		部署 学部	
Eメール		電話	（　）
ご住所	〒［　－　］		
お買上書店名	市・区 町・村　書店		

お客さまの個人情報を、出版案内及び商品開発以外の目的で使用することはございません。

（一七六九―一八五〇）とともに徳川時代の三大農学者と称される人物である。

渡辺崋山は、名を定静、通称を登という。崋山は号である。一七九三年（寛政五）、江戸麹町半蔵門外の藩邸内の長屋に生れる。一八三七年（天保八）時点で一〇〇石、役料二〇石だが大幅な引き米がなされている[21]（後述）。渡辺家は、田原藩にあって年寄役（家老）に任じられる家の一つであり、崋山の父定通もまた年寄役を務めていた。年寄役は田原藩における最高の重臣であり、主君を補佐し、家中の武士の統率、藩務の統括を行う。四名を常態とした。崋山は定府（江戸詰）の三河田原藩士として、若い頃より鷹見星皐（一七五一―一八一一）・佐藤一斎（一七七二―一八五九）らに儒学を学んだ。一八三一年（天保三）より年寄役として藩政に携わる一方、洋学に関心を深めて高野長英（一八〇四―五〇）・小関三英（一七八七―一八三九）らに翻訳を依頼し、海外事情に関する著訳書を集めて研究する。絵師としても活躍した。一八三九年（天保十）、蛮社の獄で弾圧され、田原に蟄居となるが一八四一年（天保十二）に自殺した。

一　崋山はなぜ殖産政策に注目したのか

田原藩は、三河国渥美半島の中央部に田原周辺の二十カ村余の農漁村を領有した譜代小藩である。一六六四年（寛文四）三宅康勝（一六二八―八七）が一万二千石で入封した。三宅氏は康勝の後廃藩まで十二代二〇八年間続き、代々家康の康字を拝領した譜代名家の城持大名である。一万石級でも城持大名であり、知行高に比して藩士数が多く、藩地が海に突出した痩地で台風塩害も多いため、常に財政窮乏に苦しめられていた[22]。

そんな破局に瀕した藩財政を救うため、家老である崋山が構想したのが、大蔵永常を推挙しての殖産政策である。実は田原藩にとって、本格的な殖産政策の試みはこれが初めてだった。『三宅氏御系譜』によれば、元禄年間にも和紙・蠟燭・菖蒲皮などが製造されていた記録があるが、献上品として少量のことだったという。(23)そのように前例もない中で、崋山はなぜ殖産政策、なかでも大蔵永常に注目したのだろうか。

崋山は一八三二年（天保三）に年寄役に就くと、早速田原藩士に領内産業・製塩業の調査を依頼する書簡を送っている。(24)また崋山の日記や紀行文には各地の特産品に関する記述も多く見られ、崋山が早くから殖産政策に関心を持っていたことがうかがえる。

しかし崋山は江戸詰藩士であり、田原を訪れたのは生涯五回のみである。一度目は一八〇八年（文化五）、藩主三宅康友（一七六四―一八〇九）に随行して一三日間、二度目は一八一八年（文政元）、藩主康和（一七九八―一八二三）に随行して八日間、三度目は一八二七年（文政十）、藩主継嗣問題のため三宅友信（一八〇七―八六）に随行して二二日間、四度目は一八三三年（天保四）、藩主三宅家の家譜等編纂のため七七日間、五度目は一八四〇年（天保十一）、蛮社の獄で在所蟄居を命じられてからであった。崋山が国許の領地や領民を実際に見る機会は少なく、地方の実態を見て殖産政策を思いついたとは考えにくい。では、崋山の殖産政策への関心はどこからきているのだろうか。

1　農書の影響

第一に農書の影響が考えられる。すでに先行研究において指摘されているように、宝暦飢饉を契機とする『民間備荒録』以降、特に天保期には多くの救荒書が出版され、救荒策の議論が流行した。(25)

一八三八年（天保九）、崋山は自身の蔵書・書画幅を藩主に献上している。この時の「進書目録」二九七種中一〇種、また現在田原市博物館に所蔵されている崋山旧蔵書一三六種中八種が、農政書・救荒関係の書物・農業技術書である。汪志伊『荒政輯要』、『救荒便覧』、奥山操『救荒鎖（瑣）論・赤子問答前編』、黒田玄鶴『田畝里程考』、『農業全書』、旦暮庵野巣『済急記聞』、地方書『地方大成録』、佐藤信淵『農政本論』、万尾時春『勧農固本録』、『農喩』であり、『進書目録』に記載はないが崋山の蔵書印のあるものに建部清庵『民間備荒録』がある。[26]また一八三九年（天保十）の手控『客坐掌記』四月六日条には「〇農業励行辨一巻　中川真業　山下花屋久治郎板　〇老農雑話一　写本」という記事があるなど、日記・書簡・手控などにも農書の記事はしばしば見られる。いわゆる農政書・救荒書以外にも、近世中後期に「尽地力」「地利」の理念を浮上させたとされる太宰春台の『経済録』[27]なども目録に見える。『周礼』や『大清会典』といった大部の漢籍から救荒策を読み取る事例も報告されているから、[28]崋山が殖産政策や救荒策を構想するに当たって参照した書物の数は、恐らくもっと多かったと思われる。

そのほかにも、一八三七年十一月二十六日（天保八年十月二十九日）付江川英龍（一八〇一―五五）宛書簡[29]に「近頃」出版された「地方大成と申刻本」の話題が見える。「友人奥村[30]」がその誤りを糺すために書いた「小著」を江川に拝呈している。「地方大成」とは、長谷川善左衛門寛（一七八二―一八三九）の校閲、長谷川の高弟である秋田十七郎義一（生没年未詳）の編（実際は長谷川寛の著）で、同年江戸の書林から出版された『算法地方大成』であろう。奥村が内田五観（一八〇五―八二）に批判文を送り、それを栗田宜貞（生没年未詳）が『算法地方大成斥非問答』という一書に掲載したことはよく知られている。[31]崋山の周囲においても、農書を読み、批判や感想を交わし情報を共有し合うネットワークが存在したのだろう。

藩政改革や飢饉といった藩政の課題に対応するために、救荒書や農書を読んだり、農書の普及に関与する藩士たちの事例は、すでに先行研究によって紹介されている。[32]崋山もまた、藩政に救荒書や農書を積極的に活用していた。たとえば崋山が天保飢饉に当たる心得を示した『凶荒心得書』とよばれる一連の書簡類がある。これは、藩主康直宛「人君必御行可成事目」、国家老宛「家老心得之事」、同宛「凶荒御取計之事」、家中藩士宛の藩主名による申渡、領内触文、真木定前宛凶荒対策指示から成っており、一八三六年（天保七）、崋山が病中に起草したものである。一八三七年（天保八）初め、国許にいた藩主三宅康直（一八一一―九三）は凶荒対策のため崋山に帰国を促すが、崋山は病後で帰国できず、信頼する用人真木定前[33]（一七九七―一八四四）にこれらの心得書を託して総指揮を依頼した。このうち、藩主・国家老宛心得書は、それぞれの心得を条目にし、解説を加える形で展開されている。いわば心得書の骨子とも言えるこれらの条目は、実は宋代の農書である、董煟『救荒活民書』第三巻冒頭に書かれた条目と内容・字句ともにほぼ一致している。そしてこの条目は、崋山が所持していた汪志伊『荒政輯要』[34]（一八〇六年〈嘉慶一一〉）にも「董煟救荒全法」として収録されている。汪志伊（一七四三―一八一八）は清代安徽桐城の人で、山西霊石知県、江蘇鎮江知府、福建布政使、巡撫、江蘇巡撫などの地方官を歴任した。江西で水災やひでりが起こった時、『荒政輯要』を編纂して属吏に頒布し、「賑済之法」を為したという[35]。家老・崋山は凶荒対策の指針となる心得書を起草するに当たり、こういった農書を参照していたのである[36]。

2　強烈な治者意識

さらにこれらの心得書からは、崋山の強烈な治者意識を読み取ることができる。藩主康直宛「人君必御行可成事目」の第一条を見てみよう[37]。

一、御恐懼御修省之事
凡世に恐るべき憂ふべき事多く候得共、凶饉ほど甚しきは無之候。人にとりては命脈の危きが如く、草木にとりては其根枯槁仕候如く、国に取りては存亡之機に御座候得ば、人君に在ては恐れても懼るべく不致而は相ならざる事に候。……君君の職を尽し候得ば、臣其臣の職を尽し候故、第一に君の御職を御尽し可有之候。①抑君の職と申は此民有て此君有之天理にて、此君ありて此民有之節には無之候。この故に人君たる者は社稷に死と申儀、誠に当然之理にて候。湯王は干魃の時身を致して天に祈候。如此明白なる道理有之候而も、夫は書物の上夫れは昔話と心にも感動せざる君は、真の暗愚にあらざれば大悪人にて、必天道に見かぎられ候人と可被思召、②依て先天の此民を生ずる所以、公儀より此国人を封ぜられ候所を御勘考被遊候はゞ、片時も御安心被遊間敷、又流離転死の者有之候ては、忽御領地の御滅と相成、烈火の御身に逼り候如……然る上は昼夜御他念無之御身命を御抛、殊に御慎戒を御加へ被遊、仰天伏地唯吾民の安堵を御祈り候はゞ、御至誠神に感じ其応験可有之候。……

傍線部①②では、天―公儀―君という委任論を背景に、民を治めることこそ「君の職」であると説かれている。同様の意識は、国家老宛「家老心得之事」における「天下は天に代り、諸侯は天下に代り、老臣職たるものは君に代り、其大小は有之候得共、国人を平治に致すに至りては変無之候。其実は皆天に代り造化の窮を補ひ、万民を救ひ候事[38]」という文面にも表れている。家中藩士宛の心得書（藩主名による「申渡」という形をとっている）は、「文学ハ諸民を治候為、武学ハ諸民を加護致候為メ、右二道ニ而公儀御奉公致候も、皆諸民を治メ候為ニ而候[39]」という文章から始まる。

これらの史料からは、幕藩制的天道論に基づく強烈な治者意識がうかがえる。幕藩制的天道論とは、天より民を委任された領主が家臣の補佐を得て領民に仁政を施す、という天道委任論に将軍の存在（幕藩制秩序）を組み込んだもので、遅くとも一六五〇年代半ばには形成され、主として武士層に受容されたとされている[40]。したがってこの思想自体は崋山独自のものではなく、藩主をはじめ家中に至るまでおそらく自明の論理であった。

しかしこの幕藩制的天道論に基づく治者としての意識・行動は、(少なくとも崋山から見れば) 当時の田原藩において実践されていなかった。だからこそ崋山は、この自明の論理を強調しているのであろう。

領民をほとんど見ていないはずの江戸詰家老・渡辺崋山が、なぜこのように強烈な治者意識を持っていたのか。その背景には、「己を修め、人を治むる」と内面的価値と政治的価値の一体化を強調する実学思想があったのではないだろうか。崋山の儒学の師である佐藤一斎は、「長年、江戸市井にあり民衆の姿などみたことがあったかどうかも定かでない」が、それでも真の儒者として「民を治める」という政治的価値を実現しようとしていた。[41] 一斎に学んだ崋山もまた、国許から遠く離れた江戸にあって、民を治めることの責任を強烈に意識していた。そこで儒学を修め、書物を読み、江戸でできうる限りの方法をもって、その実現を目指していたのであろう。

3 江戸のネットワーク

では、崋山はどのように大蔵永常を知ったのだろうか。

崋山の二十代はじめの日記に、『寓画堂日記』(一八一五年)、『崋山先生謾録』(一八一六年) がある。これらの日記は、若き日の崋山の旺盛な好奇心と、当時の江戸における文化・学問的ネットワークの活況を生き生きと伝えている。[42] よく知られているように、崋山は江戸詰藩士として他藩士や幕府関係者らと交際する一方で、画工としても活躍し、鑑定会や書画会などを通じて江戸の画家、儒者、知識人や地域の文化人らと「柔らかな人的交流」を築いていた。[43]

一方永常も、全国を遍歴する中で知識や実践の幅を広げるとともに交友の幅を広げていた。文人、儒者、蘭学者、幕臣、藩士など、そのネットワークは身分や学派を越えて展開している。永常はこういった人脈を通して、自らの著書の挿絵や序文を依頼したり、殖産・救荒に関する助言を求められたり、時には生活の援助を受けることもあった。

蘭学者の花井虎一（生没年未詳）が永常と崋山を結びつけたとする説もあるが、(44)ほかにも崋山と永常の共通の知人は、佐藤一斎、滝沢馬琴（一七六七―一八四八）、斎藤拙堂（一七九七―一八六五）、羽倉用九（一七九〇―一八六二）、川路聖謨（一八〇一―一六八）など非常に多い。そして先に述べたように、崋山はこういったネットワークを通じて農書を読み、情報を交換していた。

当時江戸の人気作家であった滝沢馬琴の日記によれば、一八二七年六月五日（文政十年五月十一日）、馬琴は松前藩家臣から松前藩に麦を植えるために何か本を貸してほしいと頼まれ、手元に本が無かったので永常のことなどを詳しく話したという。(45)崋山が殖産政策および大蔵永常に注目した背景には、江戸に展開するこのようなネットワークの存在があったのではないだろうか。

当時の江戸では、さまざまな学問や文化が興隆し、それにかかわるネットワークが活発に展開していた。そして江戸に生れ育った崋山は、藩家老として何をすべきかを模索していた。もっとも国許や地方の実態を正確に知ることはできなかっただろう。一八三八年（天保九）の真木定前宛書簡には「御存之通、拙者ハ御在所其外御勝手ハ不存、岡目計の人間」(46)と書かれている。そこで崋山が用いたのは、当時盛んに出版され流通していた農書・救荒書の類であり、多様なネットワークであり、学問であった。これらを通して治者意識を高揚させ、さまざまな情報や人脈を得ることで、殖産政策、さらに永常に注目するようになったと考えられる。

二　田原藩における永常――殖産政策とその実態

1　田原藩における永常の立場

一八三四年十月三十日（天保五年九月二十八日）、永常は崋山の推薦で田原藩に召し抱えられることになった。永常は田原藩においてどのような存在だったのだろうか。まず永常の藩内における立ち位置を確認しておきたい。

『天保五年御玄関留帳』[47]九月二十八日条には、「雪吹伊織殿被申聞候は、先達而当表江被召呼ニ相成候肥田喜太夫義、今般御雇被仰付六人扶持被下置、村奉行支配被仰付、上田九左衛門元屋敷今度御用屋敷ニ被仰付、喜太夫江追々住居被仰付候趣、月番佐藤氏御達有之候間被申聞候」とある。田原藩における永常の公式な身分は、六人扶持で村奉行支配下におかれていた。早川孝太郎によれば、六人扶持とは足軽なみの処遇であったという[48]。

さらに『天保五年御用方日記[49]』十一月三日条には、次のようにある。

一、御用部や列座御目付於村奉行、左之通

此度植物御産物為取立、日田

喜太夫と申者御雇ニ相成、上田

九左衛門跡屋敷御用長屋ニ

被差置御用相勤申候。右ニ付

其元儀御産物掛被

戸田熊蔵

仰付候。植付其外制法之儀万事
伝授請可申候、付而は日々御用
屋敷へ罷出、諸事見育方之儀
出精相勤可申候。地方御役手夫々
掛り有之候間、物事相談納得之上
取斗可申候。且御徒士方中村三八郎
右掛被仰付候間、申談相勤可申候。
此度植物御産物為取立日田喜太夫
御雇被成候ニ付、此度戸田熊蔵、
中村三八郎見育方制法掛被
仰付候附而は地方へ掛候業ニ付
御役前ニ而も無油断申談、
御為宜様出精取斗可申候。
尤手代共場合も右掛申付候間、
村奉行前申談可然申達候。
右御代官御列座無之。
右之通被仰出候間、下目付
場合ニ而も苗畑其外心付

御代官
両人
塩谷武左衛門
日高吉左衛門

御目付

見廻候様被仰付候其旨宜
申達候。　　　　　　　　　　　　　　　金田丈左衛門

戸田熊蔵[50]（二〇俵・供中小姓順席産物係）と中村三八郎（一七俵・小屋頭）が永常の屋敷に日勤して「植付其外制法之儀万事伝授」「諸事見育方」を務める。「地方御役手」掛もあるので、「物事相談納得之上」取り計らうようにと定められている。ちなみにこの戸田・中村は、身分が上でありながら永常の助手に任命されたことに多大の不満があったという言い伝えが残っている。[51]また「天保八丁酉年四月改　田原、江戸御家中分限並席次」には、産物係として奥田広吉（二五俵・供中小姓順席）・神谷源右衛門（一二俵・御目見以下）の名も見える。さらに地方にかかわるため代官配下の手代らも協力すること、下目付も「苗畑其外心付見廻」ことが書かれている。

このようにして田原藩政機構における永常の身分と、職務内容・連携体制が公式に定められたわけだが、一方で永常雇用に当たっては、水面下の根回しも進行していた。次に掲げるのは、この頃江戸の崋山が国家老（筆頭家老鈴木弥太夫か）に宛てた書簡[52]の一部である。

喜太夫之事ハ、村奉行などよりあらワれ候事ハ失策なり。かねて程能咄切出度候。源十郎へ程能咄と申義ハ、ワざ〳〵にてハあしく候。此方へ源参候カ、源へ御出候時、此方同志互ニ喜太夫之植もの、咄ヲ被成候ハヾ、源十郎あやしミ承リ可申候。その時一向ニ心付ざる体ニて、これハ近来此もの江戸ヲ仕舞、大坂へ帰り候序ニ、在所へ立より、能き工夫もあるかと立よらせ候処、さやうならバ道中先触レ御頼申とて、此方の家来ニ致、さし立候処、其まゝ在所ニ滞留致、植物教申候。とかく村奉行の気ニ入不申こまり候などの御咄可然候カ。……

大野源十郎（生没年未詳）は、田原藩主三宅康直の実家である姫路藩酒井家出入りの江戸商人で、姫路藩家老河合隼之助（一七六七―一八四一）の紹介で田原藩の財政救済に携わった人物である。その大野源十郎が田原を来訪するに当たり、永常を雇ったことを源十郎にどう説明するか論じている。崋山は、村奉行から永常の「植物」について「ワざ〳〵」話を切出すのではなく、この者は江戸から大坂へ帰る序に立ち寄り、良い「工夫」があるそうなので道中先触れを頼み家来とし、そのまま田原に滞留して植物を教えている、とかく村奉行が気に入らず困っている、などと「程能」切出すことを提案している。永常任用について、崋山はなぜ商人である源十郎にここまで配慮しているのだろうか。

実はこの書簡の前半は、大野源十郎に御勝手を任せるかについての答書になっている。当時の田原藩において、破局に瀕した藩財政の改革は緊急の課題となっていたが、これをめぐって藩内は二分していた。筆頭国家老鈴木弥太夫らは、厳倹令と引米制によって支出を抑えるという消極的な施策に終始していた。特に一八三〇年（文政十三）の大厳倹令は、三カ年に限り、田原在国の家中は上下すべて二人扶持（ほかに麦、松葉は今まで通り支給）とし、江戸在府の家中は、年寄七人扶持、用人六人扶持、給人五人扶持、徒士三人半扶持、足軽三人扶持、部屋住一人半扶持とする過酷なものであった。このような厳しい引米制による藩士の生活窮乏は、結果として家中の道義頽廃という新たな問題を招くことになった。また高利貸商人に財政整理を依頼し、請負制を採用したために、藩政の実権が商人の手に帰するという事態も起こっている[53]。

そこで江戸詰家老崋山・用人真木定前らは、家中の風儀を立て直すために人材登用・藩校成章館の振興などの養才教化政策を打ち出すとともに、殖産政策で積極的な収入源を拡大することによって、藩財政の再建をはかろうとしたのである。

大蔵永常の任用と殖産政策の試みは、このような藩内情勢の中で始まった。崋山は対立する国家老の派閥だけでなく、財政的に依存している商人らにも配慮しながら、慎重に事を進めなければならなかったのである。源十郎を田原藩に紹介した河合隼之助は、危機に瀕した姫路藩の財政を建て直し「天下の三助」などと称された名家老であり、(54)崋山も藩主康直への対応について日ごろ助言を受けていたことが『全楽堂日録』に見えている。(55)源十郎への対応には、さぞ気を遣ったことだろう。

崋山は同書簡中で、「十年之後ニハ済厫〔義倉—引用者注〕も盛ニ、御領分も追々相復シ、産物孰〔熟〕成可仕候」という明るい見通しを述べているが、その一方で出入りの商人にストレートに打ち明けにくいという微妙な立ち位置が見えてくる。

この書簡からは、財政窮乏著しく足並みも揃わない田原藩において、永常が任用当初から複雑な立場におかれていたことがわかる。さらに注目したいのは、崋山が「十年之後ニハ済厫も盛ニ、御領分も追々相復シ、産物孰《〔熟〕》成可仕候」と語っている点である。前述のように、従来の研究史においては、殖産政策に時間がかかることを認識していなかった崋山が成果を焦りすぎ、それが永常との対立を生んだと言われてきた。しかしこの書簡を見る限り、崋山は任用当初から「十年」という長期的見通しをもって殖産政策を構想していたのである。それでは、崋山と永常の対立の要因は一体何だったのだろうか。それを見る前に、まずは永常が田原で行った殖産政策とその成果を整理しておこう。

2　永常の殖産政策とその成果

永常の農業思想の特徴は、国を下から豊かにしようという民富観、貨幣経済に対応した商品作物の多角的経営、農作業の合理化、利益によって農民の自発的な生産意欲を引き出そうとした点などにあったと言われている。[56]

では、永常はその農業思想をどのように実践に移したのだろうか。永常が田原藩で行った殖産政策とその成果について、主なものを見ていこう。なお各事業の実態や成果については、特に註のない限り、一九一七年(大正六)九月に井上泰次郎(一八六二―一九三〇)が鹿児島高等農林学校長谷口熊之助(一八八二―一九四一)に回答した調査書の控(田原市博物館蔵)を参照した。井上泰次郎は渡辺小華(一八三五―八七)門の画家で、晩年は田原城跡にある巴江神社の社司を務めた。号は華陵という。[57]

○櫨の植栽事業・蠟絞り

櫨の植栽は永常の得意分野であり、田原の温暖な気候も櫨の栽培に適していた。永常は赴任後すぐに大坂で櫨の苗を仕入れている。一八三七年(天保八)、駿河田中藩儒石井縄斎(一七八六―一八四〇)に宛てた永常の書簡[58]では順調に進展していることが報じられているが、在任中格別な成果はなかったようである。

○楮の栽培・製紙

野田村の百姓清助を抱え製紙業を伝授したとされている。永常が去った後は植栽されなかったようだ。

○砂糖の製造

田原では永常着任以前から甘庶栽培が行われていたらしい。[59]永常による甘庶の植付は、まず大目付市川茂左衛門邸内に試みられ、実績を挙げる地として野田村が選ばれた。[60]野田村一帯では、専売制度実施まで製糖業が継続されたという。『天保六年御用方日記』[61]十一月二十七日条には、「御国産砂糖、白一斤、黒五斤」を永常より献上したと記録されている。これは公式の記録に見える、永常の唯一の成果である。

○琉球藺の栽培と畳表の製法

藩士中に伝えられ、自家用として明治以降も続けられた。

○土人形

天神・恵比寿・大黒・布袋・御殿女中などの土焼の伏見人形の制作である。この事業については、永常自身も『広益国産考』巻之六において「予三州田原にありし時、元形となるべき人形を伏見と名古屋より調模して造りしに、伏見にもおとらず出来し、当時もつはら婦女子の職となれり、以前は尾州より取寄しが、今ハ他所へ出すやうになりし也」[62]と回想している。元型となる人形を伏見・名古屋から取り寄せ、婦女子の仕事として行わせ、他所へも売り出すようになったという。土井作右衛門（小頭山廻り）に伝授し、維新期まで同家が製造し市中に売り出した。作右衛門死後中断し、一時弟子により復興するが明治中期以降途絶えた。

○天花粉（おしろい）

田原に自生する王瓜（からすうり）から製造する。永常は下役の中村三八郎家を訪ねる際、時折その妻に自作の天花粉を贈ったという。[63]

○稲作の害虫（浮塵子《ウンカ》）駆除

永常は『除蝗録』（一八二六年出版か）の中で、害虫駆除法として、九州地方で鯨油が使用されていることを紹介しその普及に努めていた。田原藩における鯨油使用の実態については後述する。

○報民倉

報民倉とは、来るべき飢饉に備え、田原城桜御門東に建設された義倉である。藩と農民の両者から米麦などを備蓄し、飢饉の救済に充てることとした。一八三五年二月十八日（天保六年一月二十一日）、崋山の建議に基づいて藩主より建設の内示が出された。この計画に永常が関与していたとする説もあるが、[64]今のところ明確な関連を示す史料はない。

なお殖産政策と関連した活動に、『門田の栄』の著作・出版（一八三五年）がある。永常はこの書を田原藩で出版し、領内農民に頒布したという。宮の渡し（尾張熱田）から桑名への船に同乗した下総・三河・摂津・九州出身の四人が、各々の国許の農業事情を語りながら農業を論じるという内容で、稲の掛け干し・乾田化や油菜の裏作などについて論じられている。序文は崋山の雅友である明石藩士津田景彦、挿絵は崋山が担当している。[65]

以上のように、永常の殖産政策は多岐にわたるものであったが、通説のように藩財政の復興に寄与するほどの業績は挙がらなかったというのが実態であった。

三　永常と崋山の関係の変化

では、一八三四年（天保五）に始まった永常の殖産政策はどのように展開し、その中で永常と崋山の関係、そして両者をとりまく状況はどのように変わっていったのだろうか。史料から追っていきたい。

1　順調な滑り出し

以下に掲げるのは、一八三五年九月十五日（天保六年閏七月二十三日）の、大蔵永常宛崋山書簡の抜粋である。[66]冒頭で紹介したように、二〇一一年（平成二十三）三月、『田原市博物館研究紀要』において、この書簡の発見が報じられた。大蔵永常こと日田喜太夫と渡辺崋山の間の書簡は、現在これ以外確認されていない。

御手書今披見候。貴殿始御一統御安和よし目出度存候。砂糖はぢ等追々御存意通成功可相成よし、愈成功之上ハ拙者之面目にも相成、欣喜之次第難申尽候。何卒猶も宜敷御存付候ハヾ、追々御出精相祈候。唯々重郎兵衛とも常々ニ成功之程祈申候。

砂糖と「はぢ」（櫨）に関する事業の順調な見通しが語られている。また永常の殖産政策の成功が「拙者」すなわち崋山の「面目」につながるという文脈や、「唯々重郎兵衛とも常々ニ成功之程祈申候」という言葉からは、江戸定府の崋山・真木重郎兵衛定前が永常推挙の主体であり、殖産政策の推進派であったことが分かる。この時期の永常と崋山の関係は非常に良好なものであったと言えよう。

2　永常への不満

しかしすでに翌年には、両者の関係に溝が生じていた。次に掲げるのは、一八三六年七月一日（天保七年五月十八日）、国許にいた家老川澄又次郎に宛てた崋山の書簡である[67]。

日田喜太夫大坂より未帰宅不仕候よし。右は自私かねて御勝手方へ口ヲ出不申様申付置候得ば、従尊公様方被仰付候ハ格別、左も無之ニ何ニまれ口出ハ不仕事と存候。しカるニ此度御借財などの事ニ付、文通等有之よし如何ニ候。それにて御都合も宜次第にても不候、仰付事御無用たるべき筈に候間、自分より口出致候事あらバ、早々帰郷致候様御申付可被下候。それにても、かれこれ病気等申立長引候ハヾ、私へ御まかせ可被下候。用事のみ如此候。頓首

五月十八日　　登

又二郎様

永常が出版や借金のために大坂から帰らないことを述べ、かねてから崋山が注意していたにもかかわらず、藩の「御勝手方」に口を出したり、「御借財」について文通したことに憤りを示している。「自分より口出」することがあれば「早々帰郷」させるようにと書くなど、かなり厳しい言い方である。すでに述べたように、田原藩における永常の公式の務めは「植付其外制法之儀万事伝授」であり、崋山においても藩財政などの政策部分にまで永常を介入させる意図はなかったことが分かる。

3　天保大飢饉の影響

田原藩における殖産政策の展開の中で、重要な契機となっているのが天保大飢饉である。

田原藩における天保飢饉の様相を見ると、先述したように、一八三六年（天保七）に暴風雨・高潮と、降り続く雨のために大凶作となり、同年冬から一八三七年（天保八）頃までが最も深刻であった[68]。一八三六年（天保七）秋には、同じ三河国で加茂一揆も起こっている。この一揆が田原藩に拡大することはなかったが、家中に強烈な危機意識を植付けた。田原藩では家中の士の所持する武器の一斉調査を行うとともに、同年十一月八日（天保七年九月三十日）には一揆鎮圧のための人数配りを定めて家中に達している。さらに一揆討伐の際、やむを得ない場合は鉄砲実弾を使用することが許可された[69]。このように切迫した状況の中で、殖産政策とそれをめぐる人々はどのように動いていたのだろうか。

まず国許の藩士たちは、窮民御救に当たりながらも、一方で近隣の一揆の情報に危機感を覚え、さらには領民に鉄砲を向けることさえやむを得ないとするような緊迫した情勢におかれていた。また一八三七年（天保八）

には、上下すべて二人扶持という過酷な厳倹令により経済的に追い詰められた中小姓らが、国許の藩首脳部に対し集団で拝借金を要求するという異例の事態も発生している[70]。

その中で、永常の助手であった戸田熊蔵については、『天保七年御用方日記』正月二日条に次のような記事が見えている。熊蔵は「非常之節」にどう動くべきかを、御勝手総元締である真木定前に尋ねた。これに対し真木は、諸道具の準備ができれば永常方に詰めるように指示を出した。そしてこの度道具の用意が整った旨が通達されている[71]。また『天保九年御用方日記[72]』十月二十六日条には、「飛馬島相育」のため目付仮役を拝命している記事も見えている。飢饉前後も殖産政策は継続して行われていたのである。

一方崋山は、江戸にあって国許の飢饉を憂えていた。

一八三六年（天保七）、大暴風雨による江戸屋敷大破や国許の大飢饉への対応で多忙を極めた崋山は、生死にかかわるような大病を患った[73]。その病中に起草されたのが、前掲の「凶荒心得書」である。崋山は病後で帰国できず、用人真木定前にこれを託して総指揮を依頼した。藩主に宛てた心得書の冒頭部分、「凡世に恐るべき憂ふべき事多く候得共、凶饉ほど甚しきは無之候。人にとりては命脈の危きが如く、草木にとりては其根枯槁仕候如く、国に取りては存亡之機に御座候」（傍線筆者）という言葉は、天保飢饉に対する崋山の強烈な危機意識を示している。そしてこれに対応するために、治者としての意識・行動を呼びかけたことはすでに述べた通りである。

この頃真木定前宛書簡[74]において、崋山は地方も含めた救荒対策を細かく指示している。その中で永常について次のように述べている点は注目される。

一、喜太夫は足下の心にこれは物産になるべきと思ふもの一二種にて骨折らせ候事。願ホウダイはあしく候。若し願などあらば、登不承のむね被仰候事。
一、喜太夫へ救荒のもの工夫こしらへさせ候事。
一、喜太夫立功はなく、費計として、登腹を立候旨被仰可被下候。

永常には「足下」（真木）が物産になると思うもの一、二種に限って取り組ませるようにと書かれている。「願ホウダイはあしく候」とあるように、永常の多角経営を批判したものであろう。さらに、「喜太夫へ救荒のもの工夫こしらへさせ候事」と「救荒」の工夫がないことに言及し、出費ばかり嵩む永常に苛立ちを示している。飢饉による差し迫った非常事態の中で、崋山が永常に求めるものは「殖産」から「救荒」へと変化しており、それに役立たない永常への不満が募っていた(75)。

その後しばらく崋山側の史料に永常の名は見られない。一八三九年五月一日（天保十年三月十八日）の真木定前宛崋山書簡(76)に永常の名が見えるが、その頃永常への失望はもはや決定的なものになっていた。この書簡において、崋山は一八三九年一月二十二日（天保九年十二月八日）にみずから田原藩儒に招いた伊藤鳳山（大三郎、一八〇六—七〇）の扱い方について次のように述べている。

大三郎事御存之通面白き人物ニ御座候故、足下御シ得候得ば宜、あまりほれ込候時ハ跡にて愛相ツカシ、又用心計致候時ハ大三郎心持あしく相成、旁足下之按排手練ニ御座候。足下も乗かゝり候得ば、少々前後不顧処有之、終ニ御勝手ニ響き、日田喜太夫亀鑑ニ御座候。何分学校之処、程能分と時ヲ御考、御相談可被成候。……

鳳山は面白い人物だが、あまり惚れ込むと後で愛想をつかすことになり、用心ばかりすると鳳山の心持が悪くなるとして、「按排手練」の大切さを述べる。そして「足下」（真木）も乗りかかりすぎると少々前後を顧みないところがあるから、終には「御勝手」に響くことがあるとし、その「亀鑑」、つまり悪い例として大蔵永常を挙げている。もはや崋山にとって、永常は失敗例として認識されていたのである。

4　大蔵永常の認識

このような状況の変化を、永常はどのように受け止めていたのだろうか。

この頃の永常の認識を伝えているのが、一八三七年八月十六日（天保八年七月十六日）付の、田中藩儒石井縄斎宛書簡である。[77] 石井縄斎と永常の交友の始まりは明らかではないが、一八三三年（天保四）から一八三七年（天保八）までの書簡に登場し、その関係は非常に親しいものであったことが推測されている。[78] 書簡の一部を掲げる。

一、当田原ニ而も櫨植付は先手際も見へ、追々植出し候へハ十ヶ年目ニは五七百両、廿ヶ年も相立候得ハ千両宛ハ上リ候様可相成候間、預候と話候、報恩ハ仕候へハ何卒相退キ、御地之三軒屋と歟申建場ニ面白く家を造り、伏見人形を売なとして老を楽ミ度奉存候、左候ハヽ川支之節抔ハ風流の人集り世間之珍話も承り候ハヽ、嘸面白キ事ニ候半と奉存候、若尊君の御取持ニ而家丈を御建被下無禄ニ而御用之節ハ御つかひ被下候と申事ハ出来申間敷哉、若左様之儀も出来仕候ハヽ、生涯之本望ニ御座候、当時家来と下女つかひ居候へとも、只其者ともニつかハるゝにて、悟て見れハ六口《ママ》ニつなかれ終をくるしミ申候、御憐察可被下候、若右様相成候へハ折々田原へ参り、櫨之生立之御相談仕候得ハ、田原之縁もきれ不申御恩も報し申候、先年見立候三軒屋の土橋の際が懇望ニ奉存候。

この書簡において、永常は櫨の接木用の台木の送付を依頼し、田原における櫨の植付け状況を報じている。注目したいのは、十年後には五、七百両、二十年後には千両の売り上げにもなるだろうという、非常に明るい見通しを語っている点である。いずれは田中藩の三軒屋で暮らし、折々田原へ来て櫨植栽の相談に乗りたいと語っている。田原藩外部の友人に対する書簡であるから、多少の見栄で実情以上によく書かれているとしても、凶荒に関する記述が見当たらないのは不思議である。藩財政への口出しを禁じられ、「植付其外制法之儀万事伝授」のみを務めとされた永常にとって、凶荒対策は自分とは無関係の事柄と認識されていたのだろうか。少なくともこの時の永常にとっては、殖産政策は順調に進んでいたのであり、田原藩への報恩を今後も果たしていく意志があったと考えられる。

5　地域の状況

一方地域の人々は、永常の殖産政策にどのように対応していたのだろうか。一九一七年（大正六）に井上泰次郎が田原で聞き取り調査をした際の調査書の控えには、次のような記述がある。

砂糖ト畳表ハ米麦ヲ産スル耕地ヲ充用セザルベカラズ。タトエ相応ノ成績ヲ挙ゲンモ近ク申酉ノ大凶作モ有之トテ到底期業ヲ拡張セン事ハ不可能事ナリシナリ。畳表ノ製造ハ悪水入リ稲作ニ耐エザル田面ノ一小区ニ植付、屋敷背戸日蔭ノ麦粟作ニ耐エザル屋敷地ノ一部ニイチビヲ蒔キツケラレタルナリ。故ニ多額ノ製産ハ出来ザリシナリ。

砂糖と畳表は、たとえよく成育すると言っても「申酉ノ大凶作」（天保七年・八年の大凶作）もあったため、事業の拡張は到底不可能であった。結局稲や麦の耕作に堪えないような劣悪な土地を使うこととなり、多額の生産はできなかったという。大凶作の影響で、多角経営の余裕がなくなった地域の状況が読み取れる。

さらにもう一つ、永常と地域の関係を知る上で、稲作の害虫であるウンカの駆除に関する次の史料は注目される。これは、当時仁崎村庄屋を務めていた者から実際に聞き取った話であるという。

鯨油ヲ流シ笹箒ヲ以テ払ヒ落スコトヲ伝フ。天保申酉ノ頃ウンカノ被害甚タシク殆ンド皆無ニ等シ。時ニ地方役人ヨリ右駆除法ノ指示アリシモ更ニ行ハレザリシナリ。当時在役ノ仁崎村庄屋ヨリ直接聞ク処ニヨレバ、右ノ御沙汰モ一向ニ行ハレズ、当村中只一人某ヨリ指示ノママニ愨学実行セリ。為ニ右一人のミ相応ノ収穫ヲ得、翌年ノ種籾ハ全村（八十戸五〇石）此ノ一人ニ仰グニ至レリ。他村ニモ幾分奏功セルモノアルベク、是ニヨッテ浮薼子ノ駆除ハ此地ハ特ニ行届ケルナリ。……

先述したように、永常は『除蝗録』（一八二六年出版か）において、害虫駆除法として鯨油の使用を紹介し、その普及に努めていた。田原藩でもその普及のために地方役人を通じて指示を出したのだが、この村では一人しかそれにしたがう者がいなかった。結局「天保申酉ノ頃」すなわち天保七年（一八三六）・八年（一八三七）のウンカの被害は甚だしく、収穫は皆無に近かったが、この一人だけが相応の収穫を得て、翌年の種籾は全村（八〇戸）がこの一人に頼ることになったという。これによって永常の駆除法の正しさが証明されて普及したというが[79]、注目したいのは、一八三六年・一八三七年時点でほとんどの農民が、永常および地方役人の指示にしたがっていないという実態である。永常および地方役人に対する村からの信頼感が希薄であったことが読み取れる[80]。

永常は『門田の栄』において、三河の農民には旧来のやり方を改めない「農人容儀」があると批判している。たとえば三河地方では、稲刈りの際にも田の水を落とさず、翌年の田植まで水田のままにして年一作しか採らないという水田一毛作が一般的だった。西日本のように、田を乾かして菜種や麦を作ることがなかったのである。永常はこのようなやり方を批判し、水田二毛作を普及させようとしたのだが、「むかしより斯仕来たるなど、、先祖よりの仕来りになづミ、外によき事ありて斯すれバ、現在収納も多く聞ゆれども、只頑に心得給ふ」三河農民の頑固な「農人容儀」によってなかなか実現しないと嘆いている[81]。しかし有薗正一郎の研究によれば、田原藩のあった渥美半島は地理的条件から水田一毛作に適していたという。東西方向に長い渥美半島は、河川がいずれも南北方向へ流れるので、流路延長が短く、稲作、とりわけ田植前後に使う水の量が足りない場所であった。冬期に田に湛水して田植期に必要な用水を確保する水田一毛作に百姓たちが固執したのは、「地域性」に応じた妥当な選択だったのである[82]。それを農民の気質の問題と批判的に捉えていた永常は、「地域性」の認識ができておらず、地域との対話も不足していたと言えるのではないか。

四　崋山・永常による回想とその後の思想

一八三九年六月二十四日（天保十年五月十四日）、「蛮社の獄」とよばれる事件が起こる。洋学研究によって対外的危機意識を強めていた崋山は、高野長英らとともに逮捕され、幕政批判の罪で在所蟄居の判決を受けた。崋山の失脚は田原藩内の情勢を一変させた。筆頭国家老鈴木弥太夫らは、厳倹令と引米制によって支出を抑えるという旧路線を復活させた。人材登用の道を開く養才教化政策の一環として崋山が創案した格高制は廃止され、江戸表霊岸島湊町の商人桐屋源蔵に財政整理を依頼して、引米制を内容とする厳倹法を実施することとしたのである。桐屋源蔵は「両御丸炭槙御用」を務めていた商人であり、「年来諸家様御勝手御世話も申上候而、夫々御取直も有之候」という噂を聞いて「手寄」をもって江戸屋敷へ呼び出したという。(83)

推挙者を失った永常は、一八四〇年一月十四日（天保十年十二月十日）に田原藩より暇を賜り、一八四〇年三月十三日（天保十一年二月十日）に田原を去った。崋山が推進し、永常が指導した田原藩の殖産政策はここで途絶えることになったのである。なお崋山は一八四〇年二月二十一日（天保十一年一月十九日）に、国許である田原に蟄居を命ぜられるが、そこで与えられた住居とは、永常が使用していた「御産物御用屋敷」であった。その後崋山は一八四一年十一月二十三日（天保十二年十月十一日）に同屋敷で自刃することになる。

さて、この殖産政策の経験は、永常と崋山にどのように回想されることになったのだろうか。そして両者はそこからどのような思想を持つに至ったのだろうか。

1　永常の回想と「国産」の思想

永常の農学思想の集大成とも言われる『広益国産考』全八巻は一八五九年（安政六）が初版だが、第一・第二巻に相当する部分は『国産考』上下として一八四二年（天保十三）に出版されている。この中で、田原藩における殖産政策を指すと思われる次のような部分がある。(84)

……又一ツに蠟燭鬢附油になる櫨の樹を植そだて、国用丈も賄ひ、其余国産になさんとて、実まきを仕立、山をひらき、不毛の地をしつらひ、植給へり、されども実の撰びなく接木にあらざれバ、[1]三四年して実少々ヅ、生といへども少さく、且ならざる木多く、物入に引くらぶれバ大ひに損毛なりとて退屈おこり、又其奉行転役し、其跡役の人ハ心にそまずなげやりになりて、終に廃する也、或ハ勝手かた重役先役の仕かけたる事ハ廻り遠く、かつハ物入等も多く別のことを思ひたちたらんがよかるべしとて、櫨の事は再び沙汰もなく廃して、その弊のミをかぞへ、罪をその者と土とに譲りぬる事あり、愚案に是等ハ利にのミ委しくして、法を知らずとも謂つべし。

○②夫国産の基を発さんとならバ、其事に熟したる人をかゝへ入て、其者にすべての事を任し、耕し種《うゝる》ならバ、二三反或ハ四五反の田畑をあてがひ、心のまゝに仕立させ見給ひなバ、農人おのづから見及びて其作り方を感伏せバ、利にはしる世の中なれバ、我も〳〵と夫にならひて仕付るやう成べし、始より領主の威光をもつて教令してハ却りて用ひず弘まりがたきもの也、此趣きをもて取扱ひなバ、終に一国に広まりて農家の益となるに違ひなかるべし、③是第一民を賑ハすの道理にあたり、然して其品の捌口をよく調へ候やうに専ら御世話あらせられなバ、国産とも御益ともなるべし、始より領主の益となさんと人数多くかゝりて行せらるゝハ、得る所すくなくして費す処多けれバ、益となさんとてする事却て損となる事も有ゆゑに、只その部下に作らせて其締をよくする時ハ、理に叶ひて其益また広大也、然れバとて是迄作り来るものを悉く御領主より御世話あらせらるゝハ、大ひに其用捨あるものと覚え侍りぬ、……

①ある藩の例として、櫨の植栽について、三、四年で経費ばかりかかると「退屈」し、奉行が転役して「なげやり」になったり、勝手方重役が先役の始めたことを時間や費用がかかりすぎると廃してしまうことを批判している。さらに②「国産の基」を興そうとするなら、「其事に熟したる人」を雇い、その者にすべての事を任せ二、三～四、五反の土地を心のままに仕立てさせれば、その成功を見て農民も利益を得ようと自発的に見習

うようになる。「始より領主の威光をもつて教令してハ却りて用ひず弘まりがたきもの」だと述べている。③領主は生産には口を出さず、「其品の捌口」(販路)を整えるよう「専ら御世話」すれば良いという。

永常は田原藩での失敗の理由を、領主側の焦りや無知・欲によるものと認識していた。そしてこの経験を通じて、殖産政策においては、藩は生産に口を出さず専ら販路を整えるのみで良く、実際の殖産政策は「其事に熟したる人」に任せ、農民の自発性・自主性に委ねるべきという思想を展開していったのである。

2　崋山の藩財政再建策――蟄居後の思想

一方、崋山はこの経験をどのように振り返っているのだろうか。蟄居後の崋山の藩政思想を知る史料が残されている。

先述したように、田原藩では崋山失脚後の一八四〇年三月十七日(天保十一年二月十四日)、藩主の名で大厳倹令が発表され、これに対する藩士の意見が問われた。これについて崋山に意見を求めた真木に対する答書が、同年三月二十八日(天保十一年二月二十五日)付の真木定前宛崋山書簡である。[85]

一、私愚案ニハ兼々御咄申候通、御勝手ハ第二番メニ心得罷在候。此度之被仰出トハ相反シ申候。尤いづれよりなりとも極意ハ同ジ事なれども、愚案ハ遅緩ナル方、又無為之方、又均和ヲ勤ル方、扨今の諸侯二百年の久シキ、衰晩老人の如ク元気耗減仕候得ば、漫《ミダリニ》劇剤ヲ投ジ疾ヲウナガスベカラザル勢アリ。……是天下の通患時勢也。勢ヲ不知シテハ風ニ向ヒテ火ヲ放チ、水ニ逆テ船ヲ行ル如ク、唯難儀計ニ無之、其害知ルベカラズ候。右時勢ニ乗ジ世間並之才略ヲ出、財用ヲ勤メ操廻シヲ専ラト致候者、一年ヲ不待危地を踏可申候。又出入計会一定シ易キニ乗ジ候ハヾ、議ハ定レドモ事ハ破易カルベシ。たとへバ丸石ニテ組立候石垣ハ見苦敷候得共地震にこたへ、切石にて組立候ハ立派ナレドモ崩レ易キガ如シ。然上ハ時勢ニハ一向ニ手ヲ附不申方可然候。何ト申ニ貧乏ニテツブレタル大名決テ無之、是跟脚ヲ立ルノ地ナルベシ。然バ家老モ苦キ時ハ苦ムベシ。勝手役人も難義ナ時ハ難義スベシ。上モ下モ困苦スル時ハ困苦スベシ。扶持の渡ラヌ時ハ此度ノ上金の如ク道具ヲ払、米ヲ買ベシ。給金の出ぬ時ハ払致スベカラズ。か様ナル不始末ナル屋敷、江戸ニハ帚にてはく程も有之候間、さして目立も不仕安心也。右之通安じて而慮ルベシ。抑徳アレバ是人アリ、人アレバ是土アリ、土アレバ是用アリ、土アレバ是材（財）アリ、[86] 又貧ヲ不患不均ヲ患、[87] 数語味フレバ先徳政ヲ内ニ施セバ家中治ル、家中治リ一領百姓ニ及、百姓に及バ人民蕃息シテ、戸数増多ニ及而財ハ自其中ニアリ。右は世並ノ経済、不得手ナレバ金銀通用不宜、自然骨折不申シテ倹約出来可申候。今日金切レナレバ、上々様方とても御小言は難被仰、御家中とても無拠内食才覚にて、露命ヲ繋時もアルベシ。養才教化ハ武士ノ帯刀之如ク心得タラバ、御時節柄とて道ト俗ト別々にハ不存、御家中一同佐野源左衛門の心得となるべし。其上子ヲ思ハぬ親ハナク、君ヲ思ハぬ臣ハなかるべし。教化次第にて人心其本ニ反リ可申候。骨折ハ右ニアルベシ。ドウセ不足ヲ補ヒテ苦シムモ、勘定ヲ合セントテ苦ムモ、苦ム所ハ一ニシテ、難易苦楽モ亦自別ニシテ、均一の政此外ニ出ル不能ト奉存候。

藩当局による家中厳倹令を批判し、藩財政再建にあたっては、「御勝手」は「第二番メ」と心得るようにと書いている。「貧乏ニテツブレタル大名」はない。今の諸侯にとって、性急な小手先の経済政策は「衰晩老人」に劇薬を投ずるようなものだから、焦ることはなく、「徳政」と「養才教化」により財は貯えられると述べている。注目したいのは、『大学』『論語』を引用し、「徳政」「養才教化」による解決をめざしている点である。この発想は、十八世紀半ばまでの武士層に顕著な、政治・教育による経済の全面的統御に対する確信[88]にも通じるものがあるのではないか。

その一方で、一八四〇年（天保十一）頃と思われる田原藩士宛書簡[89]には、次のような記述がある。これは、崋山が親しい藩士に藩風改良のための養才教化について意見を述べたものである。

一、御勝手之外御改政之方ハ、俄ニ大変無之方宜、ソロ〳〵と御下手奉存候。地方之事、細大熟知之御方、先五年も此地ニ御居ツゞけ、御改正可被成方ト奉存候。新令ハ古役ヲ黜ケ新役ヲ挙ゲザレバ、先ハ行ハれ不申候得共、誠ニ大事ナルモノにて、上事ヲ執リ候もの卓識洞見無之テハ何とも申がたし。右卓識洞見ハ、久敷此地にありて自ラ会得せずんバ、大才人と雖思束ナク候。

地方のことは、それに熟知した者がその地に五年は居住して改革に取り組むべきである。そのための卓識洞見は、長くその地にあって自ら会得しなければ、大才人といえども覚束ないと語っている。江戸育ちで国許の実態が分からぬまま、凶荒対策や殖産政策を推進してきた崋山の、反省とも読み取れるような文章である[90]。

おわりに――天保期田原藩の殖産政策から見えるもの

崋山が殖産政策に着手したのが十九世紀の江戸社会であったことは、注目すべきである。幕末儒学思想の特徴とも言うべき強烈な治者意識を持った崋山は、極度の財政窮乏に悩む小藩・田原の家老として、自らがなすべきことを真剣に考えていた。そしてこの時期の江戸では、農書や救荒書の出版が盛んになり、学派や藩を越えた多様なネットワーク活動の展開によって情報も飛び交っていた。崋山が殖産政策に注目し、永常を推挙するまでの過程は、順調に進展したのではないだろうか。

しかし国許での実行は困難を極めた。その理由としては、先行研究において指摘されてきたように、永常と田原藩士の間の対立や、窮乏状態の小藩ゆえに農民に新規の作物栽培に取り組む余裕がなく、市場圏も成立しないため積極的な国産奨励や専売制の実施は困難であったという地理的要因が挙げられる。

しかし問題はそれだけではなかった。

まず藩政機構の混乱が挙げられる。当時の田原藩は、破局に瀕した藩財政の改革をめぐって、厳倹令と引米制によって支出を抑えるという消極的な政策に終始する筆頭国家老らと、人材登用や殖産政策による積極的な収入増加をはかりたい崋山らが対立していた。さらに財政救済に当たる御用商人らとの複雑な関係もあり、対立する厳倹派だけでなく商人らにも配慮しながら事を進めなければならなかった。

殖産政策の現場にいる国許家中もまた、問題を抱えていた。経済的困窮と頽廃は天保飢饉によって限界に達しており、また窮民御救いとともに一揆への軍事的対応も求められるなど余裕のない状況にあった。永常任用当初は代官配下の手代らとの連携体制が定められていたものの、藩日記には永常と熊蔵以外の名前は見えず、連携体制が実際に機能していたのかどうか疑問が残る。

連携に問題があったのは、崋山と永常の間も同様であった。崋山が永常を単なる農業技師として取り扱っており、藩財政などに口を出す永常の越権行為に怒りを募らせたことは、すでに先行研究の指摘がある。(91)「早々帰郷」させることも辞さない崋山の厳しい姿勢に永常の越権行為はおさまったようだが、その後の天保大飢饉が契機となって、両者の溝は修復不可能なものになった。

一八三四年（天保五）の書簡を見る限り、江戸育ちの崋山も、殖産政策に十年単位での長期的取組が必要なことを重々承知していた。しかし天保飢饉を受けて、崋山は永常に緊急の救荒策を期待するようになり、それに役立たない永常に不満を抱くようになる。一方永常は変わらず長期的な殖産政策に没頭し、その順調な見通しに満足していた。崋山の求めるものが、長期的な「殖産」から、緊急の「救荒」に変化したこと、そしてそれに永常が対応しなかったところに、二人の対立の決定的な要因があったのではないか。

また地域社会との関係においても、地方役人を通した永常の指示に農民がしたがわないなど、地方支配上の問題もあった。永常と地方役人では、この時農民の協力を得ることができなかったのである。

このように、田原藩が抱えていた根本的な諸問題が天保飢饉という危機的状況によって表出し、そのために殖産という新規の政策に対応しきれなかったのではないか。

この失敗を踏まえ、崋山は藩財政再建には「徳政」と「養才教化」こそが必要であるという信念に立ち返っていく。そして殖産政策・地方の問題は、長くその地に居住して熟知した者に委ねるとして手を引くことになった。一方永常は、失敗の理由を領主側の焦りや無知・欲によるものと捉えていた。そして農民の自発的生産意欲こそが殖産政策を成功させるのだから、藩は生産に口を出さず専ら販路を整えるのみでよいという確信を強めていくことになる。この両者の事例から見えてくるのは、中期藩政改革の基軸であった殖産政策が藩政の危機の中で行き詰まりを見せ、それぞれの立場から模索が始まっていくという天保期の時代状況である。それは従来言われてきたような、新しい産業思想のための「捨て石」といった一面だけで捉えることはできない。「近代」思想の先駆とされる永常の政策も、同時代の社会状況や思想状況と密接に絡み合いながら展開したものである。また崋山の思想的展開も、単なる古いものへの回帰と片付けることはできない。崋山は「徳政」「養才教化」という信念を一層強固なものとしたが、一方で地方の実態を知らないが故の「思束」なさにも気づき始めていたのである。

ところで崋山に見られるような、政治・教育による経済政策への万能感は、近世において形を変えて繰り返し見られるものだが、このことはどういう意味を持っているのか。また、地域の賛同を得られず実態とずれていった永常の合理主義・民富観が、後世に「近代的」と称えられる背景には一体何があるのか。これは経済思想史における重要な課題であり、今後検討していきたい。

註

(1) 鈴木利昌「新出資料、大蔵永常に宛てた渡辺崋山書簡」(『田原市博物館研究紀要』五号、二〇一一年)。
(2) 同前、四頁。
(3) 愛知県史編さん委員会編『愛知県史 資料編二〇 近世六 学芸』(愛知県、二〇一二年)。
(4) 谷口熊之助「大蔵永常考」(日田郡興農会、一九一七年)、早川孝太郎『大蔵永常』(山岡書店、一九四三年、のち『早川孝太郎全集第六巻 農村更生』未来社、一九七七年)、大分県立先哲史料館編『大分県先哲叢書 大蔵永常資料集』全四巻(大分県教育委員会、一九九九—二〇〇〇年)、豊田寛三『大分県先哲叢書 大蔵永常』(大分県教育委員会、二〇〇二年)など。
(5) 田原町文化財調査会編『田原町史』中巻(田原町教育委員会、一九七五年)、別所興一「渡辺崋山の農政観(一)」(『三河地域史研究』一号、一九八三年)など。
(6) 阿部真琴「大蔵永常・大塩中斎——民富観について」(『ヒストリア』三号、一九五二年)。
(7) 筑波常治「大蔵永常」(『展望』一一四号、一九六八年)。
(8) 前掲別所「渡辺崋山の農政観(一)」、小泊立矢『大分県先哲叢書〈普及版〉大蔵永常』(大分県教育委員会、二〇〇四年)。
(9) 前掲別所「渡辺崋山の農政観(一)」。
(10) 飯沼二郎「合理的農学思想の形成——大蔵永常の場合」(林屋辰三郎編『化政文化の研究』岩波書店、一九七六年)四一六頁。
(11) 前掲早川『大蔵永常』一六一頁。
(12) 藩政改革を担った人々の意識・思想のあり方に踏み込んで考察した研究に、小川和也『牧民の思想——江戸の治者意識』(平凡社、二〇〇八年)、小関悠一郎『〈明君〉の近世——学問・知識と藩政改革』(吉川弘文館、二〇一二年)などがある。
(13) 前掲『大分県先哲叢書 大蔵永常資料集』全四巻を主に使用した。
(14) 日記・紀行文・書簡については小澤耕一・芳賀登監修『渡辺崋山集』全七巻(日本図書センター、一九九九年)所収のもの(『渡辺崋山集』所収書簡史料は、書簡番号を記載)、手控は鈴木進編『覆刻渡辺崋山真景写生帖集成』(平凡社教育産業センター、一九七五年)所収のものを使用した。
(15) 年寄の次に位し、藩務、会計などの実務に当たる用人が記述したもの。
(16) 本丸玄関に出勤して、警衛・受付・送迎に当たる玄関当番の給人が記述したもの。
(17) 前掲『田原町史』中巻、八六六―六七頁。
(18) 深谷克己「一八世紀後半の日本――予感される近代」(『岩波講座日本通史一四 近世四』岩波書店、一九九五年)四七頁。
(19) 吉永昭・横山昭男「国産奨励と藩政改革」(『岩波講座日本歴史 近世三』岩波書店、一九七六年)。
(20) 藤田覚『近世の三大改革』(山川出版社、二〇〇二年)六四頁。
(21) 「天保八丁酉年四月改 田原、江戸御家中分限並席次」(田原町文化財保護審議会『田原の文化』一一号、一九八四年)。以下、藩士の俸禄等はこれに依拠する。
(22) 『藩史大事典』四巻(雄山閣、一九八九年)参照。
(23) 前掲『田原町史』中巻、三二四頁。
(24) 書簡番号三五・三九。
(25) 菊池勇夫『近世の飢饉』(吉川弘文館、一九九七年)、前掲豊田『大蔵永常』など。
(26) 進書目録には二九七種一四一〇冊とあるが、焼失・散逸した物も多い。この進書目録に記載され、あるいは崋山筆の題簽や崋山蔵書印のある一三六種六七七冊が、「渡辺崋山旧蔵書籍」として現在田原市博物館に所蔵されている。なお崋山の進書目録には書名しか記載がないため、現在所蔵が確認できるもののみ著者名等を記した。なお、引用する史料の番号・表題は「田原藩古文書目録」(田原町教育委員会『郷土田原の文化』一二号、一九八六年)に拠った(以下同)。
(27) 前掲小関『〈明君〉の近世』。

(28) 小田真裕「松代藩家中と天保七年飢饉——寺内多宮を中心に」（渡辺尚志・小関悠一郎編『藩地域の政策主体と藩政』岩田書院、二〇〇八年）。
(29) 書簡番号九四。
(30) 奥村喜三郎。増上寺御霊屋領代官。高野長英に師事して洋式測量術を学んだ。
(31) 「解題」（村上直・荒川秀俊校訂『日本史料選書一二　算法地方大成』近藤出版社、一九七六年）。
(32) 前掲小川『牧民の思想』、前掲小田「松代藩家中と天保七年飢饉」参照。
(33) 田原藩用人、御勝手総元締、四六俵。
(34) 「渡辺崋山旧蔵書籍目録」番号一四（田原市博物館所蔵）。
(35) 『清史稿』巻三五七、列伝一四四の「汪志伊」の記事を参照。なお解読に当たり李笑盈氏からご教示を得た。
(36) 矢森小映子「天保期田原藩における「藩」意識の諸相——家老渡辺崋山の凶荒対策を中心に」（『日本歴史』七八二号、二〇一三年）。
(37) 書簡番号七七。
(38) 書簡番号七八。
(39) 書簡番号八〇。
(40) 若尾政希「「天道」と幕藩制秩序」（玉懸博之編『日本思想史　その普遍と特殊』ぺりかん社、一九九七年）参照。
(41) 宮城公子「幕末儒学史の視点」（『日本史研究』二三二号、一九八一年）。
(42) 矢森小映子「渡辺崋山『寓画堂日記』『崋山先生謾録』に関する一考察——思想形成過程を探る基礎作業として」（『書物・出版と社会変容』二号、二〇〇七年）。
(43) 杉本史子「絵師——渡辺崋山、「画工」と「武士」のあいだ」（横田冬彦編『シリーズ近世の身分的周縁二　芸能・文化の世界』吉川弘文館、二〇〇〇年）。
(44) 江藤彰彦「『農家心得草』解題」（『日本農書全集68』農山漁村文化協会、一九九六年）。
(45) 前掲小泊『大分県先哲叢書〈普及版〉大蔵永常』九三—九四頁。
(46) 書簡番号一一二。

(47) 史料番号二七一（田原市博物館所蔵）。
(48) 前掲早川『大蔵永常』一四六頁。
(49) 史料番号二七二（田原市博物館所蔵）。
(50) 前掲「天保八丁酉年四月改 田原、江戸御家中分限並席次」。以下、これに依拠。
(51) 前掲早川『大蔵永常』一四七頁。
(52) 書簡番号五六。
(53) 佐藤昌介『渡辺崋山』（吉川弘文館、一九八六年）六〇―六一頁参照。
(54) 穂積勝次郎『姫路藩綿業経済史――姫路藩の綿業と河合寸翁』（姫路・穂積勝次郎、一九六二年）参照。
(55)『全楽堂日録』天保四年正月二十一日条。
(56) 前掲早川『大蔵永常』、前掲豊田『大蔵永常』、筑波常治「大蔵永常と二宮尊徳」（『思想の科学』第四次〈三五〉、一九六一年）、前掲飯沼「合理的農学思想の形成」、森野榮一「大蔵永常における自立経済」（小川晴久編『実心実学の発見』論創社、二〇〇六年）など。
(57) 小澤耕一ほか『定本・東三河の美術』（郷土出版社、一九九二年）。
(58) 前掲『大蔵永常資料集』第三巻所収、五四八―四九頁。
(59) 一八三四年三月二十三日（天保五年二月十四日）、本田畑での甘庶栽培が禁止されている（前掲『天保五年御玄関留帳』）。
(60) 領中の大邑（五百戸三千石の田面）であり、各村農家が馬を飼養する中で牛を飼養していることが理由だったという（井上氏回答書）。
(61) 史料番号二七三（田原市博物館所蔵）。
(62)『広益国産考』（前掲『大蔵永常資料集』第三巻）四五一頁。
(63) 早川孝太郎が一九三二年（昭和七）八月に聞き取った、中村三八郎の子義上の談（前掲早川『大蔵永常』二〇二頁）。
(64) 永常の年来の主張と一致する、外観が『農家心得草』挿図と一致する、『門田栄第三編 上巻』に報民倉の記載がある、などの点が根拠となっている（前掲早川『大蔵永常』一五七―五八頁）。

(65) 大蔵永常「門田の栄」(別所興一翻刻・校注『日本農書全集62 農法普及二』農山漁村文化協会、一九九八年)。
(66) 田原市博物館寄託資料。
(67) 書簡番号七一。
(68) 前掲『田原町史』中巻、八六六―六七頁。
(69) 同前、六六四―六八頁。
(70) 前掲矢森「天保期田原藩における「藩」意識の諸相」。
(71) 『天保七年御用方日記』、史料番号二七五(田原市博物館所蔵)。
(72) 史料番号二七九(田原市博物館所蔵)。
(73) 一八三七年一月二十四日(天保七年十二月十八日)付鷹見泉石宛書簡。書簡番号八三。
(74) 書簡番号八二。
(75) 永常は『日用助食竈の賑ひ』(一八三三年)、『徳用食鏡』(一八三三年序)、『農家心得草』(一八三四年)などの救荒書を出版しており、また田原藩時代にも救荒食物に関する『救荒必覧』、特産の奨励や飢民対策を述べた『門田栄第三編 上巻』を著したが刊行には至らなかった。崋山は永常に、こういった救荒策を期待していたのではないだろうか。
(76) 書簡番号一四〇。藩校成章館学問興隆の方策を尋ねた真木への回答。
(77) 前掲『大蔵永常資料集』第三巻所収、五四八―四九頁。
(78) 前掲豊田『大蔵永常』五〇頁。
(79) もっとも鯨油によるウンカの駆除は、江戸後期西国で一般的であったとされているが、実際には入手困難な地域も多く、広範囲で一般化するには至らなかったという(前掲豊田『大蔵永常』)。
(80) ただし鯨油導入が遅れた理由については、その資金を誰がどのような形で負担していたのかという経済的な側面も考慮する必要がある。また阿蘇・南郷では除虫の鯨油を「牛馬之毒」と見る旧習のために導入が遅れたという(吉村豊雄『日本近世の行政と地域社会』校倉書房、二〇一三年)。このような全国的な導入の実態を踏まえた上で、今後より詳しく検討してみたい。
(81) 前掲「門田の栄」一九一―九二頁。

(82) 有薗正一郎「三河田原藩領の百姓たちはなぜ大蔵永常が推奨した水田二毛作をおこなわなかったか」(『人文地理学会大会研究発表要旨』二〇一二年)。
(83) 天保十一年二月一四日口達(『天保一一年御用方日記』、史料番号二八五、田原市博物館所蔵)。
(84) 『国産考 一之巻』(前掲『大蔵永常資料集』第二巻所収)五一三—一四頁。
(85) 書簡番号一六八。
(86) 『大学』伝十章。「是故君子先慎乎徳。有徳此有人。有人此有土。有土此有財。有財此有用。徳者本也。財者末也」。
(87) 『論語』季氏第十六。「有国有家者、不患寡、而患不均。不患貧、而患不安」。
(88) 川口浩『江戸時代の経済思想——「経済主体」の生成』(中京大学経済学部、一九九二年)。
(89) 書簡番号一七一。
(90) 別所興一「渡辺崋山の農政思想㈢」(『三河地域史研究』三号、一九八六年)九九頁。
(91) 前掲別所「渡辺崋山の農政観㈠」、前掲豊田『大蔵永常』など。

＊本研究は、JSPS科研費26・40084の助成を受けたものである。なお本稿の作成・史料調査に当たっては、別所興一氏、田原市博物館の鈴木利昌氏、大分県立先哲史料館の今井貴弘氏に大変お世話になった。ここに記して感謝の意としたい。

第六章　日本の経済思想文献のヨーロッパ言語への翻訳について
——十九世紀を中心に——

ベティーナ・グラムリヒ＝オカ
（田中アユ子訳）

はじめに

十九世紀後半、横浜で新しい英語の雑誌を発行したある宣教師兼編者の人物は、次のように記している。

日本と極東に関する月刊誌を始める提案をしたのは、極東の思想と西洋の思想を接触させ、そうした交わりが我々の周りに優しい温かみと光を広げてくれることを期待してのことである。現在解決を必要としている極東に関するすべての学問的問題のうち、「人」の問題ほど研究を必要としているものはない。……だが、たとえ極東の人々が時として「化石化したような慣習」に半ば浸かっており、その言語や行動が理解し難いものであっても、その胸には同じ、温かい人の心が備わっており、その涙や笑いは我々をも動かすのである。彼らもまた我々が用いるのと同じ普遍的な思考の法則に従って考えているし、また我々の知り、そして信仰している彼の偉大な助け主の前に、それとは知らずかしずいていると見ることもできるの

だ。[1]（傍点筆者）

この記述は、十九世紀に日本の経済思想分野の文献がまとめて翻訳された目的の一部を表現したものと言える。日本に滞在していた西洋人の間には、日本という国と、人の問題について関心を抱く人々がいたが、そうした関心が生じた背景には、日本が進歩・向上を必要としているという認識と、その一方で（編者が述べているように）、日本人は実は西洋人とそれほど変わらないという認識の両方があった。日本の経済思想の研究と翻訳は、東西の思想史の間に類似性を見出すことで、普遍的な人間性を確認したり、西洋のモデルを後追いしている日本の発展段階がどの程度なのかを見定める目的を持って行われた。

そこで本章では、日本で書かれた経済思想に関する文献のうち、どのようなものが、どういった目的で十九世紀に翻訳されたのかを考察していく。考察を始めるにあたっては、まず翻訳文献がどういう事情・環境のなかで生み出されてきたかを説明すべく、「日本学」専門家が登場してきた経緯について触れておくことにする。[2]

一　江戸時代の経済事情に対する西洋の関心

今日のヨーロッパや北米で日本の経済思想の専門家と認識されるには、学術機関（大学や研究機関）に所属し、学会に参加し、学術雑誌や学術出版社から研究を発表するといったことが一般的だろう。しかし、そうしたやり方が一般的になったのは、一九五〇年代以降のことである。それ以前に存在していたのは、アマチュア（無給で学術研究を行う人を指す）とか素人と言われる人々であった。そうした人々が行った調査には日本の動植物についての学術的記述や、見知らぬ国である日本の文化、地理、風景、慣習などを綴った旅行記などもあったし、通商や貿易（ヨーロッパで関心が高まりつつあった問題）について記したものもあった。しかし、江戸時代をとってみると、日本語から翻訳された文献は、ほとんど存在しなかった。おそらくは日本語の読み書きができなかったからであろう。十六世紀や十七世紀初頭に日本がヨーロッパと接触した際、辞書や文法書が生み出されたが、修道会がその大半を所蔵していたことを考えれば、このことは驚くには値しない(3)。

有名な初期の「日本学者」を見てみても、そのほとんどは翻訳文献を残していない。たとえば、ドイツ人博物学者で医師でもあったエンゲルベルト・ケンペル（一六五一―一七一六）は、出島にあったオランダ東インド会社商館に一六九〇年から九二年まで滞在しているが、おそらくは日本語を知らず、日本人の情報提供者を通じて研究を行っていたと考えられる(4)。また、やはりドイツ人医師・植物学者であり、オランダ東インド会社商館付の医師として一八二三年から二九年まで日本に滞在したフィリップ・フランツ・フォン・シーボルト（一七九六―一八六六）も同様の例である。シーボルトが日本から持ち帰った植物が植えられている植物園や、日本の書籍・工芸品のコレクションは今日でも有名であるが、ケンペル同様、研究に際しては日本人情報提供者に頼るところが大きかったに違いない(5)。

これに対し、オランダ人外科医・学者であり、在日オランダ商館長でもあったイサーク・ティチング（一七四五―一八一二）の例は若干異なっている。ティチングは今日で言うところの文化人類学に興味を持っており、一七七九―八〇年、八一―八三年、そして八四年に出島に滞在した際に収集した史料を用いて、婚礼、葬儀その他の慣習について論文を著している。また、翻訳もいくつか手がけているが、経済に関するものは存在しない(6)。しかし、こうした人々がヨーロッパに持ち帰った書物（日本語ないし中国語で書かれたもの）はその後の研究の対象となり、また研究の助けともなった。

こうした事情のため、日本語からヨーロッパ言語への初期の翻訳文献には、興味深いことに、日本に住んだことがない人々によって訳されたものも見受けられる。たとえばドイツ人で、「恐ろしく有能な」言語学者であったユリウス・クラプロート（一七八三―一八三五）は、現地での経験なしに自力で学んだ人物としてよく知られている。日本語はロシアに滞在していた日本人漂流者から学んだのだった。[7] とりわけ関心を引くのは、クラプロートが新井白石の著した『本朝宝貨通用事略』（一七〇八年）の一部を、一八二八年にフランス語に翻訳し、注釈をつけていることである。この著作は、日本では近代にいたるまで公刊されていなかった。翻訳されたテキストは二八頁あるが、残念ながら、なぜこのテキストを選んだのかについてのクラプロートの説明はない。ただ、当時のヨーロッパでの関心は、日本の植物や書籍のほか、貨幣にまでおよんでいた。[8] 当然ながら、白石によるこの著作は（写本で出回っており）、当時の日本の知識人の間でよく知られたものであった。白石はこの著作のなかで、長年の間に日本から流出した金銀の量を明らかにし、このような流出を止めるべきことを説いている。クラプロートはおそらく、白石の「骨のごときは一たび折れ損じて抜け出デぬれば、二たび生ずるといふ事なし、金銀は天地の骨也」という有名な比喩を訳した初めての人物であろう。[9]

その次に挙げられるべき人物としては、日本学者として初めて大学で教え、また日本語からの翻訳を公刊したアウグスト・プフィッツマイアー（一八〇八―八七）とレオン・ド・ロニー（一八三七―一九一四）の二名がいる。ただし、この両名も経済に関する文献は翻訳していない。[10] この分野に関する文献の翻訳という点で、従来より一歩を進めたのはドイツ人の翻訳家ヨハン・ヨーゼフ・ホフマン（一八〇五―七八）による日本語からフランス語への翻訳である。そうしたものには上垣守国（一七五三―一八〇八）の『養蚕秘録』（一八〇二）を一八四八年に翻訳したものや、[11] 木村蒹葭堂（一七三六―一八〇二）による『日本山海名産図会』（蔀関月〈一七四七―九七〉による挿絵付）の翻訳が含まれる。[12]

つまるところ、日本は西洋にとって好奇心の対象であり、帝国主義的拡張や、文明宣布の対象となりうる場所であった。当時のヨーロッパで出版され、知識人（アマチュア）の間に広まった日本に関する断片的な知識は、啓蒙主義に関するさまざまな言説のなかに東洋を取り込む役割を果たした。日本語からの翻訳はと言えば、地理や植物学、文化一般に関するものが中心で、経済や経済思想に関するものは少数に留まっていたのである。

二　日本におけるアマチュア日本学協会

こうした状況は、十九世紀に日本が開国し、世界地図のなかにその位置を占めるようになると変化していった。また、この時期になるとヨーロッパ人に加え、北米人が日本学に参入するようになった。マシュー・カルブレイス・ペリー代将（一七九四―一八五八）が、一八五三年に黒船で江戸湾に来航したことが、日本の近代化に果たした役割を過大評価すべきではないが、西洋の帝国主義を見せつけたことが、よく知られている明治日本の急速な政治・経済・社会的変革のきっかけとなったことは確かである。この大きな変革は、西洋のアマチュア日本学者にとって新たなチャンスとなった。日本がいくつかの港を海外に開いたことで、北米人を含めた多数の外国人（女性は少なかった）が来日し、出島以外のあちこちの場所に滞在するようになったのだ。

こうした人々のなかでも特に有名なのは、アーネスト・サトウ（一八四三―一九二九）とその同僚ウィリアム・G・アストン（一八四一―一九一一）という二人の英国人である。サトウは一八六二年から八二年まで日本に滞在し、初めは通訳生として、後には英国公使館通訳官となり、さらには日本語書記官を務めている。その後、一八九五年から一九〇〇年までは、駐日特命全権公使を務めた。一方、アストンは、通訳生として一八六四年に来日し、八九年まで日本に滞在した(13)。同じく英国人であるバジル・ホール・チェンバレン（一八五〇―一九三五）は、およそ十年後の一八七三年に来日し、一九一一年まで留まっている。サトウとアストンは、英国公使館員として来日したが、チェンバレンは何らかのきっかけで日本にやってきて、英語教師として職を得ていた、当時はよくいたタイプの外国人の一人であった。同様のことは、ドイツ語と言語学の教師として雇われたカール・フローレンツ（一八六五―一九三九、日本での滞在期間は一八八八―一九一四）にも言えよう。[14] こうした人々は日本で日本語を勉強し、滞日中に関心を持つようになって「日本的なもの」すべてを研究していった。彼らの職業はさまざまで、ウィリアム・エリオット・グリフィス（一八四三―一九二八）やジェームス・カーティス・ヘボン（一八一五―一九一一）のようなアメリカ人宣教師もいれば、サトウやアストンのように外国公館に務めている者もいたし、フローレンツやチェンバレンのような御雇外国人もいた。この六名は日本語・日本史の研究に際立った貢献を果たし、本章の関心事である翻訳についても、さまざまな題材についての業績を残している。

とはいえ、彼らは単独で仕事や研究をしていたわけではない。日本人が懸命に西洋に目を向けていたまさにその頃に、西洋人外交官、宣教師、商人といった人々からなる一つのグループが、日本についてもっとよく学ぼうと、定期的に会合を開くことを決めていたのだった。一八七〇年代の日本に居留していた千六百名の外国人のうち、日本語を習得していたのはほんの一握りであった。[15] 先述したように、英語またはヨーロッパ言語で書かれた日本に関する情報はほとんどなかったから、この会合では毎回日本についての新しい情報が期待できた。ここから、「日本研究」という新しい学問的研究領域が形成されていったのである。このアマチュアたちは、明治五年（一八七二）に発足した日本アジア協会（Asiatic Society of Japan. ASJ）の創設者となった。会員が行う基本的活動は次の二つであった。第一は、日本の歴史・文化に関する英語での講義を毎月開くこと。第二は、『日本アジア協会会報』（*Transactions of the Asiatic Society of Japan.* TASJ）を年一回刊行することであり、この会報は現在でも発行されている。一八七三年の時点で協会員の数はすでに百人以上に達しており、会員は横浜グラ

ンドホテル内の「小さな部屋」に設置された図書館を利用することができた。(16)

加えて、一八七三年には、ドイツ語を主言語とするドイツ東洋文化研究協会（Deutsche Gesellschaft für Natur- und Völkerkunde Ostasiens. OAG）が設立された。この協会にもさまざまな人々が参加した。ただし、女性が日本アジア協会やドイツ東洋文化研究協会に参加するのは、後になってからのことだった。参加者はいろいろな事情で来日した人々で、自国政府から派遣されているとは限らなかったが、ドイツ語を共通語としていた。(17)

この協会には、ドイツ人外交官と並んで、医学教師として招聘された医師たちがいた。そうした人々としては、一八七六年（明治九）に東京医学校に招かれ、一九〇五年（明治三十八）まで滞在したエルウィン・フォン・ベルツ（一八四九―一九一三）、レオポルト・ミュルレル（ベンヤミン・カール・レオポルト・ミュラー、一八二二―一八九三）、テオドール・E・ホフマン（一八三七―一八九四）がいた。ミュルレルとホフマンはどちらも一八七一年から七五年まで日本に滞在している。それ以外には、先に触れたドイツ語・文学教師であったカール・フローレンツ、あるいは生物学者、技師といった人々もおり、協会を財政面で支えた数多くの商人の存在も等しく重要である。ドイツ東洋文化研究協会は会員数七一名で発足し、そのうちの三〇名は横浜（外国商人居留地）から、二五名は彼らの文書ではいまだに江戸と呼ばれていた東京（学者の居留地）から、残りは国内の別の地域や国外から参加していた。(18) 協会が発足後すぐ刊行を開始した『ドイツ東洋文化研究協会会報』（*Mitteilungen der Deutschen Gesellschaft für Natur- und Völkerkunde Ostasiens*. MOAG）は、現在でも刊行されている。(19)

日本アジア協会とドイツ東洋文化研究協会は、単なる社交クラブとは一線を画すものであり、日本についての情報を交換する貴重な場となった。二つの協会の会員たちは、日本の歴史や文化、地理、動植物、法律や貿易について研究を重ね、それぞれの協会誌上に多くの論文を発表していった。すでに触れたチェンバレン、サトウ、アストン以外にも、今日も使われている日本語のローマ字表記法を開発し、また広く用いられたA

Japanese and English Dictionary を一八六七年に出版したことで知られるヘボンや、小泉八雲（ラフカディオ・ハーン、一八五〇―一九〇四）、そして長老派宣教師であったオーガスト・カール・ライシャワー（一八七九―一九七一）など多くの人々が活躍した。二つの協会はいずれも啓蒙主義の伝統を引き継ぎ、普遍的な進歩をもたらすことを目的としていた。協会で行われた講演や出版物は、新しい知識を広めることで、すべての人により良い生活をもたらす、という啓蒙の精神を体現するものであった。[20]

両協会の主要な関心は、日本人以外の人々に日本の知的生産物を紹介することにあったが、アマチュア日本学者の第二世代は、経済思想に関する著作をいくつか発表するようになった。例えば、フリードリッヒ・フォン・ウェンクシュテルン[21]（一八五九―一九一四）が編纂した『大日本書誌（*Bibliography of the Japanese Empire, from 1859-93*）』（一八九五年）は、三百五十頁以上もある大作だが、そのうち全部で一四頁が「経済」に関する問題に充てられている。[22] 経済問題についての出版物の内容は、当時の貿易状況や統計に関するものがほとんどであった。外国人が日本の経済史・経済思想について論じた著作は皆無であったが、日本語文献を英語やドイツ語に翻訳したものはいくつか存在した。

三　『交易問答』と『交易心得草』について

一般に、十八世紀から十九世紀の大半を通じて、ヨーロッパでの日本語研究は中国語研究と比べてかなり遅れをとっていたし、経済に関する日本語文献からの翻訳がほんのわずかしか存在しなかったことは前述した通りである。しかし、十九世紀後半までには、欧米の日本語研究者が、日本の文語・口語に関する研究をもっと多く発表するようになった。その頃までには日本語も学習されるようになっていたから、西洋人は日本語の文献を段々と理解できるようになり、翻訳文献の数も次第に増えていった。[23] そして、そうした翻訳は先の協会で紹介され、また協会の雑誌を通じて刊行されたのである。

ここで考察する二つの翻訳文献が特別興味深いのは、そのどちらもが今日の日本経済思想史研究者から見逃されているためである。その一つが、『交易問答』[24]（一八六九年〈明治二〉）という加藤弘蔵（弘之の名で知られることが多い、一八三六―一九一六）の著作である。[25] 教育者、執筆家、理論家であった加藤は、明治憲法や国際法について影響力のある発言をし、今日でも有名であるが、ジョン・オドリスコル（?―一八七〇）によって *Conversations on Commerce* という題名で翻訳され、一八七二年に出版されたこの著作（二部からなる小冊子）は有名なものとは言えない。[26] もう一つ、やはり同じ年に翻訳されたのが、加藤祐一（生没年不明）による『交易心得草』（一八六八―一八七〇）である。[27] この翻訳を手がけたのはオドリスコルの同僚アストンで、*Remarks on Japanese Commerce* という題名で訳された。ただ今日では、この加藤祐一なる人物も、その著作も（日本語版、英語版ともに）あまり知られていない。[28] いずれにせよ、英国公使館にいた同僚二人が最近書かれたばかりの日本経済思想の文献二点を同じ年に、同じ雑誌に発表したことになる。

彼らが翻訳した文献はどちらも開化物のジャンルに属するものであった。開化物とは、文明に向けた進歩とは何かを説明し、称揚し、進歩への熱意をかきたてる内容を扱ったものである。まずは加藤弘之の『交易問答』について考察することにしよう。これは対話形式で文明開化を擁護した著作である。著者の前書きによれば、この著作を執筆した動機は以下のようなものであった。[29]

細民をして粗開鎖の利害を暁らしめんと欲するの老婆心より、今度此一小冊を著し以て世に公にせんとす。唯其文戯作者流に倣ふもの頗る大方の笑を免れずといへども、固より此書を著すの意唯愚夫婦を教諭するにありて、敢て士人に示すか為にあらざればなり。[30]

この問答では、賢明な才助が頑固な頑六に対し、古い経済観念を捨てて、日本の利益になる外国貿易に乗り出すよう説得しようとするのが眼目となっている。

オドリスコルの翻訳は *The Phoenix* という雑誌に掲載されたが、この雑誌は英国の牧師であり教育者でもあったジェームス・サマーズ（一八二八―一八九一）が、一八七〇年に創刊したものである。[31] この翻訳は"Political Economy in Japan"（「日本の政治経済」）というテーマで二回に分けて掲載された。これは原著が出版されてからわずか三年後のことであり、前書きと後書きを除く本文すべてが翻訳されていた。

残念ながら、翻訳を手がけたオドリスコルという人物についてはあまり分かっていない。オドリスコルはアストン同様、英国公使館通訳生として来日（一八六四年）し、若くして亡くなったと思われる。というのは、この翻訳が掲載された時にはすでに亡くなっていて、横浜の外人墓地に埋葬されていたからである。『交易問答』の翻訳と、樺太（サハリン）の政治・社会経済情勢に関する報告書（この報告書は日本の外務省に渡された）以外には、オドリスコルが残したものはあまり知られていない。[32]

The Phoenix という月刊誌も有名とは言えない。この雑誌はロンドンで発行され、「中国・日本関連の雑誌」となるはずであった。この当時までにはアメリカが東アジアにかなり関心を持っていたから、サマーズはアメリカの学者たちからの支持を期待していた。同誌は一八七〇年から七三年までの間に通算で三六号が発行され、多岐にわたるテーマを扱っている。[33] サマーズは一八五二年から、ロンドン大学キングスカレッジで中国語の教授を務めていた。[34] その後、ロンドンで会った岩倉具視（一八二五―一八八三）を通じて、一八七二年に日本に招聘され来日している。雑誌の最終号では、東京開成学校（後、東京大学）での教授職を引き受けたと発表してい

るが、雑誌を廃刊するつもりはなかったようで、次号（第三七号）を、一八七四年一月に横浜か東京で発刊する提案を行い、読者に意見を求めている。

いくつかの新しい企画を加えたり、日本の版画のイラストをつけたり、アジア諸国の進歩と繁栄にかかわる、あらゆるテーマについての記事を掲載することで、もっと広がりを持たせようと考えています。(35)

だが、サマーズの提案が実行に移されることはなく、結局三六号でこの雑誌は廃刊となった。

オドリスコルがなぜ『交易問答』の全文を翻訳したのかについては、説明や所感が残されていないため、断定することは難しい。しかし、加藤弘之が著した原著のほうは、日本の外国人社会のなかで知られていたようである。このことは、宣教師J・D・デイビスが、一八七一年十二月に来日してからの状況について、後年に記した報告書からも明らかである。

まず語学を学ぶ手立てがないことに気がついた。我々は初版のヘボンの辞書とホフマンの文語文法書しか持っておらず、文語文法書の方は日本を一度も訪れたことのないオランダ人が記したものであった。しかも筆者はアメリカを発つ前に、日本ではこれら二冊の本でさえ見つけることはできないかもしれないと言われて、わざわざドイツから取り寄せ、辞書に金貨で三五ドル、文法書に六ドル支払ったのである。『交易問答』は口語体で出版された最初の本の一つで、木版刷りで出版されていたが、刷りの状態があまりに悪く、読むことは難しかった。人々はキリスト教にとても強い恐怖を感じていて、私の滞在していた地方では、宣教師に、数日ないし数週間以上、つきっきりで日本語を教えてくれる教師を確保するのは至難の業であった。やっとの思いで、教えてくれるという若者を見つけ出しても、彼らは日本語の構造についてほとんど知らず、日本語を教えるにあたっては、外国人のカタコト日本語に合わせて教えようとした。当時はキリスト教の教えを表す言葉はまだなく、これから創り出さなければならない状態であった。[36]

オドリスコルが手掛けた『交易問答』の翻訳版は、口語体の日本語の翻訳を試みる人々のための教材として出されたのかもしれない。このことは推測の域を出ないが、実は、『交易問答』には後に出版された新訳版があり、こちらのほうは間違いなく、学習用に使用されることを意図したものであった。

一八八一年に、ウィリアム・インブリー牧師（一八四五―一九二八）が別の雑誌に『交易問答』の最初の数頁分の翻訳を掲載したのがそれである。オドリスコルの翻訳は、出版後間もない時期にさえ、まったく知られてなかったようだ。というのも、インブリーはオドリスコルの翻訳が出版されていることにまったく言及していないからである。[37]しかし、おそらく注意深い読者がこれに気づいて編集部に手紙を送ったのであろう。翻訳連載第二回分には、以下のような編集部からのコメントが付されていた。

The Chrysanthemum の創刊号に寄せられた批評は概ね好意的であったが、『交易問答』の翻訳については、すでにアストン氏によって、ある政府刊行物に掲載されていたという指摘をいただいた。もしこれが本当であれば、我々は喜んで、役に立つこと請け合いの作品を、その威厳ある墓〔政府刊行物の意―訳注〕から掘り出したことであろう。しかし、この批判を寄せた読者は、別の作品のことを言っておられたに相違ない。つまり、*Remarks on Commerce* について指摘されていたのではないだろうか。確かに、『交易問答』は、J・オドリスコル氏によって見事に意訳され、*The Phoenix* の第二号に掲載されている。ただし、今

回の指摘を受けるまで、インブリー氏はこの翻訳を知らなかったと思われる。編集部がインブリー氏に依頼したのは、日本語の文章をローマ字表記したものに、英訳と注釈をつけて、初学者の助けとして連載することであり、読者には氏の労作が単なる翻訳とは異なる性質を持つものであることを、ご理解いただけるものと信じている。(編者)[38]

つまり『交易問答』は、一八八一年にインブリーによって、*A Dialogue on Trade* なる題名で部分的に訳し直されたのである。インブリーは日本語の文章をローマ字表記して、これに英訳をつけた。そして文法や言葉の使い方についての説明を加えて、*The Chrysanthemum* の読者の語学練習用に四回にわたって掲載したのである。インブリーがこの本を翻訳した動機は、口語体の日本語を学ぶ教材とするためであった。

とはいえ、*The Chrysanthemum* もまた短命に終わった雑誌であった。編集を務めていたのはメソジスト派の宣教師チャールズ・サミュエル・エビー(一八四五―一九二五、一八七六年より日本に滞在)で、本章の冒頭で引用した「編者の言葉」は彼によるものである。エビーは一八八一年から八三年まで、横浜で月刊誌 *The Chrysanthemum* を発行したが、*The Phoenix* 同様、この雑誌も三年ほどしか続かなかった。

翻訳を手がけたインブリーは、アメリカ長老派教会から派遣された宣教師で、明治学院で神学の教授を務めていた。一八七五年に来日してから一九二二年までの間、途中間を挟んで、日本に滞在している。インブリーが教科書や文法書を著したことは、早い時期に日本語の話し言葉を学んだ人々にとって大きな助けとなった。[39]『交易問答』の新訳が雑誌に掲載されたその年(一八八一年)に、インブリーは日本語で『交易問答』の活字本を出版し、英語で前置きを記して、この版は日本語の学習用であると述べている。前書きには、こう記されている。

日本語を学ぼうとしている人々の多くは、日本語での会話のやりとりを正確に理解するにあたり、二つの大きな困難にぶつかってきた。その一つは、印刷に付された会話体の文章の多くが、初学者にとってはなかなかというか、ほとんど読みとれないような印刷になっていることで、いま一つはフリガナのない漢字がたくさん出てくることである。そのため、すでに相当の日本語力を持っている人でなければ、先生が隣にいない限り、読み進めていくことができないのだ。

この問題に対処するため、多くの人はローマ字化したテキストの登場を望んできたが、以下に挙げた理由その他あれこれの理由によって、この提案には全面的な賛成が得られなかった。……

かな文字が読みにくい問題を解決するために、ここでは簡単な口語体の文章を選んで、手に入るうちで最高の活版印刷を用いてこれを印刷した。(40)

インブリーは、語学学習者が木版刷りの手書き風の文章を読めるようになるための助けとして、いくつもテキストを紹介する予定であったが、『交易問答』はその最初の題材であった。(41)この前書きでは二冊目のテキストについても触れられているが、その編集は同じく長老派宣教師だったジョージ・ウィリアム・ノックスが担当し、一八八二年に出版される予定となっていた。内容は『心学道の話』(一八四二)からの抜粋で、この本も口語体で書かれたものであった。(42)

先述した通り、インブリーはみずから編集した活字版の『交易問答』を学習教材とするつもりであった。また、そこで用いられた『交易問答』の文体は、一八六九年に出版された原著の初版とは異なっていた。吉野作造が指摘した通り、加藤弘之自身が一八八一年(明治十四)に原著を改定したのかもしれない。(43)この文体には、幕末から一八八一年時点までの間に起こった口語の変化が反映されている。たとえば、江戸時代に「参り申さぬ」（江戸語）と言われていたのが、明治になって「行かない」（東京語）となった類のことである。

インブリーによる出版物以外に、外国人が口語を学べるような教科書はまだ登場していなかった。と同時に、日本語の口語を習得する需要は、キリスト教宣教師や日本で仕事をする商人だけに限られていた可能性もある。実際、ヨーロッパでの日本語訓練は、戦後の時期になるまで文語を学ぶことに限られていた。加藤弘之のような自由貿易を支持する有名な政治家・教育者の書いた著作は、当時の外国人のほとんどが暮らしていた横浜、東京、神戸といった港町での日常生活で使える言葉の用例を幅広く提示してくれるものだったのである。

オドリスコルの同僚がほぼ同じ時期に翻訳を手がけた、もう一つの作品の認知度はさらに低かった。経済思想史家の観点からすれば、加藤祐一の『交易心得草』は『交易問答』よりも興味深い内容を持っているが、この著作に対する読者の関心は日本人・外国人を問わず、さらに薄いものであった。

その理由としては、そもそも著者自身があまり有名でなかったことが大きい[44]。『交易心得草』を書いた頃、加藤祐一は大阪運上所（明治元年十二月に外国事務局と改称された）に一等役の書記として勤務していた。一八六九年七月十四日（明治二年六月二十一日）に大阪通商司が設置されると、加藤はそこに移り通商大佑となった。『交易心得草』は加藤にとって初の著作であったが、その後も『会社弁講釈』（一八七二年）、『文明開化』（一八七三年）などの著作が出版されている。加藤は貿易など海外との経済関係に直接携わる立場にあり、西洋式の経済制度や慣習を導入するように努めた人物であった。菅野和太郎（一八九五―一九七六）は、加藤について、明治初期の大阪に、新たな経済思想と手法を持ち込むのに指導的な役割を果たした人物という評価を与えている[45]。

加藤祐一の著作は、同胞たる大阪商人たちに、商業の新時代を切り開くことで国全体にも大きな富をもたらすことができる、と呼びかけるものである。具体的には、外国から学び、従来の仲間制度を廃止して、政府の認可を受けた会社方式を取り入れるべきだとしている。また、外国商人と日本の商人の商売のやり方は違うので、「諸方の国々との取引にてハさやうの厳重なるおきてなくてハ商法たちまじき也」と論じている。[46] 要するに、加藤祐一は、「国を利する事をいやしき事におもふは大いなるあやまり」だという考えを広めようとしているが、これは「上下《しょうか》交《こもごも》利を征《と》〔取〕らば、而《すなわ》〔則〕ち国危からん」という孟子の教訓をふまえた発言である。[47] 加藤は「時と場所」をわきまえることは重要であり、日本もそれに合わせて行動すべきだとしている。国を富ます方法とは、利を追求することである。国の歳入は確保するべきだが、交易に税をかける一方、重すぎる年貢は軽減すべきだ、と加藤は言う。[48]

『交易心得草』を翻訳したアストンは、初期の日本学者としてさまざまな業績を残したことで現在でもよく知られているが、加藤の原著もその翻訳版も、後に復刻されることはなかった。アストンの業績はこれ以外にも、『日本書紀』の翻訳（英題は *Nihongi* で、全体で七二〇頁ある。一八九六年に出版）や、*A History of Japanese Literature*（『日本文学史』一八九九年）、*Shinto*（『神道』一九〇五年）、また *A Short Grammar of the Japanese Spoken Language*（『簡約日本口語文典』一八六九年）といった著書が挙げられる。

オドリスコル同様、アストンはなぜ『交易心得草』を選んで翻訳することにしたか、何も説明していない。ただ、*A Short Grammar of the Japanese Spoken Language* の前書きに、この本は「口語を学びたい商人その他の人々に活用してもらうため」に書いたと記されていることから、その動機をうかがい知ることができよう。[49] アストンはまた、日本語を学習する人々に対して、『心学道話』[50]や『鳩翁道話』などは読みやすいから参照するとよい、と勧めている。

石門心学の伝統を引く説話が、日本語学習にとって好個のテキストとされたことも、我々の注意を引く。実際、アストンがここで触れているテキストは、当時の日本語学習者の間ですでに良く知られたものだった。[51] ある宣教師は、一八八〇年に次のように書いている。

日本人の耳と心に入りやすい形で語るという点からすれば、今から四、五十年前に出た説話集である『鳩翁道話』や、もっと最近の『心学道話』は素晴らしい模範を提供している。また日本語での話し方の法則や、正しい発音を学んだり、長々とした演説のどの部分が、日本人にとって最も訴えるものがある点なのか、どんな声のトーンが、日本人の耳に最もなじみ深いものなのかを正確に知る意味では、神道や仏教の説法にちょくちょく出席することが大変有用である。(52)

心学の説教方法を取り入れようとしたのは、キリスト教宣教師の仕事がはかどるようにするためであった。仏教僧侶の説法はすでに十六世紀から、キリスト教宣教師を惹きつけており、その一人、イエズス会士のルイス・フロイス（一五三二―九七）は仏僧の説法の効果やその雄弁さに関心を向けていた。そして十九世紀の宣教師たちも、さまざまな人々にキリスト教を伝えていくうえで、日本に昔からある、こうした説教方法の効果を十分に認識したのだった。(53)

『交易問答』と『交易心得草』の二冊は、新政府が樹立され、その第一歩を踏み出したばかりの一八六八―六九年の時点で、日本の開化を擁護し、歓迎した書物であったが、両書を翻訳した人々にとって、本の内容は重要ではなかったようだ。インブリーの注釈も文法と表現についてのものばかりだし、アストンやオドリスコルは、原文を訳出しただけで、その内容についてはコメントしていない。これらの翻訳は、そこで用いられている用語、文体、語法が、話し言葉を習得する上で有用だと考えられたために行われたのであり、心学のテキストの翻訳とは目的がやや異なっていた。しかし、翻訳者の関心の焦点は言語にあり、経済や経済思想ではなかった。

結論

明治前半期には、アマチュア日本学者の主な関心は、古代の歴史、文化、宗教に向けられており、このことは『日本書紀』、『古事記』や『枕草子』などの翻訳、そして『平家物語』『太平記』『万葉集』などの部分訳が多数出版されたことで分かる。彼らは、日本の経済史、ましてや経済思想史の分野にはあまり関心を示していなかった(54)。他方、よく知られているように、明治初期の二十年間には、アダム・スミスからT・R・マルサス、J・S・ミル、フランシス・ウェイランドなどの西洋の文献が日本語に多数翻訳され、日本に西洋の経済理論と経済思想が紹介されるようになり、こうした文献についての議論や解釈も行われるようになった(55)。

それではなぜ、明治初期には、外国人は日本の経済論に関心を示さなかったのであろうか。その一つの理由は、日本の学者たちが、自国における議論をあまり高く評価していなかったことにあるのかもしれない。たとえば、本庄栄治郎は後に以下のように記している。

明治の最初の十年間に、日本の経済史について（日本人によって）書かれた本には特筆すべきものはない。確かに幾人かの学者によって何冊かの本が書かれはしたが、特に価値ある業績は登場しなかった。しかし、次の十年間になると、政府の各部局が、経済史に関する資料の収集・編纂に尽力するようになり、多くの本が出版されるようになった(56)。

日清戦争後になると状況はがらりと変わった。この時期以降、日本の近代化は明らかとなり、研究されるべき対象として浮上した。この頃になると、「学者たちは、数あるアジアの途上国の間で、なぜ、そしてどのようにして、日本だけが、十九世紀半ばに西洋の文明国と接触した際、近代的な工業国となることができたのか、と問うようになった」[57]。

状況が大きく変化したのは、外国の日本研究への関心においても同様である。先に触れたウェンクシュテルンの『大日本書誌』には、経済に関する文献は、日本語からの翻訳もの数点が掲載されただけだった。しかし、一九〇七年に出版された書誌の第二巻（一八九四年から一九〇六年までの時期をカバーするもの）は、五百頁以上の分量へと増えており[58]、しかも、「維新以前の商工業の歴史」という項目が立てられ、二頁半にわたって文献が紹介されていた。そのなかでも注目すべきはアメリカの経済学者ギャレット・ドロッパーズ（一八六〇―一九二七）の論文二点 “A Japanese Credit Association”[59]（「日本の信用組合」一八九四年）、“Economic Theories of Old Japan”[60]（「旧日本における経済理論」一八九六年）である。

ドロッパーズは、一八八九年十月二十三日に、経済と財政学を教えるために慶應義塾に着任し、後には理財科主任教師となった人物で、一八九八年まで日本に留まった後、母国に帰国した。著作のうえでの貢献としては、日本の行政や経済の問題について、*The Nation* や *Transactions of the Asiatic Society of Japan* といった雑誌に寄稿したことが挙げられる。一八九四年に著した “The Population of Japan in the Tokugawa Era”（「徳川時代の日本の人口」）という論文は、日本の歴史人口学における先駆的貢献を行ったものとして、彼の名を高からしめた[61]。

ドロッパーズの信用組合についての論文は、二宮尊徳を取り上げ、「真面目な社会改革者」と評価している。ただし、尊徳に倣おうとして設立された報徳社については、時代錯誤だとの評価を下しており、「封建時代のもので、今の時代には合わない」、また「現代は、このような組織を大きく広めるような時代ではない。今世紀は個人の創意工夫、利益追求、富への欲求を特徴とする時代だ」、と記している。その一方で、報徳社は、人々の間に「兄弟愛」を育む、つまり人々が互いに強い絆を持つような世界を築いていくのに役立ちうる、とも述べ、こうした組織に一定の評価を与えている。[62]

本章の関心事項からしてより興味深いのは、先に触れた「旧日本における経済理論」という論文である。この論文では、「ヨーロッパの経済原理を、熊沢蕃山（一六一九―九一）と太宰春台（一六八〇―一七四七）の議論と比較する試み」がなされている。[63]ドロッパーズは、社会変動や革命の裏には必ず思想の対立がある、という考えを持っており、明治維新前の日本にどのような思想があったのかを明らかにしようとした。彼は、日本を、ヨーロッパと類似した発展段階を経てきた社会だと考えた。十七世紀の日本とヨーロッパには農業中心の経済、身分制度、そして反自由貿易思想といった共通点が存在した。ドロッパーズは、イギリス流の自由放任思想をよしとしておらず、政府による一定の規制が必要だと考えていた。また、健全な経済の基礎は自己利益に置かれるべきだが、自己利益を自己中心主義と混同してはならないと考えていた。彼の生きた時代には、需要と供給の調整機能は市場での競争に委ねられていたが、徳川時代には幕府がその機能を果たしていた。徳川時代の経済思想全般については、重商主義というよりは重農主義的傾向が強いとし、当時書かれた貨幣についての議論は、まだ完全に正しいというレベルには達しないものの、誤っているとも言えない、と評価していた。[64]

日本人の学者の間でもそうだったが[65]、英語での出版物でも、日本経済思想への関心は、その後も緩やかにではあるが高まっていった。アドルフ・フォン・ウェンクシュテルンの弟子であったオスカー・ナホッド（一八五八―一九三三）は、*Bibliographie von Japan 1906-1926* という文献リストを出版したが、このリストには五十頁にわたって経済生活（Wirtschaftsleben）に関する文献が掲載されている。[66]文献の多くは地租改正問題や、農業社会での土地売買など、当時関心を呼んでいた問題についてのものだった。日本の経済思想に関連するものとしては、リストに掲載されている文献から判断する限り、興味関心の傾向は以前と同様であったようで、報徳社に関する問題は、当時世上を賑わしていたせいか、関心を集め続けていた[67]。二宮尊徳が広めた報徳思想は、一八八〇年代のデフレと農村の危機の状況で復活し、広まっていた。日本では、フリードリヒ・ヴィルヘルム・ライファイゼン（一八一八—一八八八）の信用協同組合運動や、それとは対立するフランツ・ヘルマン・シュルツェ＝デーリチュ（一八〇八—一八八三）の「庶民銀行」モデルに関心が示されていたが、日本の報徳社について取り上げた外国人論者の数はそれと比べて少なかった[68]。

本章の冒頭で紹介したように、西洋人にとって、日本経済の過去を探ろうとする動機の一つは、普遍的人間性という前提に基づいて、日本と西洋に見られる共通性を見出そうとする欲求であった。しかし、それ以前の明治初期に、オドリスコル、アストン、インブリーによって翻訳された二点の日本語の著作は、日本人たちの間でも、外国人の間でもほとんど関心を呼ばなかった。後代の研究者たちも、日本語の原文であれ、翻訳版であれ、これらのテキストには関心を払ってこなかった。『交易問答』も『交易心得草』も、内容の面であまり面白いものではなかったので、議論を巻き起こすだけの興味を引かなかった、と考えることもできる。しかしそうだとすれば、なぜ二人の英国公使館員と一人の宣教師がこれらの著作を翻訳しようとしたのか、という疑問は残る。アストン、オドリスコル、インブリーの関心は、内容よりも、日本語の話し言葉を学ぶ材料という面にあった、というのが正確なところなのかもしれない。

註

（1）*The Chrysanthemum*, Volume 1:1 (1881), p. 2.

（2）日本経済思想史研究の歴史と現状については、川口浩、石井寿美世、ベティーナ・グラムリヒ＝オカ、劉群芸『日本経

済思想史——江戸から昭和』（勁草書房、二〇一五年）第二六章参照。

（3）このことに関する優れた概観としては、Peter F. Kornicki, "European Japanology at the End of the Seventeenth Century," *Bulletin of the School of Oriental and African Studies, University of London,* 56 : 3（1993）, pp. 502-24 参照。

（4）ケンペルについては、Engelbert Kaempfer, Detlef Haberland, Wolfgang Michel, Elisabeth Gössmann, and B. J. Terwiel, *Heutiges Japan*（München: Iudicium, 2001）参照。

（5）シーボルトについては、Shūzō Kure, Hartmut Walravens（Hrsg.）: *Philipp Franz von Siebold. Leben und Werk,* Deutsche, wesentlich vermehrte und ergänzte Ausgabe, bearbeitet von Friedrich M. Trautz（München: Iudicium, 1996）参照。

（6）ティチングが行った研究はほとんど出版されていない状態のままだが、その業績の一覧については F. Lequin, *A la recherche du Cabinet Titsingh: its history, contents and dispersal,* Catalogue raisonne of the collection of the founder of European japanology（Alphen aan den Rijn: Canaletto/Repro-Holland, 2004）参照。

（7）Peter F. Kornicki, "Julius Klaproth and his works," *Monumenta Nipponica* 55（2000）, p. 579. 初期の日本学者に関する充実した文献目録としては、ピーター・コーニッキーのサイト（http://www.ames.cam.ac.uk/jbib/bibtitle.html）参照（二〇一四年二月十五日アクセス）。

（8）Julius Klaproth, *Fookua Siriak ou Traité sur l'origine des richesses au Japon, écrit en 1708 par Arrai Tsikougo No Kami Sama, autrement nommé Fak Sik Sen See, instituteur du dairi Tsunaloosi et de Yeye miao tson,* traduit de l'original chinois et accompagne des notes, par M. Klaproth, *NJA* 2. 1828, 3-25. このことに関する簡潔な議論としては、ピーター・コーニッキー「ヨーロッパ人による日本古銭と古銭書の収集——江戸時代を中心として」（『出土銭貨』二三号、二〇〇五年）二三—三四頁参照。また、Hartmut Walravens, "Julius Klaproth: His Life and Works with Special Emphasis on Japan," *Japonica Humboldtiana* 10（2006）, p. 187 で述べられている短いコメントも参照。

（9）Klaproth, *Fookua Siriak,* p. 22.

（10）プフィッツマイアーに関する最近の研究としては、Peter Pantzer, *August Pfizmaier, 1808-1887*（exhibition catalogue, Vienna, 1987）、またレオン・ド・ロニーについては、*Comment Leon de Rosny, homme du Nord, dicouvrit l'Empire du soleil levant, 1837-1914*（exhibition catalogue, Lille, 1986）をそれぞれ参照のこと。

(11) Johann Joseph Hoffmann, *Yo-san-fi-rok: l'art d'élever les vers à soie au Japon*, par Ouekaki Morikouni, annoté et publié par Matthieu Bonafous... Ouvrage traduit du texte japonais par J. Hoffmann (Paris & Turin, 1848).

(12) Johann Joseph Hoffmann, "Memoire sur les principales fabriques de la porcelain chinoise, traduit par japonais," in *Histoire et fabrication de la porcelain chinoise*, traduit par M. Stanislas Julien (Paris, 1856), pp. 275-96.

(13) 英国領事を務め、影響力のあるテキストをいくつも出版したアストンについては、Peter F. Kornicki, "William George Aston," in H. Cortazzi and G. Daniels (ed.), *Britain and Japan, 1859-1991: Themes and Personalities* (London, 1991), pp. 64-75 参照。

(14) フローレンツは二十五年ほど日本で過ごし、東京帝国大学文科大学で教鞭を執っている。アストンとは特に親交が深かった。彼らの翻訳が相前後して登場したこともあって、彼らはたびたび互いの著作を参照しあい、影響をおよぼしあっていた。フローレンツの生涯や研究については、Michael Wachutka, *Historical Reality or Metaphoric Expression? Culturally Formed Contrasts in Karl Florenz' and Iida Takesato's Interpretations of Japanese Mythology* (Hamburg: Lit Verlag, 2001) 参照。

(15) D. M. Kenrick, "A Century of Western Studies of Japan: the First Hundred Years of the Asiatic Society of Japan, 1872-1972," *TASJ*, 3rd series, 14 (1978), p. 45.

(16) D. M. Kenrick, (1978), p. 460. この団体の会員には英米人と並んで、ベルギー人、ロシア人、スペイン人、日本人がいた。日本アジア協会の図書館については、Harold M. Otness, "A Short History of the Library of the Asiatic Society of Japan, 1872-1942," *Journal of the Siam Society*, vol. 83, Parts 1&2 (1995), p. 240 参照。

(17) 女性がいつ頃から日本アジア協会員として参加するようになったかについては、はっきりとした数字をつかむことができなかったが、スーザン・バラードは一九〇〇年頃から研究発表を行っている。だが、彼女が初の女性評議会員に選出されたのは、一九二七年になってからのことである。Kenrick (1978), p. 205. ドイツ東洋文化研究協会への女性の参加についても正確な年号は不明だが、おそらくは日本アジア協会員への参加より後のことと思われる。Carl von Weegmann, "85 Jahre OAG," in *Die Geschichte der OAG-1873-1980* (Tokyo: OAG, 1982), p. 25 には、二十世紀初頭に女性が特別な機会にドイツ東洋文化研究協会に招かれていた、と記されている。

（18）クルト・マイスナーの研究によると、一八七九年に日本に居住していたドイツ人は百六十人前後であった（Kurt Meissner, *Deutsche in Japan, 1639-1960* [Tokyo: Deutsche Gesellschaft für Natur- und Völkerkunde Ostasiens, 1961], p. 36）。協会に初めて日本人会員の加入が認められたのは一八八五年のことだった。この点については、Christian Spang, "Die Ersten Japaner in der Deutschen Gesellschaft für Natur- und Völkerkunde Ostasiens（OAG），"『外国語学会誌』四二号、二〇一三年、八一頁参照。

（19）以下の文献を参照。Carl von Weegmann, "85 Jahre OAG," in *Die Geschichte der OAG-1873-1980*（OAG 1982）; Spang, Wippich, Saaler, *Die Deutsche Gesellschaft für Natur- und Völkerkunde Ostasiens*（*OAG*）, *1873-1979*（München: Iudicium, 2015）.

（20）『日本アジア協会会報』で発表された論文のリストは、Kenrick（1978）, pp. 394-446 に掲載されている。『ドイツ東洋文化研究協会会報』で発表された論文については、協会のホームページ（http://www.oag.jp）を参照のこと。

（21）フリードリッヒ・フォン・ウェンクシュテルンは、熊本五高のドイツ・ラテン語教師として日本政府（文部省）に招かれ、一八九三年に来日している。Kurt Meissner, *Deutsche in Japan, 1639-1960*（Tokyo: Deutsche Gesellschaft für Natur- und Völkerkunde Ostasiens, 1961）, p. 66.

（22）Fr[iederich] von Wenckstern（ed.）. *A Bibliography of the Japanese Empire: Being a Classified List of All Books, Essays and Maps in European Languages Relating to Dai Nihon*（*Great Japan*）*Published in Europe, America and the East from 1859-93 A.D.*（VIth Year of Ansei - XXVIth Year of Meiji, Leiden: E. J. Brill 1895. Unveränderter Nachdruck Stuttgart: Hiersemann, 1970）.

（23）Peter F. Kornicki, "European Japanology at the End of the Seventeenth Century," p. 503.

（24）この書はもともと木版で出版された。加藤弘蔵『交易問答』（谷山楼、明治二年）。この版には著者自身による前書きと柳園仙史春蔭（柳河春三、一八三二―七〇）による後書《おくがき》がついていた。その後、明治二十五年に丸善から再版され、明治文化研究会編『明治文化全集一〇 経済編』復刻版（一九九二年、日本評論社）および李長波編集・解説『近代日本語教科書選集』第六巻（二〇一〇年、クロスカルチャー出版）四七三―五四八頁に再録された。

（25）加藤弘之については、例えば Winston Davis, *The Moral and Political Naturalism of Baron Katō Hiroyuki*（Japan Research Monograph 13, 1996）参照。

（26）J. O'Driscoll, "Conversations on Commerce," *The Phoenix*, II: 22（April 1872）, pp. 157-60; *The Phoenix*, III : 25（July 1873）, pp. 5-8.

（27）第一部は明治元年に書かれ、木版で出版された。加藤祐一『交易心得草』一冊、河内屋喜兵衛、明治二年（一八六九）。第二部は明治三年に書かれたが翻訳されなかった。その後、原本の再版はなされていない。

（28）W. G. Aston, "Remarks on Japanese commerce," *The Phoenix*, II: 20（February 1872）, pp. 117-19, pp. 135-38.

（29）この前書きは翻訳されておらず、後に再版された際にも収録されていない。その理由はおそらく著者の意向によるものであろう。吉野作造「『交易問答』解題」（『明治文化全集一〇』）六頁を参照。

（30）同前、五九頁。

（31）サマーズについては、J. E. Hoare, *Britain and Japan, Biographical Portraits*, Volume III（Routledge Curzon, 1999）, pp. 25-37 参照。

（32）オドリスコルがこの報告書を書いたのは、英国公使ハリー・パークスの指示によるもので、その目的は「日本の有力政治家に、樺太の代わりに北海道を防衛し、彼の地を発展させていくための積極的な措置をとるよう」圧力をかけることであった。オドリスコルはこの報告書を書く前に、樺太にみずから出向いている。秋月俊幸「明治初年の樺太——日露雑居をめぐる諸問題」（『スラブ研究』四〇号、一九九三年）一—二一頁参照。オドリスコルの報告書は、外務省調査部編『大日本外交文書』二巻三冊、第五六五文書付属書（一九三八~四〇年、日本国際協会）一九七—二二二頁（原文）、二二二—四五頁（和訳）に収められている。

（33）*The Phoenix, A Monthly Magazine for China, Japan and Eastern Asia*, Volume I（1870-1）Issues 1-12; *The Phoenix, A Monthly Magazine for India, Burma, Siam, China, Japan and Eastern Asia*, Volumes II（1871-2）& III（1872-3）（13-36）.

（34）サマーズはそれ以前の時期（一八六三—一八六五）に、*Chinese and Japanese Repository* の編者を務めていた。

（35）*The Phoenix, A Monthly Magazine for India, Burma, Siam, China, Japan and Eastern Asia*, III（1872-3）（36）の最後の頁にある編集者からの便りからの引用。

（36）J. D. Davis, "The Early Difficulties and Present Opportunities in Mission Work in Japan," *Missionary Herald*（Jan.

1892), vol. 88, p. 148.

（37）William Imbrie, "Kōeki Mondō. Ken no jō. Katō Kōzō Arawasu," *The Chrysanthemum* 1 : 2 (1881), pp. 11-15 (vol. 1), pp. 63-65 (vol. 2), pp. 92-97, pp. 136-41. これは、原著の最初の十五丁分を英訳したものであった。訳されたのは本文だけで、加藤による前書きは省略されている。

（38）William Imbrie, "Kōeki Mondō. Ken no jō. Katō Kōzō Arawasu," p. 63.

（39）こうした業績には、*Handbook of English-Japanese Etymology* (Tokyo: Meiklejohn and Co, 1880) and *Wa and Ga*, 1884 (Tokyo: Kyobunkan, 1914) が含まれる。

（40）『交易問答』の前書き、李長波編集・解説『近代日本語教科書選集』第一二巻（クロスカルチャー出版、二〇一一年）一頁。

（41）この「教科書」は原著にフリガナをつけて再版したものであった。復刻版は以下に収められている。「交易問答」（『近代日本語教科書選集』第一二巻、クロスカルチャー出版、二〇一一年）一―四二頁。インブリーは前書きと、表二点（一つは原文通りのかな文字、もう一つはローマ字表記のもの）をつけている。印刷を手伝ったのは高橋五郎（一八五六―一九三五）である。原著にあった加藤弘之による前書きや、柳河春三による後書きは省略されていた。

（42）『交易問答』へのインブリーによる前書き（二頁）参照。ノックスは *Shingaku Michi* を *The Chrysanthemum*, Volume 1 : 4 (1881), pp. 119-22 に掲載し、後に George W. Knox, *Shingaku Michi no Hanashi. A Selection of Pieces Clearly Printed* (Tokyo: 1882) の形で出版した。これは前書きを含めて、七〇頁の長さであった。この文献を所蔵している図書館は二つしかなく、筆者は未見である。

（43）吉野作造「『交易問答』解題」六頁参照。

（44）加藤祐一に関しては、菅野和太郎『続大阪経済史研究』（甲文堂書店、一九三五年）一九五―九七頁にある説明が参考になる。菅野の説明をもとにした『交易心得草』の簡潔な紹介は、本庄栄次郎「維新前後の開化思想」（『経済論叢』五〇巻五号、一九四〇年）一―一二頁に見ることができる。

（45）加藤の著作については、菅野和太郎『続大阪経済史研究』一九七―一九八頁参照。

（46）加藤、十七丁ウ。

(47) 加藤、十九丁オ—ウ。小林勝人訳注『孟子（上）』（岩波書店、一九六八年）三三二頁。

(48) W. G. Aston, "Remarks on Japanese Commerce," pp. 135-36.

(49) 李長波編集・解説『近代日本語教科書選集』第九巻（クロスカルチャー出版、二〇一〇年）一—四四頁に収録されている、W.G. Aston, *A Short Grammar of the Japanese Spoken Language* (second edition, 1871) の前書き参照。

(50) アストンは、チャールズ・S・エビーによる *Kiuō dōwa: Ichi no jo* (Kelly, 1881) について言及している。

(51) 心学のカテゴリーに属するテキストとしては、他にも脇坂義堂（?—一八一八）の『民の繁栄』があり、これはフランソワ・オーギュスト・トゥレッティーニ（一八四五—一九〇八）によって一八七一年に仏訳されている。*Tami-No Nigivai, Partie I. L'Activite Humaine–Contes Moraux*, Texte Japonais transcript et traduit part Francois Turrettini (Geneve: H. Georg, 1871). フランス語版には、翻訳のほかにローマ字表記のテキストも付せられている。

(52) Rev. Walter Dening, "Japan Missionaries on Missions in Japan: On Preaching to the Japanese," *The Church Missionary Review*, vol. 31 (1880), p. 160.

(53) レトリックについては、Massimiliano Tomasi, *Rhetoric in Modern Japan: Western Influences on the Development of Narrative and Oratorical Style* (University of Hawaiï Press, 2004) 参照。

(54) この点に関連する日英両国語文献のリストとしては、Aragorn Quinn, "Annotated Bibliography of Translation in Japan," *Review of Japanese Culture and Society*, 20 (December 2008), pp. 265-96 参照。

(55) その目録としては、榊原貴教編『明治期翻訳文学書全集目録』（ナダ書房、一九八七～九一年）、川戸道昭・榊原貴教編『明治翻訳文学全集《新聞雑誌編》別巻二 総目次・総索引』（大空社、一九九六～二〇〇一年）がある。

(56) Honjo Eijiro, "The Development of the Study of the Economic History of Japan Subsequent to the Meiji Restoration," *Kyoto University Economic Review* 16 : 1 (1941), p. 19. 本庄は明治の十年代を「政府刊行物の時代」と呼んでいる。なかでも「大蔵省は他のどの省庁よりも経済史に関する資料の編纂に熱意を持って取り組み、『大日本貨幣史』、『大日本租税史』をはじめ、多くの出版物を刊行している」一八九〇年代になると、「経済史」という用語がより頻繁に使われるようになった (ibid., pp. 19-20).

(57) Horie Yasuzo, "The Feudal States and the Commercial Society in the Tokugawa period," *Kyoto University Economic*

Review 28 : 2 (1958), p. 1.

(58) Fr[iederich] von Wenckstern, *A Bibliography of the Japanese Empire: Being a Classified List of the Literature in European Languages Relating to Dai Nihon (Great Japan) Published in Europe, America and the East. Volume II, Comprising the Literature from 1894 to the Middle of 1906 (XXVII - IXLth Year of Meiji) with Additions and Corrections to the First Volume and a Supplement to Léon Pagès, Bibliographie Japonaise.* ([Tōkyō et al.] o. V. 1907. Unveränderter Nachdruck Stuttgart: Hiersemann, 1970).

(59) Garrett Droppers, "A Japanese Credit Association and Its Founder," *Transactions of the Asiatic Society in Japan*, vol. 22 (1894), pp. 69-102. ドロッパーズのこの論文は『日本アジア協会会報』に掲載されたが、その同じ号には、J・H・ロングフォードも「経済学者としての二宮尊徳に関する覚書」という論文を載せている。"Note on Ninomiya Santoku [sic], the economist," *TASJ*, vol. 22 (1894), pp. 103-08.

(60) Garrett Droppers, "Economic Theories of Old Japan," *TASJ*, vol. 24 (1896), v-xx.

(61) Garrett Droppers, "Population of Japan in the Tokugawa Period," *TASJ*, vol. 22 (1894), pp. 253-84.

(62) Garrett Droppers, "A Japanese Credit Association and Its Founder," pp. 86-87, 95. この論文は Sheldon Garon, *Beyond our Means* (Princeton: Princeton University Press, 2012), p. 136, pp. 141-42 においても言及されている。

(63) ドロッパーズはおそらく日本語が読めなかったと思われるが、誰が情報を提供し、論文執筆を助けたのかは明らかではない。慶應義塾の学生か同僚教員がその役目を果たしたのであろう。

(64) この点については、以下の文献に見られる議論も参照のこと。Honjo Eijirō, "The Development of the Study of History of Economic Thought," *Kyoto University Economic Review* 29:2 (1959), p. 2.

(65) Honjo (1959), p. 4 参照。

(66) Oskar Nachod, *Bibliographie von Japan 1906-1926*, Enthaltend ein ausführliches Verzeichnis der Bücher und Aufsätze über Japan, die seit der Ausgabe des zweiten Bandes von Wenckstern "Bibliography of the Japanese Empire" bis 1926 in europäischen Sprachen erschienen sind. 2 Bde. (Leipzig: o. V. 1928. Unveränderter Nachdruck Stuttgart: Hiersemann, 1970). ナホッドはドイツ人の商人でアマチュアの学者でもあり、三巻に及ぶ日本の歴史を表し、また博士論文ではオラン

ダ東インド会社の歴史について書いている。

(67) この問題についての当時の議論としては、Heinrich Pudor, "Das Hotoku System in Japan," *Oesterreichische Monatsschrift fuer den Orient*, Bd 39 (1913), pp. 204-05; Robert Cornell Armstrong, "Ninomiya Sontoku, the Peasant Sage," *TASJ*, vol. 38 (1910), およびアームストロングによる論文、Robert Cornell Armstrong, "Just before the Dawn: The Life and Work of Ninomiya Sontoku," *TASJ* (1912) 参照。

(68) 英語による概観として、Galen M. Fisher, "The Cooperative Movement in Japan," *Pacific Affairs* 11: 4 (1938), pp. 478-91 参照。この問題について、二十一世紀になって新たに再検討した研究としては Tetsuo Najita, *Ordinary Economies in Japan* (Berkeley: University of California Press, 2009) の第五章がある。

第七章　徳川・明治時代の休浜替持法とその思想

来　誠一郎

はじめに

本章の目的は、製塩業を事例にとり、徳川時代の休浜替持法《やすみはまかえもちほう》の実施と明治時代の同法の廃止という生産期間にかんする問題の検討をつうじて、経済活動の時代的変化の要因を比較検討することにある。その要因に、休浜替持法と同法廃止の主導者が生きた時代や活動拠点の違いがどう影響しているのかということも、あわせて検討される。

製塩業では、十八世紀半ばごろからの生産過剰などによる塩業不況を契機として、休浜替持法という生産方法がとられるようになった[1]。休浜替持法は、休浜法と替持法とをあわせたものである。休浜法は、生産効率の悪い冬季に休業して需給の調整をはかるというものである。替持法は、塩浜を二分して半分ずつ操業するというものである[2]。休浜替持法は[3]、一七七一年（明和八）に周防国三田尻の田中藤六《とうろく》（?―一七七七）によって三八《さんぱち》法《ほう》（三月から八月まで操業）が提唱され、周防、安芸、備後、伊予（西部）の塩浜が参加し、休浜同盟が結ばれた。

ただ、主要生産地であった十州塩田（播磨、備前、備中、備後、安芸、周防、長門、阿波、讃岐、伊予）[4]すべてで休浜替持法を実施するまで田中藤六の提唱から八十年程度もかかった。

明治時代[5]には、幕末の開国により塩の輸出入問題が生じた。十州塩業者は外国塩の輸入を防ぐとともに、対清輸出を目指したが、一八七七年（明治十）ごろには輸出の見込みが薄くなった。そこで、十州塩業は休浜同盟強化、政府にたいする保護請願へと方針転換した。これらを実現するための組織として、一八八四年（明治十七）には十州塩田同業会、一八八六年（明治十九）には十州塩田組合が結成された。政府は、一八八五年（明治十八）に「農商務省特達」を発布し、休浜替持法に法的根拠を与えた。

いっぽうで、休浜替持法廃止、改良実施、輸入防遏、輸出振興を求める者がでてきた。香川県の井上甚太郎[6]（一八四五―一九〇五。讃岐国坂出生まれ。高松藩御用掛をへて、島田組勤務、島田組解散後は高松市街地副戸長に就任、十州塩田同業組合東讃支部長などを歴任）である。井上甚太郎は休浜替持法を支持していたが、一八七八年（明治十一）に内務省官吏から同法では十州塩業の保護にはならないことを指摘されてから、方針転換したとされている[7]。

井上甚太郎は、休浜派と激しく議論を戦わせた。そして、一八八九年（明治二十二）に休浜替持法は法的根拠を失い（「制限中止ノ特達」公布）、翌年には休浜同盟が消滅するまでにいたった[8]。

徳川時代の休浜同盟は、藩の枠を超えた民間による自主的な同業者組織であった。このため、休浜替持法を普及、維持させるためには塩業者自身が行動しなければならなかった[9]。周防国三田尻大会所会所人の三浦源蔵（?―一八三五。周防国都濃郡戸田村〈現・山口県周南市〉生まれ）は、休浜替持法の普及、維持のために一八一六年（文化十三）に『塩製秘録』（全二〇巻）を著わしたほどである。『塩製秘録』は十州塩業者のバイブルとなった[10]。

この『塩製秘録』は、休浜替持法を普及、維持させるためにはどのような論理が必要であったか知るには恰好のものの一つであるとされている[11]。先行研究によると、『塩製秘録』には、同法の実施により経営的利益を得られること、藩の法制化により同法の実施が実現されたことなどが記されている。[12] 休浜替持法の十州各地への普及も、先行研究では地域別の事情にあわせた休業期間の実施や藩権力による制度化といった経済・政治的要因から説明されている。[13]

さらに、『塩製秘録』には「忠」、「義」、「仁」といった文言があり、田中藤六を親鸞になぞらえるなど、休浜替持法を宗教化するといったこともなされている。これらは、休浜理論の強調であると先行研究では理解されている。[14]

しかし、それらは休浜替持法の正当性を強調するにとどまるものであろうか。なぜなら、三浦源蔵は「塩製秘録ハ……休業換業ヲ賞スルノ主義[15]」であるとしているからである。では、なぜ休浜替持法を褒めるという方針をとらなければならなかったのだろうか。休浜替持法を普及、維持させるためには経済・政治的根拠だけで十分ではなかったのだろうか。また、「賞スル」方法にも注目しなければならないだろう。休浜替持法こそが「忠」や「義」といった概念に適うとはせず、同法の宗教化という方法がとられているからである。なぜ、そうするのであろうか。そうすることは休浜同盟の展開にどう影響したのだろうか。

井上甚太郎の持論については、先行研究[16]では一八八七年（明治二十）に出版された『日本塩業改良の始末』などをもとに、時代の変化を見据えた資本主義的合理性を持つものと評価されている。さらに、自由民権派を味方につけ改革を訴えたことも明らかにされている。

ただ、そのうえで田中藤六という偶像の破壊までも試みていることには注意しなければならないだろう。なぜ、そのようなことまでしなければならなかったのだろうか。井上甚太郎の説く経済的合理性や自由民権派を味方につけることは、改革の実現にとってどれだけ説得力を持つものだったのだろうか。後者については、先行研究では「彼の自由党闘士としての経歴がどちらに作用するかも、いまにわかには断じがたい[17]」とされているのである。

徳川時代にあって、瀬戸内十州という広範囲で、民間業者が主体となって改革を実行するということは、稀な例であろう。しかし、だからこそ、藩という枠がなくなった明治時代の井上甚太郎が日本塩業の改革のために主張したことを、徳川時代の三浦源蔵のそれと比較することができる。通年生産から休浜替持法、同法から通年生産へという生産方法の変化の裏にある経済、藩および政府、与論、宗教化といった要素まで比較することができるのである。経済の時代的変化については、近年では、「封建的」、「資本主義的」といった外面的比較から、「人間の動機」といったより深層的な行動パターンをつうじて理解しようとする方向に研究が進んでいるとされている。[18]このような研究史上の動向に鑑みれば、休浜替持法をめぐる思想というのは恰好の分析対象の一つといえるだろう。

徳川時代から明治時代へという「時間」の違いとともに、周防主導から讃岐主導へという「空間」の違いが塩業論に及ぼした影響も考慮しなければならないだろう。改革の中心的人物がいる周防と讃岐では、後述するように、生産条件が異なるからである。

製塩業における生産方法について、三浦源蔵と井上甚太郎はどのように持論を正当化し、他者に訴えて変革へと導いたのか。両者の主張に、徳川時代と明治時代という「時間」、周防と讃岐という「空間」の違いはどのように影響していたのであろうか。本章では、これらのことが宗教を中心に、利益、権力者、与論という要素もあわせて分析することにより明らかにされる。

一　休浜替持法と利益、藩権力

『塩製秘録』で三浦源蔵が主張しているのは、「休浜といふ事ハ九月の候より翌二月の候終るまで家業を休む」[19]というように、休業期間が六カ月のいわゆる三八法である。ただ、『塩製秘録』刊行時に六カ月の休業期間を設けていたのは周防と長門だけで、備後、安芸、伊予は四カ月半、播磨は三カ月であった。阿波、備前、讃岐は休浜同盟未加入であった[20]（休浜同盟加入後の休業期間は三カ月）。三浦源蔵が目指しているのは、「瀬戸内一統いたさすてハしかと積り前に至らす其の詮うすく」[21]とあるように、あくまで三八法の十州一律での適用である。

三八法を実施することにより、「塩付よからぬ冬春家業を休めハ塩の出来高も少し減少して冬春薄水仕入損の薪代を減し彼是利方有へし」[22]と、燃料費が節約できるとしている。さらには、「瀬戸内海開作夥敷塩浜多軒となり壱ヶ年出来塩壱ヶ年諸国の用塩に延るゆへ多きものハ其価安く寡きものハ其価貴し」[23]とあるように、需給関係からいえば、価格の上昇も見込むことができるのである。

『塩製秘録』は、塩田の大所有者である「有徳浜人《うとくはまにん》」に向けて書かれたものであろう。休浜同盟への加入催促は、三浦源蔵のような地域の代表的有徳浜人から、たとえば備前国児島では野崎武左衛門《ぶざえもん》（一七八九―一八六四）のような地域の代表的有徳浜人へなされたからである。[24]有徳浜人は、「浜主に圧倒的な影響力を持つだけでなく、村役人層や会所役人層へも強力な発言力をもち、塩問屋を牽制でき、……藩権力の中枢とも特別な関係のある人物の存在」[25]であった。

有徳浜人の他にも、中小零細所有者である「非力《ひりき》浜人」、これら浜主の下で塩田を経営する「預《あずか》り浜人」（小作人）、浜主や小作人の下で働く「浜子《はまこ》」（労働者）がおり、塩が生産された。有徳浜人が小作人に経営を委任し、小作人が労働者を雇用して生産するというのが主要な形態であった[26]。

三八法の普及、維持のためには、当然のことながら、同法が十州各地の塩浜で利益になることが示されなければならないだろう。三浦源蔵は、「此書によりて家業の道大旨を弁ふの一助ともなれかしと思ふのみ[27]」と、『塩製秘録』が製塩業存続の一助、いいかえれば、公益に資するものであって欲しいという。

ところが、『塩製秘録』では次のように述べ、三八法についてはかならずしも国益とは理解していない。

国益を計り我勝手にのみかかわり、心一図に偏倚休浜を論すへからす。休浜をして国損の立さるやうにも持扱時は、自然と国益を論するに当り、又外国益の事は混雑するにより此書へ出さす[28]。

なぜ、三八法が各地域で利益になるということをはっきりと示さないのだろうか。

三浦源蔵は、「只慾を恣にするよりして家業の道明らかなさらるものか[29]」という。「私欲」では、「家業の道」を疑いのない確かなものにすることはできないというのである。

三浦源蔵のいう「私欲」とは、具体的にはどのような行為を指しているのだろうか。「持延《もちのべ》」（もしくは「業《わざ》延《のべ》」）とよばれる生産期間の延長にかんする記述から、そのことを読みとることができる。

三浦源蔵は、「人足る事を知らす恣慾際限なく休浜の相談に洩業延をして[30]」と、「業延」をすることを「私欲」としている。「業延」は、三田尻では非力浜人や預り浜人がしばしば行おうとしていた。生産期間の延長は、「三田尻非力預り……当日家子育みならす来年の三貫目より今年の三百目先前を取渡りて先ハ先の事とすへし[31]」と、彼らにとって利益のあることであった。

つまり、三浦源蔵のいう「私欲」とは、自己に有利な行為をすることを指していると考えられる。

では、三田尻主導による休浜替持法の実施は、三浦源蔵のいう「私欲」にはあたらないのだろうか。生産高の国別（明治期は県別）シェアをみると、周防が伸ばしている（表1）。明治期で休浜替持法が実行されていた一八八〇年代も同様である。なお、宝暦期から明治初期までであるが、宝暦期と一八一六年（文化十三）の塩浜軒数を比べると、周防の軒数が十州の中でのシェアを伸ばしている（表2）。徳川時代、一軒あたり平均一・五町であり、一軒あたりの生産量もおおよそ一定していたため[32]、塩浜軒数の統計をもちいた。この十九世紀における周防国のシェア拡大は、同国では新塩田の開発があまりなされていない中で実現されたものである（表3）。

周防国以外の各地域は、それぞれの事情にあわせて休業期間を六カ月より短く設定していたのである。しかも、それは利益計算をしてのことである。たとえば、野崎武左衛門は塩相場が一俵銀五匁以下なら冬期休業したほうが有利であるとみていた[33]。

それでも、周防国の占有率は上昇していたのである。とくに、塩浜軒数のシェア拡大は『塩製秘録』刊行前までのことである。三浦源蔵も、瀬戸内十州の塩浜軒数を把握している[34]（『塩製秘録』巻二）。三八法や休浜替持法の実施が周防国を利するものであることを、三浦源蔵が把握できなかったわけではないだろう。

休浜替持法が周防国にとって有利な生産方法であること自体、大きな問題はないだろう。しかし、三浦源蔵自身が自己を利する行為を「私欲」とし、その「私欲」では「家業の道」を明らかにすることができない、としているのである。

三八法を含む休浜替持法の実施が各地域で利益になることを明示すれば、「家業の道」を明らかにすることができない「私欲」であることが明白になる。このために、「国益の事は……此書へ出」すことができなかったのではないだろうか。じっさい、数量的根拠でもって、休浜替持法を実施すれば周防国以外の地域も同国と

表 1　十州塩田生産高構成比(単位：%)

年	播磨	備前	備中	備後	安芸	周防	長門	阿波	讃岐	伊予	計	十州生産量(石)
宝暦末期	38.14	7.48		7.18	8.92	6.77	0.28	11.65	13.03	6.55	100	2,993,200
1876 年	21.14	8.02	0.71	4.84	5.14	19.41	0.85	10.96	18.77	10.18	100	3,502,692
1881 年	25.83	9.28	0.89	6.07	10.14	16.80	2.69	5.49	15.07	7.73	100	3,844,980
1886 年	19.88	10.64	0.66	5.77	4.11	21.85	1.63	11.07	16.67	7.72	100	3,825,107

年	兵庫県	岡山県	広島県	山口県	徳島県	香川県	愛媛県	計	七県生産量(石)
1891 年	16.58	11.05	15.31	21.19	7.90	19.17	8.81	100	4,494,553
1896 年	15.65	12.05	12.49	22.27	9.40	21.24	6.91	100	4,101,387
1901 年	14.39	10.43	15.04	22.91	8.51	21.82	6.90	100	5,574,700
1906 年	14.62	10.40	11.38	18.63	12.67	25.83	6.48	100	744,408,150
1911 年	14.40	10.56	11.43	18.95	10.77	27.48	6.39	100	841,198,899

＊宝暦末期は，各地域の生産量や，宝暦末年ごろの塩田面積などから推計したもの。宝暦末期の備前は備前と備中の合計。1906 年(明治 39)と 1911 年(明治 44)の七県生産量の単位は斤。
資料：日本専売公社編『日本塩業大系 近世(稿)』日本専売公社，1982 年，15 頁；農商務省編『農商務統計表』慶応書房，各年度；日本専売公社『塩業整備報告 第 2 巻』1966 年。

表 2　十州塩浜軒数構成比(単位：%)

年	播磨	備前	備中	備後	安芸	周防	長門	阿波	讃岐	伊予	計	軒数(軒)
1751 ～ 71 年(宝暦・明和期)	35.00	3.42	1.84	6.34	7.87	15.53	0.66	16.91	7.41	5.01	100	1,957
1816 年	32.78	3.06	1.72	5.93	7.37	21.20	0.62	15.84	6.94	4.55	100	2,090

資料：重枝慎三『三田尻塩業の歴史』防府市立防府図書館，1998 年，16 頁；日本専売公社編『日本塩業大系 近世(稿)』日本専売公社，1982 年，207 頁。

表 3　新しく開発された入浜塩田の国別面積構成比(単位：%)

年	播磨	備前	備中	備後	安芸	周防	長門	讃岐	阿波	伊予	計	面積(町)
1596 年～ 1643 年	28.48	0.59	0.00	0.00	0.00	18.64	4.83	15.88	28.13	3.45	100.00	579.4
1644 年～ 1703 年	9.42	4.19	2.73	8.79	12.22	19.56	0.00	6.85	29.90	6.35	100.00	802.8
1704 年～ 1763 年	9.23	0.00	0.00	1.70	7.62	0.00	0.00	53.50	7.58	20.36	100.00	211.2
1764 年～ 1817 年	10.41	0.00	0.00	3.55	0.19	74.34	0.56	10.04	0.00	0.93	100.00	538.1
1818 年～ 1867 年	25.46	27.14	0.00	0.00	3.68	4.43	0.93	22.99	1.55	13.81	100.00	970.0
合　　計	3.01	4.87	22.83	1.29	17.31	13.99	8.16	18.16	9.68	0.71	100.00	3,101.5

資料：日本専売公社編『日本塩業大系 近世(稿)』日本専売公社，1982 年，32 頁。

同じような利益を得られることは、示されていないのである。『塩製秘録』の巻一一から巻一三では、休浜替持法（二ヵ月休業、六ヵ月休業の場合など）を実施した場合の利益計算がなされているが、それはあくまで三田尻のケースである。(35)

かりに、三浦源蔵のいうように、三八法こそが「家業の道」であるということで他藩の有徳浜人を説得できたとしても、さらなる障壁があった。各藩で休浜替持法を実施するには、藩の許可が必要であったのである。(36)『塩製秘録』には、「休浜規定ハ御政道なりと勘弁して(37)」と、藩による強制力に依存するような記述がみられる。じっさい、休浜替持法実施のために、三田尻でも藩の力を借りていた。(38)

ところが、藩は休浜替持法支持者だけの味方というわけではなかった。

藩は、「持延」をしばしば許可していた。たとえば、一八〇七年（文化四）に一ヵ月の「持延」を三田尻の代官所が許可した三田尻越訴事件がある。(39)「持延」を求めていたのは、預り浜人や非力浜人である。休浜替持法は、三浦源蔵のような有徳浜人に利益があり、預り浜人や非力浜人は、「それ〔休浜替持法─引用者、以下同〕を実行するにはあまりにも経済力が弱小であつた」からである。(40)

また、休浜替持法を実施している有徳浜人は、藩にたいして新塩田の開作を許可しないように求めていた。(41)三浦源蔵も、「何国にても新浜築立なる時ハ近辺の古浜所難儀筆紙に尽しかたし(42)」と、新塩田開発を迷惑としている。それでも、表3からも明らかなように、十九世紀には多くの塩田が開発された。むしろ、休浜替持法の実施により新塩田開発が促進されるということさえあった。(43)

二　休浜替持法と宗教化

三浦源蔵は、三八法の普及、維持のために著した『塩製秘録』を「家業の道大旨を弁ふの一助ともなれかし」と願っていた。ところが、三八法は「家業の道」を確かなものにすることができないと自ら公言した、私欲という側面をもっていた。藩権力に依存することも、三八法の維持にとって盤石な方法というわけではなかった。

忠義を示すことで、自らの経済行為を正当化するということがある。たとえば、高松藩の久米栄左衛門《えいざえもん》（一七八〇—一八四一）は、一八二九年（文政十二）に坂出東・西大浜一〇二町を開いた。(44) 久米栄左衛門が塩田の開墾許可を藩に伺ったさいの建白書では、「御用ヲ相勤申度盍ワ《ママ》国家貧民之タメニ一命ヲ惜マン哉(45)」と、新塩田開発は藩のためや民のために行われることが公言されているのである。

『塩製秘録』にも、「忠」や「義」といった単語が出てくる。

さきにみた三田尻越訴事件のように、預り浜人たちは「持延」の要求を年寄（浜人の中から選ばれた浜掛り役人、塩浜を管理、運営）(46)を通さず代官にすることがあった。このことについて『塩製秘録』では、「御国中諸浜の損勘定無益の費にして全御国損と也此振合上御存知なき事なるを大年寄小年寄是を訴訟せさるハ不忠不義の至りなり(47)」と、「持延」は「損」になることを年寄が藩に知らせないのは、「不忠不義」であるとしている。だが、「持延」は「不忠不義」とするものの、三八法が「忠」や「義」であるという表現は『塩製秘録』では使われていない。

『塩製秘録』でも、正当化のために「忠」や「義」などといった人間世界の教えが使われないわけではない。「持延」を許可した藩を三浦源蔵は、「非力浜人のかたんの心持ちあり仁の道といふへきや不仁の仁といふへきや浅智にして分別なき事なり(48)」としている。「仁」なのか「不仁」なのか曖昧にしているどころか、「仁の道」とまで言っているのである。

なぜ、三八法こそが「忠」や「義」といった概念に適うものであるとしないのか。第一節で述べたように、『塩製秘録』では新塩田開発を迷惑としていた。これは三田尻以外でも、「諸国共追々新浜出来仕、古浜所迷惑ニ相成」(49)と、同様であった。だが、新塩田開発も開発する側にとっては、さきにみたように「忠義」であった。三八法の実施こそが「忠」であり「義」であるとすると、「迷惑」でしかない新塩田開発と同列となってしまうだろう。三八法を正当化するためには、「忠」や「義」といった人間世界の教えとは別の論理が必要となってもおかしくないであろう。

「忠」や「義」といった観念で正当化しないかわりに、宗教にかんする記述が多くみられる。とくに、浄土真宗が多く出てくる。それは、次のようなものである。

浄土真宗の教へハ《たなか藤六のおしへハ》信心《かへもち休浜》を《を》以て本とせられ候と又口に唯称名《またはまにたゞしほ》はかりを唱へたら《をよくこしらへ》ハ極楽《かげふ》に往生《そうぞく》すへきよふにおもへり。(50)

凡夫《はまにん》の身ハ皆地獄に堕在《長崎へろふ》すへきを阿弥陀如来不思議の御本願《田中藤六休浜のもくろみ》にて凡夫《浜人》のたやすく極楽に往生《かげふのそうぞく》を遂る事広大の恩徳なりと思ハ、只御礼報謝のためと心得念仏《かへもち》すへしと。(51)

田中藤六の教え(三八法)は浄土真宗の教えであり、念仏(三八法)を唱えれば家業相続ができる、極楽に行くことができるのである。だから、凡人である浜人は、阿弥陀如来である田中藤六に感謝して、念仏をとなえる、つまり三八法を実施すればよいのである。

では、なぜこのように田中藤六を神格化できるのであろうか。

「田中藤六なる者正に天の時を得た」[52]からであろう。田中藤六が三八法を提唱したのが一七七二年（明和九）、死去したのが一七七七年（安永六）である。この期間はまさに、「三田尻浜は安永年中から石炭焚に変り、高価な千葉、松葉焚から脱して燃料経費節約の好機に恵まれ……浜人の潤うた時」[53]であった。三浦源蔵は、「田中藤六……其教へ誠に神の如く」[54]という。さらに、「時節到来とハいひなから天藤六をして此法を示し、多年困究の塩民をすくはせ玉ふなるへし」[55]と、このいわば偶然を巧みに利用し、「天」と「藤六」との繋がりを作っている。

田中藤六を神格化したことは、周防国以外の三八法を含む休浜替持法の普及および維持にどう影響したのであろうか。十州塩田の中では西側に位置する伊予国と、東側に位置する播磨国についてみていく。伊予国は、休浜同盟に当初から参加している地域である。播磨国は、生産高の割合が十州のうちの二割以上であることからみても、十州塩田の中心的位置を占めていたといえるだろう（表1）。

伊予国の浜人は田中藤六の三十三回忌に、「田中藤六と云又白和翁といふ安永六丑ノ年故人となり今以家柄繁昌なり」と前置きしたうえで、「誘ひ行く風のままにそ糸柳休みゐる羽やたかき百千鳥」という句をよんだ。[56]この句は、休浜替持法にいつまでも同意していくという意味である。[57]

播磨国赤穂に山本幸次郎（一八二三―八三）という塩田地主がいた。「十州塩田者ヲ同盟シ、……讃州阿州ノ不服者ヲ説キ又芸備ノ異論者ヲ遊説シ、……十州会ヲ開設スレハ、必ス参会シテ会主ヲ助ケテ周旋尽力シ」[58]と、休浜同盟維持の中心的役割を果たした人物である。

彼は三八法支持者である。「非常ノ塩業熱心家ニシテ、維新前ヨリ塩業ノ振ハサルヲ歎キ、三八……三ツ割持ノ規定ヲ確立セシメント、数年間奔走尽力スルコト一日ノ如シ、……之ヲ異名シテ、赤穂ノ三八翁ト呼ヘリ」[59]というほどである。しかも、「如斯熱心ナルニ依リ、田中藤六ヲ慕フコト最モ深ク、田中ヲ塩業大明神ト呼ヒ、人ニ語ニ、田中ト呼ヒ流セシコトナク、必ス美称ヲ付ケテ田中様ト呼ヘリ(60)」というほどであった。

山本幸次郎は田中藤六を底意なく尊敬していたのか。三八法を広めるために田中藤六を「大明神」として利用していたのか。山本幸次郎の真意を知ることは、資料的制約からできない。いずれにしても、徳川時代後期から幕末においても「田中藤六＝神」ということが機能していたということはいえるだろう。

休浜同盟は、勧誘に成功すれば、それだけでいつまでも同盟が維持できるというものではなかった。田中藤六が周防、長門、安芸、備後、伊予に三八法実施を打診したさいも、「換持休浜ノ法ヲ実行シ、将来互ニ此法ヲ確守スル為メ、親睦通信ノ会ヲ、毎年三月厳島ニ開設(61)」することが約束された。

休浜集会(62)は、一七七一年（明和八）備後国尾道で初めて開催された。一七七二年（安永元）からは安芸国厳島で開かれ、一八一三年（文化十）からは開催地に備前国児島瑜伽山が加えられた。以後は、厳島で開催される年は三月十五日、瑜伽山では四月十日が集会日とされた。

休浜集会では、休浜法を遵守する旨の「印形帳」（もしくは「集談覚書」など）が毎回作成された(63)。当初は、次の引用文のとおり簡単なものであったとされる。

於厳島諸浜集（談脱カ）印形帖

覚

一　当年モ不相替、於厳島竹原屋兼蔵宅遠近因合之浜所打寄、浜業相続為永久集談、目出度不過之候事、

一　塩並ニ石炭相場時々、無怠通合ヒ候事(64)

三浦源蔵も、「面々相たかいに休浜の讃談あるへきこと肝要也(65)」と、田中藤六が始めた休浜集会を重要視し

ている。「赤穂ノ三八翁」山本幸次郎も、「何ヲ以テ永続センヤ、当春三月、我赤穂ニ於テ十州会同ス、……吾輩以為ラク、塩業永続ノ基本、必ス是ノ一挙ニ決定セント[66]」と、休浜同盟維持のためには集会が必要としている。それは、「議事ノ体裁ヲ不行ハ、当番方周旋徹底セサル所アル[67]」と、会議を設けなければ休浜替持法実施に支障をきたすと考えていたからである。

ただ、会議を開催していても、休浜同盟は弛緩していった。次の引用文にあるように、田中藤六存命中は三八法が守られていたが、彼の死後「持延」が行われるようになった。

同六年（安永）丁酉、田中藤六死去シ、……田中白和翁粉骨砕心ノ効ヲ、十年ニ満タスシテ没センコトヲ深ク憂ヒ、老練ナル浜人ヲ集会協議シ、三田尻浜ノ営業ヲ六ヶ月トナシ、其他ノ浜所ハ十日或ハ十五日乃至廿日ノ延業ヲナサシメ……終ニ旧ニ復スルコト能ハス、之レ後世各浜延業ヲ貪ルノ原因トナリシ[68]。

そして、印形帳に記載される文言も、「年ヲ経ルニ従ヒ、次第ニ煩文ト[69]」なっていった。たとえば、一八二九年（文政一二）の瑜伽山諸浜集会印形帳では、「今年も不相替於備前瑜伽山麓遠近之浜所一同打寄及集談候儀、浜業永久可取続之大体目出度不過之候事」、「塩並石炭相場時々相互ニ通し合」という当初のものと同じような文言に加え、「播州灘目諸浜近年出席無之ニ付、昨年巳来赤穂東西浜より色々駈合有之候得共当年も出会無之」、「予州波止浜去歳より不斗破談ニ相成、芸備迷惑筋多申値候」といった集会欠席や休浜規約違反についても触れられるようになった[70]。

十九世紀半ばごろからは、休浜同盟を維持することも困難になってきた。そこで、一八五一年（嘉永四）には播磨と阿波、防長と芸備というように相互に休浜実施状況を監視する制度が作られた。一八五三年（嘉永六）

には、罰金制度も設けられた[71]。

さらに、一八六一年（万延二）の集会では、次のように述べられている。

> 防州三田尻田中藤六始て此理を発明して以て防長二国に示し、追々芸予ニ至り、各逆をさり順につきて幸ひを得、上下ともに大いに賑ひ、追々備播阿これに値といへとも、天道の順逆田中氏の深利をしらずして、只利欲のミの事と心得、休浜の議定良もすれハ破んとほつす[72]。

田中藤六の三八法の真理を知らないために、同法が破られるという。田中藤六の名を出し、休浜替持法を維持しようとしている様子がうかがえる。

右の引用文は、「休浜ノ儀ニ付口演[73]」というものの中で述べられたものである。印形帳は『日本塩業大系　史料編　近世(二)』に、徳川時代のものでは一八一八年（文化十五）から一八六六年（慶応二）の四八年間のうち二五年分が掲載されている。この「口演」のようなことが、一八一八年以前にも行われており、同じように田中藤六の名前を出して休浜同盟の維持に利用していれば、再び田中藤六を頼ったことになる。一八六一年（万延二）が初出であれば、ほとんど最後の手段として田中藤六に依存したことになろう。いずれにしても、田中藤六の名前は休浜替持法の維持にとっては利用価値があったということになる。

なぜ、神格化された田中藤六を、休浜同盟維持のために利用することが可能だったのか。

そもそも、休浜同盟は出発時から神事的な性格を帯びていたのである。田中藤六の前に二九法（二月から九月まで操業）を提唱した三原屋貞右《じょうう》衛門《えもん》（生没年未詳）は、一七六〇年（宝暦十）に備後、安芸、伊予の塩業者を厳島に集め、神前において神文の血判を押して休浜同盟を結んだ[74]。

田中藤六の三八法の神がかり的な成功が、第一回の休浜集会の直後のことであったということもあるだろう。一七七一年（明和八）の第一回の休浜集会のあと、「その効果はたちまち現れ「明和九年辰（安永元年）のとしより休浜なりしに直ちに勘定よろしく三年を経すして浜業繁昌しける」(75)となったのである。

田中藤六の名前を出すことができる環境が維持されたことも、一因であろう。三田尻では三浦源蔵だけでなく、「田中藤六を親鸞上人にたとえて浜人は崇敬し、古浜の安養寺の田中藤六の墓には没後三十余年経ても「今に至り廟参絶る事なし」……とまで崇敬され(76)」ていた。その三田尻が、田中藤六の死後も休浜集会を主導した。「休浜同盟成立に尽力した三田尻浜の功を賞して厳島集会や瑜伽山集会において三田尻浜代表は……上座に座るのが慣例で、風波で到着が遅れても三田尻浜代表が来るのを待って集会が開かれるほど三田尻浜は重きをなした(77)」のである。その三田尻の浜人が、休浜集会で田中藤六の名を持ち出したものとおもわれる。前記の一八六一年（万延二）の「口演」は、「三月より八月迄浜業を拵ぎなバ富栄ふる事疑ひなかるへし(78)」と、三田尻で実施している三八法を主張しているからである。三田尻の浜人が、田中藤六の神通力は休浜集会の場でも通用すると思っていなければ、彼の名を出すことはできないだろう。

三　休浜替持法廃止運動と利益、政府、与論

休浜同盟は幕末の動乱を乗り越えて、明治になっても維持された。ところが、この既存勢力に立ち向かう者が出現した。井上甚太郎である。

井上甚太郎は、三八法を含む休浜替持法の廃止、供給増加（通年生産の実施）による価格の引き下げ、改良によるコスト削減や品位の改善、輸入防遏、輸出振興を十州塩業者に訴えた(79)。

改良の主なものは、「滷水ヲ多量ニ収ムル方法」と「煮釜ヲ改良スル事[80]」である。前者は、多量の培砂を塩田に撒くことである。後者は、広く用いられている石釜を鉄釜に換えることである。これにより燃料費が削減できるとしている[81]。

なぜ、価格を下げることや品質を改善することが必要なのか。それは、「品位精良ニシテ価格低廉[82]」な外塩が「将サニ内塩ヲ圧シテ輸入スヘキ世運ニ切迫セシ[83]」状況にあるからである。じっさい、「日本塩より2割以上も多分に塩分を含有する独逸塩、しかも輸送費その他を含めて尚かつ日本塩より3割以上も安価であった[84]」。また、安価で良質な塩を生産することは、「海外輸出ヲ謀ル事[85]」という目的もあった。「朝鮮其他魯領ニ向ツテ多ク輸出スヘキ途アル[86]」と井上甚太郎は主張している。一八八六年（明治十九）には三七八四トン、一万八二七六円、翌年には八六六六トン、四万二四六六円の塩が朝鮮半島へ輸出されており、輸出国別では約九割を占めている[87]。

通年生産の実施のためには、休浜替持法を実施している十州塩業者を説得しなければならないだろう。一八七七年（明治十）時点では、十州約二千百塩戸のうちおよそ七割にあたる一五四九塩戸が十州休浜同盟に参加しているのである[88]。

井上甚太郎は十州塩業者にたいして、「諸君ノ為メ且国家ノ為メ改良ノ説ヲ内外ニ採リ[89]」と、彼らのための改革案であることを主張する。そのうえで、井上甚太郎は通年生産した場合の利益計算を示している。しかし、休浜替持法廃止までに出版されたものでは、それは彼の地元である讃岐のものしかない[90]。

通年生産は讃岐に適したものであった。「東讃の気候・風土が防長地方などとは異なり、夏季と比較して冬季の営業もそれほど生産低下を生じない[91]」のである。また、「百姓浜（古い塩田で、十州塩業者の中ではいわゆる少数孤立の浜所）」が多く、「まさしく「一日怠レハ一日ノ活路ヲ失」う状況にあり、たとえ冬場の効率の悪い季節においても、周年営業でなければその生計を維持することは極めて困難であった」[92]。逆にいえば、「防長地方など」は通年生産には適していない地域であった。

じっさい、休浜替持法消滅後では、十州の中では香川県が生産量のシェアを伸ばしている（表1）。そのかわり、山口県が減らしている。

しかも、井上甚太郎自身が、通年生産は讃岐に有利な生産方法であるということを述べてしまっているような箇所が散見される。井上甚太郎は、「劣等ニ位スルノ塩田ハ或ハ其地力ニ堪ヘスシテ廃滅ニ帰スル者ナキヲ保シ難ケレトモ優勝劣敗ハ自然ノ理ニシテ免ル可ラサルノ数ナレハ小ヲ捨テ大ヲ取ルノ外ナキナリ」[93]と、通年生産に適していない塩田は滅んでも仕方ないとする。そのいっぽうで、「我讃岐ノ地ハ気候風土其宜キヲ得タレハ塩業創始ノ時代ヨリ数百年ヲ経タル今日ニ至ルマテ未タ曾テ制限ノ必要ヲ感セス」[94]というのである。

輸入防遏に欠かせない「改良」も、じつに曖昧である。「速ニ鉄釜ニ改良セン事ヲ勧奨シタレトモ……日本ノ塩浜ニハ石釜ヲ以テ至極適当ナリトス」[95]と、主な改良点の一つであった鉄釜への転換を撤回してしまったのである。そして、「改良ハ宜シク理化学専門ノ技師ニシテ然モ実地ニ経験アルモノヲ聘シ之ニ任セハ蓋シ其功ヲ奏シヘシ」[96]と、改良は理化学専門家に丸投げしてしまった。

通年生産が讃岐への利益誘導という面を持っており、改良の見通しが立っていなくても、政府に嘆願して三八法を廃止してもらうという方法もあるだろう。三八法に強制力をもたせた農商務省特達は、塩業者の請願ののち下されたものなのである[97]。その背景には、塩が綿や砂糖のように安価な輸入品によって衰退してしまうのではないかという政府の危機感があった[98]。ところが、井上甚太郎は「我製塩業ノ振ハサル固ヨリ故ナキニアラス蓋シ其主因タルヤ我農商務省カ方針ヲ誤リタル」[99]と、政府を批判し、頼ろうとしない。

そのかわり、井上甚太郎は自由民権運動の力を借りようとする。「社会ノ与論モ六ヶ月法ニハ疑ヒ多ク或局部ノ人モ此法ヲ是トセザル風潮モアレバ予ハ是ヨリ与論ニ訴へ[100]」るという。「或局部ノ人」とは、自由民権派であろう。一八八八年（明治二十一）、自由民権派の有志大懇会で、井上甚太郎は三八法に反対する行動に敬意を表されたのである。[101]なお、井上甚太郎自身も自由民権論者である。[102]

自由民権派は政府が干渉すること、塩業者がそれに依存することを批判している。「十州塩田組合規約の精神を案するに……政府の干渉を待ちて起りたる一種の牽制法[103]」という。いっぽう、生産拡大こそが自由としている。『東京経済雑誌』に掲載された「十州塩田業の歴史は産業自由の歴史なり」という記事によると、「断然先日の令達（農商務省特達）を廃止し、自由の営業を許し[104]」とある。

井上甚太郎は、自由民権派の力を借りようとすれば、政府を批判しなければならないという状況におかれていたのではないだろうか。

ところが、井上甚太郎は自由民権派への接近を図っているにもかかわらず、彼の著書の中で持論を自由と明確に主張している箇所はない。それは、井上甚太郎がまだ休浜替持法を支持していたときに、同法廃止を訴えた勢力を「自由」の美名にかくれて「一己の私利を営むもの[105]」と批判していたことがあるからだろう。

井上甚太郎が批判したのは、一八七七年（明治十）に起きた「備前葛藤事件」である。岡山県児島郡の塩田地主青井平四郎（生没年未詳）と三宅弥三郎（生没年未詳）が休浜同盟を脱退し、生産制限廃止を訴えて反旗を翻したものである。[106]彼らは井上甚太郎と同じ危機感を持っていた。「休浜法では日本塩業の維持・発展は図れないという認識[107]」である。

井上甚太郎はかつて生産制限の廃止を自由と結びつけて否定していた。自身も青井平四郎らと同じように通年生産実施を自由と主張すれば、矛盾を引き起こしてしまうことになるだろう。だから、持論を自由と明確に主張できなかったのではないだろうか。

四　休浜替持法廃止運動と宗教化

井上甚太郎は、自身の主張は公益に資するものであるとしていた。だが、それは讃岐に有利なものであり、改良も非現実的であった。さらに、政府の力も与論の力も安易に借りることはできなかった。

井上甚太郎の塩業論が持つこうした側面は、休浜替持法維持派の攻撃の的となる。十州塩田組合本部長などを歴任した山口県の秋良《あきら》貞臣《さだおみ》（一八四一―一九〇五）は、井上甚太郎に宛てた書簡の中で、「一己ノ浅見私理論ヲ主張シ(108)」と切り捨てている。秋良貞臣と同じく十州塩田組合本部長などを歴任した生本伝九郎《いくもとでんくろう》（一八四八―一九〇九）は、「同氏（井上甚太郎）カ平素ノ持論ト前後相撞着シ旨意モ亦タ混淆シテ事理ノ貫通セザルモノ多シ(109)」と、井上甚太郎の持論を厳しく批判する。

井上甚太郎の著書の中でみられるのは、持論を持ちあげようとするものだけではない。田中藤六や十州塩田組合を攻撃するという方法もとっている。「十州ノ同業者ハ概シテ従来藤六ノ愚説ヲ妄信シ(110)」と、徳川時代神格化された田中藤六の三八法をいまだに信じていると批判する。「種々ノ情実ニ牽制セラレテ改悛セサルニ在ル乎(111)」と、そうしたさまざまな感情に縛られているから改革できないという。

さらに、井上甚太郎は「十州組合ヲ破ルハ実ニ易々タルノミ(112)」と、休浜同盟を受けついだ十州塩田組合を潰すのは簡単であるとも主張する。すでに述べたように、田中藤六の神格化と休浜同盟は一体のものであった。そして、自分たちを中心にして日本製塩業を主導しようとする。「我同業者諸君ニシテ若シ十州中其製塩ノ良法ヲ採用セント欲スレハ……我阪出古浜塩問屋田地清助方へ派遣スヘシ(113)」と、製塩業を発展させたいのであれば、「我阪出」へ来いというのである。

なぜ、井上甚太郎は田中藤六を否定し、十州塩田組合を壊そうとするのか。それは、三八法支持勢力が、何をするにしても田中藤六の名を出してくるからであろう。

「〔明治十四年〕防長浜三田尻浜ニ於テ、……塩業講習会[114]」が開かれた。その目的は、「製塩一切ノ事ヲ討論研究シテ、以テ翁〔田中藤六〕ノ堅堪不抜ノ志ヲ継キ、塩業ヲシテ、熾盛ナラシメ[115]」ることである。さらに、三田尻では「明治十四年、……故田中藤六ノ碑ヲ三田尻塩田大会所内ニ建設シ、藤六ノ偉功ヲ後世ニ伝フルト共ニ、将来ノ塩業者ニ矜式ス[116]」ということまでしている。

三田尻だけではなく播磨（兵庫県）の塩業者も、十州塩田組合の起源を田中藤六に求めている。兵庫県の塩業者の連名で、農商務卿西郷従道（一八四三―一九〇二）に上申した「十州塩田組合ニ対スル意見書[117]」である。「十州塩田組合ハ、遠因ト近因トニ依リテ、設置セラレタル[118]」という。「近因トハ、明治十八年農商務省ノ同水第二十四号達」であり、「遠因トハ、今日ヲ距ルコト凡一百四十年已前ヨリ、明治維新ノ当時迄継続シタル（時ニ弛張アルモ）十州内多数ノ大浜塩民カ、同盟結約ニ成立チタリシ十州会[119]」である。「十州会」は、「藤六、……尾道漁人町海蔵寺ニ会スルニ決ス、是ニ於テ檄ヲ各浜ニ飛ス、之ヲ十州同業集会ノ濫觴トスト云フ[120]」というように、田中藤六が始めた休浜集会が起源である。

「遠因ニ依リテ、近因ヲ作因セシ[121]」と、「遠因」である百年前の「十州会」が、「近因」である農商務省特達に作用したという。しかも、「遠因ナク、単ニ農商務省ノ令達而已ニテアラシメバ、十州塩民ノ団結恐ラクハ今日ノ如ク、容易ニ成立セサリシナルヘシ[122]」と、「遠因」がなく「近因」だけでは十州塩業者の団結は容易ではないと推測する。

塩業者だけではない。十州塩田組合の会議（明治十八年八月）における農商務省奏任御用掛青柳忠一（生没年未詳）の演説においても、田中藤六が出てくる。

「八月二十三日、農商務官青柳氏臨席、塩業上団結ノ件演舌」で、「旧時封建之日、……三原屋氏、田中氏ノ如キ先輩、其人アリ、同業者ノ規約ヲ鞏固ナラシメタル……諸君ノ能ク記臆シ、又其事ヲ継述セン為メ、多年苦辛セラレタル所ナリ[123]」と発言している。十州塩業者が三原屋貞右衛門と田中藤六のことを脈々と伝えていることは、農商務省の人間も知っているほどなのである。

三田尻や播磨の塩業者が田中藤六を心の底から崇めているのか。それともただ利用しているだけなのか。いずれにしても、明治二十年前後においても田中藤六の名は、利用できる価値があったといえるだろう。

そうであるならば、井上甚太郎が通年生産の実現のためには、田中藤六や十州塩田組合を否定しなければならないと考えても不思議はない。

井上甚太郎は『日本塩業改良の始末』で、「彼ノ同業者中ニシテ休業説ヲ執ル者ハ以上摘載スル所ノ説ヲ以テ金科玉条ト為シ之レヲ尊信スルニ過サルナリ[124]」としている。「以上摘載スル所」とは、「藤六カ首唱シタル休業説ヲ記シタル者ニシテ甚太郎カ曾テ閲スル所[125]」である。それは、次の引用文にあるように、三八法の効果についてである。

其説〔田中藤六の三八法〕ニ曰ク……所謂人ノ力ハ天ノ時ニ及ハサル故ナリ、曰ク今我半年ヲ休マント云フハ人力ヲ養フカ為メナリ、隔日ニ半田ヲ休マント云フハ地力ヲ養フカ為メナリ、曰ク年中稼キツメニスル時ハ丁夫ノ給金並ニ其他ノ雑費夥キ事ナリ[126]。

そして、「此ノ如キノ説ハ鎖国未開ノ古代ニ在テ或ハ一時其効ヲ奏シタルモ開国文化ノ今日ニ在テハ已ニ其力ヲ失ヒタル者ナリ[127]」と、田中藤六の三八法はもはや時代遅れであるとする。つづけて、「彼ノ休業説ヲ執リ制限論ヲ唱フル者ハ皆ナ斯ル愚説ニ惑フカ為メナレハ痛ク之ヲ弁駁セサルヲ得サルナリ(128)」とする。

三八法は時代遅れであるということを拠りどころに、田中藤六という偶像を破壊しようとしているのである。また、改革を実行せず時代遅れとなってしまった製糖業が衰退したということも引き合いに出している(129)。

三八法を法制化した農商務省特達は、井上甚太郎を中心とする「東讃塩業者の激烈なる反対闘争に直面し(130)」、既述の通り、一八八九年（明治二十二）に廃止されたのである。

五　「時間」と「空間」

三浦源蔵は、三八法により燃料費を節約し、供給を制限し価格を維持、上昇させようとしていた。井上甚太郎は、品質の改善、三八法をふくむ休浜替持法の廃止（通年生産の実施）により供給を増やし価格を下落させようとしていた。そのうえで、輸入防遏および輸出振興を目指していた。

三浦源蔵の主張する三八法は、鎖国下では適切な手段であったといえるだろう。同法は、預り浜人、非力浜人、浜子の犠牲の上に成立するものであったが、これ以外によい代案もなかったとされている(131)。人口が増加していないため(132)、大きな需要増も望めなかったのである。

井上甚太郎の生産拡大、輸入防遏、輸出振興を訴える塩業論は、開国による変化に応じたものであるといえよう。第三節で述べたように、開国は輸出のチャンスを生むと同時に、輸入塩により日本塩業が破壊されるかもしれないというピンチも生んだのである。井上甚太郎は、「食塩ヲ以テ製造シ其外邦ニ輸出ス可キ重キナル物品ヲ挙ケンニ第一醤油第二曹達トス(133)」と、ソーダ工業など需要拡大の可能性も出てきたとしている。いっぽうで、「塩業ノ拡張ヲ謀ラス漫ニ外塩ノ輸入ヲ促カシ其惨状ヲ見ルニ至ラシメハ其世ニ獲ル所ノ罪ハ免カル可ラサルナリ」[134]とも述べている。

三浦源蔵と井上甚太郎の主張の違いは、鎖国下の徳川時代と開国下の明治時代という「時間」の違いによりもたらされたといえよう。

両者とも、自身の塩業論は瀬戸内十州の公益に資するものであるとしつつも、自地域の私益という側面があった。三八法は周防国、通年生産は讃岐国に適したものであった。他地域も同程度の利益を得られるということを、利益計算で示すということは両者ともしていない。

三八法に適している周防と通年生産に適している讃岐という「空間」の違いも、三浦源蔵と井上甚太郎の主張の違いを生んだといえるだろう。

徳川時代、非力浜人や預り浜人の求めに応じて、藩は「持延」を許可することがあった。井上甚太郎が通年生産の実施を訴えていた明治十年代後半、休浜替持法実施による国内塩業の保護というのが政府の塩業にたいする態度であった。与論を用いようとしていたところが井上甚太郎と三浦源蔵との違いであるが、かつての井上自らの言動によりそれを十分に利用することはできなかった。

権力者や与論といった塩業界外部の力は、改革を実行するための手段としては十分なものではなかった。これは、「時間」と「空間」が違っても同じであった。

通年生産から休浜替持法へ、休浜替持法から通年生産へ、これらの改革を実現するための論理として経済的根拠や政治的圧力では不十分であった。

そこで、三浦源蔵は浄土真宗という既存の宗教に自らの塩業論をなぞらえることまでしていた。いっぽうで、井上甚太郎は神格化された田中藤六を批判の的とし、彼を乗り越えようとした。

田中藤六の神格化と神格化された藤六の否定という三浦源蔵と井上甚太郎の相違点は、井上甚太郎には依拠すべき人物がいなかったということによるものであろう。三浦源蔵には、「田中藤六……休浜替業の二法を案じ忽ち塩場繁昌の基を開かれし事凡慮に非すして其教へ誠に神の如く[135]」と、神がかり的な成功を収めた先駆者がいた。田中藤六の経済的成功をバックに、神格化を試みているのである。讃岐にも先達はいた。第二節でふれた久米栄左衛門である。ただ、彼は新塩田開発により讃岐製塩業の基礎を築いた人物である[136]。通年生産を主張していたわけではない。

「空間」の違いが、先駆者を神格化することにより持論に正当化を持たせようとするか否かという、両者の違いを生んだといえるだろう。

ただ、肯定と否定という違いはあるものの、三浦源蔵も井上甚太郎も田中藤六を利用しているという点では同じであるといえよう。そうだとすれば、宗教というものがそれぞれの塩業論を正当化することにおいて影響力を持っていたということは、「時間」と「空間」が異なっていても同じであったといえるだろう。

おわりに

徳川時代、三八法を広めるために三浦源蔵は『塩製秘録』などを著した。明治時代、三八法廃止を訴えて井上甚太郎は『日本塩業改良の始末』などを出版した。両者の持論は、徳川時代後期と明治時代前期という「時間」の違い、周防国と讃岐国という「空間」の違いにより、三八法の実施と同法の廃止という正反対のものとなった。

徳川時代の三八法も、明治時代の通年生産も、塩業者のためという大義を掲げていたが、同時に改革の主導者の地元への利益誘導という側面も持っていた。これは、「時間」と「空間」が違っても同じであった。

徳川時代、利他と利己が入り混じった三八法を、宗教と一体化させて十州全体で実施しようとした。明治時代も、利他と利己が混在した通年生産を、前時代の三八法宗教化を乗りこえて新たな枠組みの中で実現しようとした。そして、三八法ではないが、休浜替持法の十州での実施も、同法の廃止も現実のものとなった。

三浦源蔵と井上甚太郎の塩業論は時代に即したものであったが、地域的には利益の偏りのあるものであった。もし、それがなければ、倫理に依存したり前時代を否定したりという正当化の方法をとる必要はないだろう。たとえば徳川時代、備前国の野崎武左衛門が讃岐国へ休浜同盟への加入を催促したさいには、塩価が銀一〇匁までなら休浜替持法を実施するほうが有利であることなど、同法の経営的根拠で説得したのである[137]。備前国と讃岐国は、製塩条件がほぼ同じであり[138]、休業期間も讃岐国の休浜同盟加入後は三カ月と同じであった。

ただ、瀬戸内十州という広範囲になると備前国と讃岐国のようにはいかなかっただろう。徳川時代においては「製塩業における国益を考えると、休浜を国益であるとする地域もあれば、多量に塩を生産することを国益とする地域もあり、統一していなかったのである[139]」。明治時代も、地域益という考え方がなくなったわけではなかった。三八法の十州一律適用を法制化した一八八五年の農商務省特達が公布されたあとも、「六か月休浜に異議を唱える浜が多数現出した[140]」のである。休業期間を長くとりたい地域と、そうでない地域があり、徳川時代と同じく操業期間を統一することは困難であった。

利害が一致していなくても、権力者の力で強制するという方法もあった。ただ、徳川時代には、藩は「持延」を許可することがあった。さらには、他藩の塩業者にたいして休浜同盟への加入を催促する場合、「他領の諸浜に対しては、村役人や郡奉行の権威を利用することは出来ない[141]」という事情もあった。井上甚太郎にとっては、政府は農商務省特達により三八法を強制化した、いわば抵抗勢力であった。しかも、井上甚太郎は自由民権運動と結びついて活動していたため、政府を頼るということもできなかった。

三浦源蔵が主張する三八法も、井上甚太郎が主張する同法の廃止も、自地域に有利な生産方法であった。さらに、塩業界外部の力も十分活用できなかった。だからこそ、持論を正当化したければ経済、権力、与論以外からその論理を求める必要があった。それが、宗教にかんすることであった。

ただ、三浦源蔵による田中藤六の神格化は、彼の経済的成功に裏付けされたものであった。井上甚太郎による田中藤六という偶像を破壊しようとした試みは、開国という時代の変化を見据えたものであるということを背景に行われたものであった。

製塩業の事例からみれば、休浜替持法から通年生産といったように経済活動を変化させるためには、経済的合理性や後ろ楯が必要であったということはいうまでもないだろう。だが、どのような経済活動でも得られる利益には地域的な偏りがあり、業界外部の力も改革主導者だけの味方にはならなかったということもいえるだろう。このことがあるために、倫理を用いてまでも持論の正当性をアピールし、改革しようとしたのではないだろうか。いっぽうで、利益を得られることが実証されており、後援者が存在しているからこそ、持論を倫理化するという手段を採ることができたのではないだろうか。

製塩業の事例は、利益、権力者、与論、これらと倫理が相互に関連しながら経済活動を時代に即したものに変化させたこと、そしてこのことは「時間」と「空間」が異なっても同じであったことを示すものの一つということができよう。

＊史料中の旧漢字は原則として通行の字体に改め、句読点などを適宜付加した場合がある。また、引用文中に執筆者の注を挿入する場合には、〔 〕をもって示した。

註

(1) 日本専売公社編『日本塩業大系 近世（稿）』（日本専売公社、一九八二年）一七四―九九頁、二〇九―三五頁。
(2) 重枝慎三『三田尻塩業の歴史』（防府市立防府図書館、一九九八年）二四頁。
(3) 休浜替持法の開始時期、各国の休浜同盟参加時期については、『日本塩業大系 近世（稿）』一七五―七七頁、二一〇―一一頁を参照した。
(4) 日本塩業大系編集委員会編『日本塩業大系 史料編 近・現代㈠』（日本専売公社、一九七五年）一頁。
(5) 明治時代の動向については、日本専売公社編『日本塩業大系 近代（稿）』（日本専売公社、一九八二年）三七―一〇四頁を参照した。
(6)『日本塩業大系 史料編 近・現代㈠』一五―一六頁。
(7) 同前、七頁。
(8)『日本塩業大系 近代（稿）』一〇〇頁。
(9) 落合功『近世瀬戸内塩業史の研究』（校倉書房、二〇一〇年）二六六頁。
(10) 宮本常一・原田虎雄・谷川健一編『日本庶民生活史料集成 第十巻 農山漁民生活』（三一書房、一九七〇年）四一九―二〇頁。
(11) 落合『近世瀬戸内塩業史の研究』二六七頁。
(12) 河手龍海『近世日本塩業の研究』塙書房、一九七一年、一五五―八六頁、三〇一―五四頁。落合『近世瀬戸内塩業史の研究』第三章第四節。
(13) 落合『近世瀬戸内塩業史の研究』第三章。
(14) 同前、第三章第四節。
(15)『日本庶民生活史料集成 第十巻 農山漁民生活』四一九頁。
(16) 坂本守央「井上甚太郎と東雲新聞――中江兆民をめぐって」（『史叢』七一・七二号、日本大学史学会、二〇〇五年）。坂本守央「十州塩田組合の紛議と交詢社グループ――農商務省の塩業政策をめぐって」（『史叢』八五号、日本大学史学会、二〇一一年）。渡辺則文『日本塩業史研究』（三一書房、一九七一年）一六一―七二頁。

(17) 渡辺『日本塩業史研究』一七二頁。
(18) 岸本美緒「時代区分論」(『岩波講座 世界歴史1』岩波書店、一九九八年)。
(19) 松岡利夫編『防長塩業史料集』(山口県塩業組合連合会、一九六一年)四頁(三浦源蔵『塩製秘録』一八一六年)。
(20) ナイカイ塩業株式会社社史編纂委員会編『備前児島野崎家の研究――ナイカイ塩業株式会社成立史』(竜王会館・ナイカイ塩業株式会社、一九八一年)二一二頁。
(21) 『防長塩業史料集』五八頁(三浦『塩製秘録』)。
(22) 同前、五一頁(三浦『塩製秘録』)。
(23) 同前、五七頁(三浦『塩製秘録』)。
(24) 『備前児島野崎家の研究』二一七頁。
(25) 西畑俊昭『近世入浜塩業の研究』(清文堂出版、二〇一三年)三九七頁。
(26) 生産形態については、『日本塩業大系 近世(稿)』九九―一四八頁を参照した。
(27) 『防長塩業史料集』七頁(三浦『塩製秘録』)。
(28) 『日本庶民生活史料集成 第十巻 農山漁民生活』四八二頁(三浦『塩製秘録』)。
(29) 『防長塩業史料集』七頁(三浦『塩製秘録』)。
(30) 同前、五五頁(三浦『塩製秘録』)。
(31) 同前、一二一頁(三浦『塩製秘録』)。
(32) 『日本塩業大系 近世(稿)』九七頁
(33) 『備前児島野崎家の研究』二二〇―二二一頁。
(34) 『防長塩業史料集』七―一七頁(三浦『塩製秘録』)。
(35) 同前、七一―一〇〇頁(三浦『塩製秘録』)。
(36) 落合『近世瀬戸内塩業史の研究』一七三頁。
(37) 『防長塩業史料集』一二五頁(三浦『塩製秘録』)。
(38) 河手『近世日本塩業の研究』三五一頁。

(39) 日本専売公社編『日本塩業大系 近世（稿）』二三六―二八頁。
(40) 河手龍海「瀬戸内塩田に於ける休浜替持法崩壊過程の研究」（『文化史学』九号、一九五五年）五四―五五頁。
(41)『日本塩業大系 近世（稿）』二一〇頁。
(42)『防長塩業史料集』一〇五頁（三浦『塩製秘録』）。
(43)『日本塩業大系 近世（稿）』二三六頁。
(44) 同前、八五―八九頁。
(45) 岡田唯吉『讃岐偉人久米栄左衛門翁』（鎌田共済会、一九二八年）口絵。
(46) 重枝『三田尻塩業の歴史』二八頁。
(47)『防長塩業史料集』一二八頁（三浦『塩製秘録』）。
(48) 同前、一一八頁（三浦『塩製秘録』）。
(49) 日本塩業大系編集委員会編『日本塩業大系 史料編 近世(二)』（日本専売公社、一九七六年）九九七頁。
(50)『防長塩業史料集』六九頁（三浦『塩製秘録』）。
(51) 同前、六九頁（三浦『塩製秘録』）。
(52) 河手「瀬戸内塩田に於ける休浜替持法崩壊過程の研究」五七頁。
(53) 同前、五七頁。
(54)『防長塩業史料集』一〇三頁（三浦『塩製秘録』）。
(55) 同前、一〇三頁（三浦『塩製秘録』）。
(56) 同前、一五九頁（三浦源蔵『休浜規定早考』、出版年不明）。
(57) 同前。
(58) 防府市（三田尻浜）塩業遺跡保存会編『煮海私記』（塩業組合中央会、一九六四年）一〇一三頁（秋良貞臣『煮海私記』、出版年不明）。
(59) 同前、八七頁（秋良『煮海私記』）。
(60) 同前、八七―八八頁（秋良『煮海私記』）。

(61) 同前、一一頁(秋良『煮海私記』)。
(62) 休浜集会については、『日本塩業大系 近世(稿)』二一〇頁を参照した。
(63) 鳴門市史編纂委員会編『鳴門市史 上巻』(一九七六年)一四一三頁。一八一八年(文化一五)から一八六六年(慶応二)の印形帳や覚書については、『日本塩業大系 史料編 近世(二)』九九七—一〇八六頁に掲載されている。
(64) 『煮海私記』一三頁(秋良『煮海私記』)。
(65) 『日本庶民生活史料集成 第十巻 農山漁民生活』四八八頁(三浦『塩製秘録』)。
(66) 『煮海私記』八八頁(秋良『煮海私記』)。
(67) 同前、八九頁(秋良『煮海私記』)。
(68) 同前、一三頁(秋良『煮海私記』)。
(69) 同前、五三頁(秋良『煮海私記』)。
(70) 『日本塩業大系 史料編 近世(二)』一〇一四—一五頁。
(71) 監視・罰金制度については、『日本塩業大系 史料編 近世(二)』三三頁を参照した。
(72) 『日本塩業大系 史料編 近世(二)』一〇七七頁。
(73) 同前、一〇七六頁。
(74) 青木茂編著『新修 尾道市史(第四巻)』(尾道市役所、一九七五年)四九一頁。
(75) 防府市史編纂委員会編『防府市史 通史Ⅱ 近世』(防府市、一九九九年)四五一頁。
(76) 同前、四五一—五二頁。
(77) 同前、四五四頁。
(78) 『日本塩業大系 史料編 近世(二)』一〇七八頁。
(79) 『日本塩業大系 史料編 近・現代(一)』四八七—九〇頁(井上甚太郎『日本塩業改良の始末』一八八七年)。
(80) 同前、五〇一頁(井上『日本塩業改良の始末』)。
(81) 同前。
(82) 『日本塩業大系 史料編 近・現代(一)』五九八頁(井上甚太郎『讃岐国阿野郡坂出村古浜塩業調査書』一八八八年)。

(83) 同前、五九九頁（井上『讃岐国阿野郡坂出村古浜塩業調査書』）。
(84) 柴田一「明治期における食塩市場と塩業界の動向——国産塩の輸出運動と外塩対策」（『日本塩業の研究』第九集、塩業組合中央会、一九六六年）五四頁。
(85) 『日本塩業大系 史料編 近・現代㈠』五〇二頁（井上『日本塩業改良の始末』）。
(86) 同前、五九五頁（井上『讃岐国阿野郡坂出村古浜塩業調査書』）。
(87) 『備前児島野崎家の研究』二三九頁。
(88) 『日本塩業大系 近代（稿）』四七頁、五〇頁。
(89) 『日本塩業大系 史料編 近・現代㈠』五二〇頁（井上『日本塩業改良の始末』）。
(90) 同前、五八七―六〇一頁（井上『讃岐国阿野郡坂出村古浜塩業調査書』）。
(91) 『日本塩業大系 近代（稿）』八九頁。
(92) 同前、八九―九〇頁。
(93) 『日本塩業大系 史料編 近・現代㈠』五三一頁（井上甚太郎『十州塩田組合会議事報告』一八八七年）。
(94) 同前、五三四頁（井上『十州塩田組合会議事報告』）。
(95) 同前、四九六頁（井上『日本塩業改良の始末』）。
(96) 同前、六〇〇頁（井上『讃岐国阿野郡坂出村古浜塩業調査書』）。
(97) 『日本塩業大系 近代（稿）』二八頁。
(98) 同前、二七頁。
(99) 日本塩業大系編集委員会編『日本塩業大系 史料編 近・現代㈢』（日本専売公社、一九七六年）一三頁。
(100) 『日本塩業大系 史料編 近・現代㈠』五五五頁（生本伝九郎『塩業利害説明並東讃紛議実歴』一八八七年）。
(101) 坂本「十州塩田組合の紛議と交詢社グループ」三四頁。
(102) 渡辺『日本塩業史研究』一六二頁。
(103) 「十州塩田紛議始末」（『東京経済雑誌』四〇四号、一八八八年）一三八頁。
(104) 「十州鹽田業の歴史は産業自由の歴史なり」（『東京経済雑誌』四四六号、一八八八年）六七八頁。

(105)『備前児島野崎家の研究』二二七頁。
(106)『日本塩業大系 近代(稿)』四八頁。
(107)同前、四九頁。
(108)『煮海私記』三三七―三八頁(秋良『煮海私記』)。
(109)『日本塩業大系 史料編 近・現代(一)』五六五―六六頁(生本伝九郎『塩業利害説明前編附録』一八八八年)。
(110)同前、五三二頁(井上『十州塩田組合会議事報告』)。
(111)同前、五九九頁(井上『讃岐国阿野郡坂出村古浜塩業調査書』)。
(112)同前、五五五頁(生本『塩業利害説明並東讃紛議実歴』)。
(113)同前、五一七頁(井上『日本塩業改良の始末』)。
(114)『煮海私記』三三二頁(秋良『煮海私記』)。
(115)同前、三二四頁(秋良『煮海私記』)。
(116)同前、一〇一四頁(秋良『煮海私記』)。
(117)同前、七六三頁(秋良『煮海私記』)。
(118)同前、七六四頁(秋良『煮海私記』)。
(119)同前。
(120)『煮海私記』七六七頁(秋良『煮海私記』)。
(121)同前、七六四頁(秋良『煮海私記』)。
(122)同前。
(123)同前、六五七―五八頁(秋良『煮海私記』)。
(124)『日本塩業大系 史料編 近・現代(一)』五二九頁(井上『日本塩業改良の始末』)。
(125)同前、五二八―二九頁(井上『日本塩業改良の始末』)。
(126)同前、五二八頁(井上『日本塩業改良の始末』)。
(127)同前、五二九頁(井上『日本塩業改良の始末』)。

(128) 同前。
(129) 『日本塩業大系 史料編 近・現代(一)』四八八頁（井上『日本塩業改良の始末』）。
(130) 同前、一一一―一一二頁。
(131) 河手『近世日本塩業の研究』六七頁。
(132) 梅村又次「徳川時代の人口と経済」（梅村又次・新保博・西川俊作・速水融編『数量経済史論集1 日本経済の発展』日本経済新聞社、一九七六年）三―七頁。
(133) 『日本塩業大系 史料編 近・現代(一)』四九四頁（井上『日本塩業改良の始末』）。
(134) 同前。
(135) 『防長塩業史料集』一〇三頁（三浦『塩製秘録』）。
(136) 岡田『讃岐偉人久米栄左衛門翁』二六―二七頁。
(137) 『備前児島野崎家の研究』二一九―二一一頁。
(138) 日本塩業大系編集委員会編『日本塩業大系 史料編 近・現代(二)』（日本専売公社、一九七六年）八一九頁（オスカー・コルシェルト『日本海塩製造論』一八八四年）。
(139) 落合『近世瀬戸内塩業史の研究』二八五頁。
(140) 『日本塩業大系 近代（稿）』七八頁。
(141) 『備前児島野崎家の研究』二一一九頁。

第八章　明治期における地方の企業生成と経済思想

——産業・世代の差異を視野に——

石井寿美世

はじめに

本章の目的は、明治期の地方企業家を対象に、起業や経営の動因としての経済思想を明らかにし、近代日本における地方の工業化・産業化過程の一端を解明することにある。特に、彼らの社会的責任意識、すなわち自己と社会、具体的には家・地域・国家などとの関係をいかに捉え、それが起業や経営とどう結びついていたのかを解き明かすことに主眼を置く。あわせて、その社会的責任意識について、産業間で違いがあるのか否かという「横」の相関・相違、さらに世代間、および近世と近代との連続的要素・非連続的要素という「縦」の相関・相違を探ることも課題としたい。

事例として取り上げるのは、群馬県の製糸業者・萩原鐐太郎《りょうたろう》（一八四三—一九一六）、新潟県の葡萄酒醸造業者・川上善兵衛《ぜんべえ》（一八六八—一九四四）、静岡県の大地主・伊東磯平治《いそへいじ》（一八三二—一九〇一）と要蔵《ようぞう》（一八六四—一九三四）父子である。彼らはいずれも近世から続く資産家であり、郷里で起業した人物である。

日本経済史研究では、明治期の企業勃興現象は、都市部だけでなく地方における広範な企業生成を伴うものであったことが明らかにされている。そしてその要因の一つは、在来的な資金を蓄積した地方の資産家が未知の事業への投資という初期的なリスクを負担し、投資活動を行ったことにあるとの指摘がなされてきた。さらに、リスク負担の理由の一つとして、活動拠点・帰属先としての「地域」の存在が挙げられ、「地域」への関与が名望獲得の機会として認識されたことで、短期的な経済的利害を超えた活動がなされたと言われている。(1)

しかし、地方における企業勃興の理由として「地域」が想定できるとしても、「地域」との関わりを志向する動機は、名望の獲得だけでは説明しきれない面がある。例えば、少なくとも明治前期において経済的成功＝名望と見る向きがある風潮の中で、経済的な成功自体は、必ずしも「地域」における新事業の起業や投資というリスクを冒さずとも、従前の事業活動のみで得られると判断されてもおかしくない。(2) 近世から続く資産家であれば、なおさらであろう。ところが実際には、移植技術に基づく起業や、未知の事業への投資が活発に行われた。

また、「地域」が出身地、つまり「故郷」である場合、歴史・地理・言語などを異にする「他地域」を意識することで「愛郷心」が生じ、その「愛郷心」と「愛国心」は連続性を持ちながらも後者により重きが置かれるという「審級性」を持つものであったことが明らかにされている。(3) さらにその「審級性」は、「一身・一家／一郷・一郡・一県／日本」(4)という構造で捉えられることが多く、終着点の「日本」という国家の存在は自明として認識されていたと言われる。そして、明治期における「一身」と「一国」の連続性は、朱子学的な「修身」と「治国平天下」の論理の転化であり、同心円的構造をなしていたとの指摘もある。(5)

明治期に多くの人々が「愛郷心」を抱いており、その感情は同心円的・審級的・自明的に「愛国心」と一体であったという指摘は意義深い。ただし、この「愛郷心」「愛国心」すなわち「地域」「国」などへの近接度・

距離感は、就いている産業・世代などにより人それぞれであっただろう。そしてこの近接度・距離感の違いは、社会的責任意識の違いから来るものであり、経済活動の行われ方にも差異を生じさせていたように思われる。

そこで本稿は、「地域」「国」との関わりを志向する動機について、経済的利益の獲得目的だけでなく、社会における自己の役割を認識し行動しようとする社会的責任意識が働いていたことを試論として提示しつつ、産業・世代などによって「地域」「国」への近接度・距離感は異なっていた可能性を示唆したい。この試論を通し、地方の経済主体の活動と共に、それを支えていたと考えられる経済思想をあわせて解明することで、近代日本における地域の工業化・産業化過程の実相についてより明らかになると考えている。

一 萩原鐐太郎

1 座繰製糸・碓氷社

萩原鐐太郎は、上野国碓氷郡東上磯部村（現・群馬県安中市）に萩原四郎左衛門（生没年未詳）の次男として生まれ、生後間もなく叔父・弥左衛門（生没年未詳）の養子となる。(6) 養家は所有地「三町歩」(7) 余で、「養蚕は真の副業にて多くは米麦其他の農作物を以て生計の主と」(8) しており、代々里正＝名主を務めていた。彼は安中藩校造士館の儒者・佐々木愚山（一八二三―九六）に師事したが、自覚的には「俗に曰ふ寺子屋教育」(9) や新聞・書籍から知見を得たと述べている。

一八五八年（安政五）に養父が亡くなると家督を相続して里正となり、六九年（明治二）に岩鼻県二十四区肝煎名主、七二年には第二十一大区副区長に就き、その後、県会議員・衆議院議員なども務めた。その傍ら、一八七八年、安中の生糸商人・萩原音吉（?―一八八一）ら有志数名とともに、県内初の組合製糸・碓氷座繰精糸社を東上磯部村に設立し、経営部門を担う。この起業は、当村が近世から「養蚕之利を専らと[10]」していたことを踏まえた行動である。また座繰製糸を採用したのは、器械製糸でなくとも「各々一様なる多量の製糸でさへあるならば如何なる製糸にても外国に歓迎される[11]」という判断によるものであった。

起業の翌年には、郡内一三の組合製糸を糾合して碓氷精糸社と改称。二一一〇人にのぼる組合員が各家で作った繭は、社有繭として組合で選別され、組合員に再配布される。各戸の座繰機で繰糸された後、組合が小枠を集めて本社に送り、本社の共同揚げ返し場で大枠にまとめられて一括販売された。社長・組長には、大規模に養蚕・製糸経営を行っていた村内でも有数の地主層が就いていた[12]。

資金の借入先を巡る社内対立によって萩原は一時社業から離れるも、松方デフレで打撃を受けた碓氷社（一八八四年改称）を立て直すため、第三代社長に就任。碓氷社はそこから急拡大を遂げ、一九〇一年・一九〇七年には横浜の入荷生糸主要荷主で全国二位となり、一九一〇年には計一七九組・組合員数約三万という大規模結社に成長した。なおこの一九一〇年以降、海外の需要に合わせ、座繰製糸から器械製糸に転換していく。

2　人間観・社会観

萩原が碓氷座繰精糸社（以下、碓氷社）を設立・経営した背景には、彼の人間観・社会観があると考えられる。大正期に入ってからの言葉ではあるが、左記の史料から、人間は「欲望」と「労働」という二つの天性を持つものと捉えていることが分かる。

抑も人は、此の世に生れ食ふて而して生きて居ると云ふのみでは満足が出来ない。凡そ人が此の世に生活して居る以上は種々なる欲望を有つて居る。……自己の欲望を充たさうとして、日々夜々悪戦苦闘して居

るのが今日東西を通じての社会の現象である。(13)

天は人に命ずるに労働の均一を以てす。……働くと云ふことは人生自然の途である。(14)

天性である「自己の欲望」を満たす行為は「社会の現象」、すなわち「社会」という場でなされるという理解に基づけば、萩原は人間関係としての社会を自明と考えている様子が窺える。そして、「人は此の人生の欲望を達する為に働かなければならぬ(15)」という言葉も考え合わせれば、もう一つの天性である「労働」は、「自己の欲望」を満たすための礎であり、かつ社会の中で行われる行為だと認識していたことが分かる。

したがって次の史料の通り、この「労働」は、「自己の為め」であると同時に、「社会の為め」に「自己の責任を全う」し、「社会に貢献する」礎としても重要視されている。つまり人間は、それぞれの「仕事」に応じた社会的な職務を負っていると理解しているのである。

自己の為めになると同時に社会の為めにと云ふことを念頭に置いて事業に従事する様にしたいと思ふ。……今日の文明なる社会は先人の徳に成れるものであるから、吾々は此の先人の徳に報ゆる為めにも何等かの仕事をして社会に貢献するところが無くてはならぬ。……諸君は十分忠実なる心を以て事業に従事し、社業に精通して自己の責任を全うする様にせられねばなるまいと思ふ。(16)

ただし、その職務の遂行を通して社会の「発展」を期するには、不可欠な要素があると萩原は考えていた。この点について碓氷社を引き合いにし、「本社の発展は……社員諸君が……単に利益と云ふ考へばかりでは無く互に相競ふて等級の善い糸を出さうとして努めて居る」[17]ことにあると述べている。つまり、利益追求という姿勢と構成員間における競い合いが「発展」の要点だという理解である。これは、「人に使はれるのでは無い、自ら働くのであ」[18]るという碓氷社構成員の意志的な職務の遂行を拠り所にしていた。

「相競ふ」ことは構成員間に対立を生む可能性も考えられるが、萩原はそう考えてはいない。なぜなら碓氷社は、「加盟者の多い程相互に利益を得る」仕組みを有した「社員の集合体であつて当社の利益は即ち社員諸君の利益」となる組織だからである。[19]萩原はこれを「共同一致」と表現し、「社業の発展、社員の利益を進める根元の一つ」[20]と位置付けている。

「社業の発展＝社員の利益」と捉える思考からは、彼が「社員」と碓氷社、すなわち人と人間集団としての社会を一体視している様子が窺える。したがって、「社業の発展」と「社員の利益」の獲得という目的に向けた構成員による意志的な職務の遂行は、「相競ふ」社員間に軋轢を生じさせるのではなく、相互を補完的に結び付け、集団の「大同団結」[21]を保証する要素だと考えられていることが分かるだろう。全ての構成員は、各自の意志的な職務の遂行に応じ、「社業の発展」によって生じる「利益」を享受できるのであり、「共同一致」のもとでは本質的な利害対立は生じないのである。

3　社会的責任意識と家・碓氷社・「郡」・「国家」

こうした人間観・社会観は、碓氷社・郡（地域）・国の関係性に対する理解にも表れている。彼は「当社製糸之盛衰ハ、直接本郡全体之甘苦ニ関シ、間接我国ニ富之原ヲ損シ、実ニ軽々看過スヘカラサル之要務ト存候」[22]と述べており、註(19)の史料と考え合わせれば、「社員＝碓氷社→碓氷郡→国」という同心円的な構図を抱いていることが分かる。この関係性を詳述したものとして、一八七八年に書かれた碓氷社の設立趣意がある。

今哉我国製糸ノ業、疎造濫製ノ弊ヲ生シ、信ヲ海外ニ失シ、将ニ声価ノ地ニ墜ラントス。……本邦ノ諸有志、之レヲ慨嘆シ、製糸改良ノ機械陸続四方ニ興立シ、以テ我国物産ノ光輝ヲシテ、再ヒ海外ニ発揚セシメントス。……今亦本郡ノ所員、之レニ倣ヒ協力奮振、爰ニ一社ヲ設立ス。名ヲ碓氷座繰精糸社ト称ス。……精美ノ良糸ヲ製出スルハ、予カ言ヲ俟タサル所ナリ。然リ而シテ之レヲ欧米ニ輸ス。必ス完然ノ利益ヲ収ムル而已ナラス、我国興富ノ一端ヲ稗補スル、正ニ信シテ毫モ疑ヲ容ルヘカラサルナリ。是レ当社員ノ奮励合力敢為ニ出ツ、豈快事ト謂ハサルベケンヤ。……此業ニ隆盛ナラシメ、大ハ国ヲ益シテ聖恩ニ酬ヒ、小ハ以己ヲ利シテ生計ヲ賑シ、以テ目的ヲ達シ、誓テ栄花美実ノ結果スルアランコトヲ伏テ冀望ス。[23]

粗製濫造によって日本の製糸業が国際的に評価を下げている中、国内の有志が技術改良を通して問題の解消を図っている。碓氷郡の者たちはこれに倣って碓氷社を興し、社員の「奮励合力敢為」により製造された良質の生糸を輸出することで、「我国興富ノ一端ヲ稗補」するとともに、「己」を含めた各社員を「利シテ生計ヲ賑」わそうという趣旨である。

当時、製糸業は紡績業と並んで国際競争力を持つ外貨獲得産業であったがゆえに、何よりも日本という「国」の経済的利害との関係で、起業の重要性が強調されるケースが散見される。例えば、「我国蚕糸ハ……以太利、仏蘭西ノ質ヨリ遥ニ勝レトモ、欧米ノ市場ニ於テ声価ヲ得ル其ノ反対ナルハ何ソヤ。之レ……粗製濫造ニシテ均一ナラサルニ因レリ。此ノ如キハ小ニシテ各自ノ不利、大ニシテハ一国ノ損害ナリ。……本郡〔小県《ちいさがた》郡〕ノ如キ夙ニ養蚕ノ業ニ進ミ……独リ製糸ノ業ニ至リテハ……粗製濫造不斉ノ品ノミナレハ、全国中産出ノ多額ナル当郡ハ……不評判ノ大ナル所トナレリ。……依テ余等茲ニ蒸気製糸器械ヲ建テ製糸ノ改良ヲ計ラントス[24]」という設立趣意書も一つの例であろう。これは、信濃国小県郡上丸子村（現・長野県上田市）に器械製糸結社依田《よだ》社（現・シナノケンシ）を興した下村亀三郎（一八六七―一九一三）が、起業時の一八九〇年に記したものである。[25]つまり、萩原・下村とも、日本という「国」に基軸的価値を置いて起業したのである。

その一方で、両者とも「郡」という地域利害も視野に入れている。製糸業はその成長とともに産地間競争が激化したことでも知られており、産業・競争を通して他地域を意識することが、自己の帰属する地域に対する感情を強める方向に作用したと考えられる。[26]それゆえ、前述史料註(22)の「社員＝碓氷社→碓氷郡→国」という構図は、同心円的にだけでなく審級的に捉えられていると言ってよい。

萩原の場合、その人間観・社会観に基づけば、社員と碓氷社の関係を郡と国に置き換え、国は「加盟者の多い程相互に利益を得る」仕組みを有しており、〝郡の集合体であつて国の利益は即ち郡の利益〟と考えられてもおかしくない。したがって地域間競争も、基軸的価値である国の「発展」に向けて、各「郡」がそれぞれの「責任」を果たすという「共同一致」の表れだと捉えたかもしれない。だからこそ碓氷社の起業・発展は「我国興富ノ一端ヲ稗補」するものだという表現をしているのであろう。つまり、「郡」の利得を図ることは、「我国興富」と切り離して構想されることはないのである。

ただし萩原は、自己の社会的責任について、「副区長として地方民業の指導発展に尽力すべきの責任を有して居[27]」ると述べており、地方行政者として地方経済の発展に尽くすことにあると自覚していた。明治から昭和初期の「多額納税者一覧」などに彼の名前は見当たらず、所有地も当初の「三町歩余」から増えることはなかった。したがって、碓氷社の設立趣意には、起業の一つの意義を「小ハ以己ヲ利シテ生計ヲ賑」すことにあると記されているが、必ずしも萩原は自家の「利」に主眼があったようには思えない。むしろ、この「己」は碓氷社構成員一人一人を指しているのではなかろうか。

彼は「資力に富み技能に熟達し」た者が「人世の生存競争優勝劣敗の理法」に則って「優勝者」となり、「価値のある人間」となり得ると考えていた。(28)したがって、意志的な職務の遂行を基礎に行われる産地間競争は、人間としての価値をも左右するものとして、「地方民業の指導発展」という社会的責任を自覚している萩原には重大事と捉えられたであろう。勿論、「我国興富」が念頭にあったことは間違いない。しかし、人と社会を一体視し、「社員＝碓氷社→碓氷郡→国」という同心円的・審級的構想を抱いていたがゆえに、「国家ノ為メニト唱導スルカ如キ我利ヲ捨テ」ることは、「我国興富」の基礎にある社員・碓氷社・郡の「発展」や「利益」、そして結局は「我国興富」自体を否定するものであり、「虚業家」の行いと理解されたのである。(29)

つまり萩原の場合、基軸的価値は国にあったとはいえ、自己の社会的責任意識は、まず社員と碓氷社の「発展」と「利益」獲得およびそれを通じた郡の「発展」に対してより強く向けられていたと考えられる。江戸時代に里正を務めていた時期、萩原は村の経済的安定を目指す方策として、会合・婚礼・元服など生活のあらゆる面における質素・倹約を説いていた。(30)しかし、明治期になり萩原が碓氷社において目指したのは、こうしたいわば飢寒のない生活の維持ではなく、「発展」や「利益」の獲得である。ここに、近世から近代にかけて、社会的責任意識に質的変化がおきていることが読み取れよう。

二　川上善兵衛

1　葡萄栽培と葡萄酒醸造・岩の原葡萄園

川上（邦弘）は、新潟県中頸城《なかくびき》郡高士《たかし》村（現・上越市）の大地主・里正であった第五代善兵衛（邦直・一八四七？—七五）の長男に生まれ、父の死去により家督を継いで第六代善兵衛を襲名した。(31)一八八一年に大豆小学校を卒業した後、八二年三月に高田藩校修道館で儒官も務めた木村容斎（一八三四―八八）の塾で学ぶ。同年五月には慶應義塾へ入学したが、母から家業の継承を懇願され、間もなく帰郷する。

一八八七年頃から接ぎ木の方法などを習い、群馬・山梨・茨城などの葡萄園・葡萄酒醸造会社を巡検。そして一八九〇年、自宅の庭園を潰して開墾し、翌年、九品種一二七株の醸造用洋種葡萄の栽培を開始する。これを「岩の原葡萄園」と名付けた。その後も周辺の山林の購入を続け、二十世紀初頭には十八町歩余の葡萄園を築き、約三百五十種五万五千株に及ぶ葡萄を栽培した(32)。

醸造は一八九三年に開始したが、酸味が強く失敗。翌年以降、開放式醸造を密閉式醸造に改め、雪室を利用して発酵温度の調節を図り、農閑期に農民を雇用して事業の拡大を試みた。一八九七年には販売を開始し、葡萄酒およそ百五十石・三千七百五十円、ブランデー三石・百五十円を売り上げている(33)。さらに一九〇三年には義弟とともに葡萄酒販売を専業とする日本葡萄酒株式会社を設立し、「日露開戦の為め陸海軍衛生材料として(34)」当社の葡萄酒が大量に購入されたことで、業績はピークを迎える。当時の産高は、葡萄酒が五百石から六百石、ブランデーは三石から五石に達した。しかしその後、業績は低落。一九三四年（昭和九）に寿屋（現・サントリーホールディングス）に事実上買収される形で共同出資の寿葡萄園を設立し、三六年にこれを株式会社岩の原葡萄園に改めた。

川上は、独学で英仏語を習得して洋書から栽培法・遺伝の法則・醸造法を学び、日本の風土に合う葡萄の品種改良を重ねている。その成果を『実験葡萄栽培書』（一八九九年）、『葡萄提要』（一九〇八年）、『実験葡萄全書』（一九三二～三三年）などの著作にまとめ、研究者としての地位も築いていった。また、村長を長く務め、道路整備、小学校の統合や稲作試験田の設置などを行い、村政・農政にも貢献した。

日本における葡萄酒醸造業は、明治初年から勧業政策・開拓事業の一環として展開した他、各地の地主が着手した[35]。醸造総石高は漸増し、一時は五千石に達するが、二十世紀に入ると二千石程度で推移する。産業の嚆矢としても醸造石高でも山梨県が抜きんでていたが、新潟県は一九一四年時点で全国三位にあり、県内の二大産地の一つが、岩の原葡萄園を中心とする中頸城郡であった。なお、川上の主著は一八九九年以降に書かれており、起業時における社会的責任意識などを直接窺い知ることは難しく、回顧という形式で語られている点には留保が必要である。

2　葡萄栽培と葡萄酒醸造の社会的意義

川上が岩の原葡萄園を興した理由は、豊凶に左右される水稲単作地であった一帯の農家「救済」のために、「恒久の対策としては適当なる副業を案出して之を経営するの急務なると悟」ったからだとされる[36]。また、昭和に入ってからの言であるが、次のようにも説明している。

> 我が地方産業の不足を補ふ為めに、従来の耕作地外に耕地を求めんことを企て、未開の山林原野を開墾し、如何なる土地に於ても栽培し得べき葡萄を選びたり[37]。

つまり、地域農民の恒久的救済のため「副業」を授けるという目的と、新たな「我が地方産業」の勃興という目的、この二つが念頭に置かれていたことが分かる。いずれも、直接的な動機は自己の立脚する地域にあったと言えよう。

葡萄栽培・葡萄酒醸造を選んだ理由については、「従来の耕作地外に耕地を求めんことを企て、未開の山林原野を開墾し、如何なる土地に於ても栽培し得べき葡萄を選びたり」と説明している。「従来の耕作地外に耕地を求め」と述べているように、あくまでも「副業」としての位置付けであったため、田圃を潰さずに着手できることを要点としていた。

また彼は、「葡萄ノ栽培ト葡萄酒ノ醸造トハ農工二業中将来最有望ナルモノ、一タル」産業とし、葡萄栽培は「農業ノ一部」、葡萄酒醸造は工業と捉えている[38]。特に、近世から行われていた葡萄栽培については、「葡萄ノ性ハ、他ノ穀菜ノ如ク膏腴ノ土地ト多量ノ肥料トヲ要スルモノニアラズ、磽确ノ地、不毛ノ野ニモ、之ヲ栽培シテ萋々繁茂シ、多クノ収実アル……其ノ栽培ノ労費ハ、収利ト対比シテ損益相償ハザルカ、否」と述べ、土地効率・生産効率がよく、果物・菓子・医薬として既に需要があるため、収益も見込めると語っている[39]。

一方、葡萄酒は嗜好品であるため、「斯くまで多量の葡萄酒を需要すること無かるべし」との意見もある中で、「煙草の味も砂糖の味も……国民の生活上、必須の物質にあらざるものさへ国民の嗜好に駆られて一重要産物と為」ると反論する[40]。したがって、薬用だけでなく宴席での需要が見込まれ、「我国ノ如キ労銀廉ナル地ニ於テ、醸造ノ酒ハ自国ノ用ニ供ス、其ノ価格廉ニシテ需要多ク、栽培者及醸造者トモ各至大ノ利益アルベキハ固ヨリ疑ヲ容レズ」と述べている[41]。

葡萄栽培の「損益」、葡萄酒醸造の「利益」に注目していることからも分かるように、「如何に上等の葡萄果を産出し、如何に芳醇なる葡萄酒を醸造するも、農工業の経済之に伴はざるときは、到底殖産、興業の本旨に叶ふべからず。唯一好事家の遊戯たるのみ[42]」と、川上は利益の獲得・採算を当然視していたことが分かる。

その上で彼は、この両業種を国家的産業として成長させることを強く推奨している。川上は、全国の土地について、葡萄栽培・葡萄酒醸造の適否を調査した。そして、葡萄の「栽培に適する気候及び土地の区域は、更に頗る広く、本州は勿論、四国、九州より北海道に至るまで……其栽培に適する[43]」と結論付けている。ただし葡萄の果実を大量に捌く販路を確保することは困難なため、「葡萄酒ヲ醸造シテ、之ヲ世界到ル所ニ輸出シ、国家主要ノ財源ト為ス」[44]べきことを繰り返し強調する。

其需用愈増大するも、殆ど之を外国の輸入に任せらるゝは、国家の経済上大に不利なるのみならず、国風の趣味甚だ索然たりと謂はざるべからざるなり……之が販路を東洋南洋の各国に開き、其飲料を供給するに至らば、前途実に多望なりと云ふべし。[45]

しかし、「本邦は葡萄に適せる天与の気候と土壌を有しながら、法律上の不権衡に制せられて、斯業を盛にして土地の利用と産業発達の道を講ずること能はざる」[46]状況にあると川上は認識していた。具体的には、「一、国家の法律が斯業の発達に不適当なればなり。二、葡萄酒に対しての我国の税関は殆んど自由港の如き観あればなり。……三、邦人は未だ真正なる葡萄酒の鑑別に明らかならざればなり」[47]という要因を挙げている。

そこで川上は、「斯道を啓発し、斯業を経営して一大産業の基礎を確立し、以て政府当局と世の識者をして一顧の価値を生ぜしむるに至らざるべからざるを信ずるなり」[48]との思いを語る。ここに、彼の社会的責任意識の一端が表れていよう。

3　社会的責任意識と家・岩の原葡萄園・「地方」・「国家」

両産業は当初、地域農民の恒久的「副業」、「我が地方産業」として着手したものであり、葡萄酒醸造は山梨県などでは既に明治初年から行われていたことに鑑みれば、産地間競争が念頭に置かれてもおかしくない。しかし、当然視野には入っていたのかもしれないが、川上の言葉からはその様子は殆ど窺えない。むしろ、日本のいずれの土地も葡萄栽培と葡萄酒醸造に適していると主張しており、全国各地で興隆することを強く願っていることは明らかである。その上で、「国家」の経済的利益という観点から、特に葡萄酒醸造業を、「政府当局と世の識者」「農家と園芸家」「醸造家」[49]が総力を挙げて日本の「一大産業」として確立させ、輸出「工業」に育成していくべきことを推奨している。

ここからは、「国家」のための輸出「工業」化という目的の前では、「地方」の存在は相対化されていることが分かる。つまり、「国家」および産業全体の利益をまず重視することが、いずれ「地方」および「地方産業」の利益につながると考えたのである。これは「地方」と「国家」を同心円的・審級的構造として捉えていたからであろう。特に需要・販路が盤石とは言えず、「微々として振はざる」[50]状況にあった葡萄酒醸造業は、当面の課題として、関係者の総力を挙げ「国家産業」[51]に位置付けることが優先されたとしても不思議ではない。

こうした川上の「地方」「国家」に対する理解には、自己の社会的責任意識が反映されていると考えてよい。既述の通り、彼は「斯道を啓発し、斯業を経営して一大産業の基礎を確立」することを目指していた。この点に関連して、世界的に見て「国家革命」時には「志士」が立ち上がり「邦家の衰運を挽回した」歴史を念頭に置き、次のように述べている[52]。

> 国家経済に多大の関係を有する殖産的新事業を創始せらる、の際、……幾多卓越の篤志者が其資産を投じ、一身一家の幸福を挙げて之が犠牲に供したるに由り後進の経営者は漸く其実利を収むることを得面して、国利の増殖も亦之に伴ふの例、少なからず[53]。

恐らく彼は自己を「国家経済に多大の関係を有する殖産的新事業を創始」し、その「確立」のため「啓発」にあたる「篤志者」とみなしていた。この「篤志者」は、「後進」の「実利」や「国利の増殖」のためには

「其資産を投じ、一身一家の幸福を挙げて之が犠牲に供」することも厭わないのである。

彼は「我家を重んじ予を愛するものの切なる諫言は、恰も鼓膜を穿ちたるが如く予が耳に響きたりしは最も苦慮したる処である。併し……唯黙して予園の更新を図るのみ[54]」と述べている通り、「家」を「重んじ」る者から「諫言」を受けていた。岩の原葡萄園では必要以上に多数の農民を雇用していたため、人件費がかさみ、一九一〇年頃には川上家は多額の負債を抱えるようになっていた。[55]明治から昭和初期にかけて出版された「多額納税者名簿」などを見ると、一八九八年調べの中頸城郡「大地主」七一名の中に、「高士村　川上善兵衛」の名前が記載されている。[56]七一名中、「地価額」では一七位に位置しているが、この年以降の調査に川上は登場しなくなる。

「予の資産は限りあり、予が父子の努力を以て……大なる理想を実現せんことは到底期すべきところにあらず[57]」と述べているように、自家の「資産」を使って葡萄栽培・葡萄酒醸造の発展に注力したことを彼自身も認めている。つまり、彼は「篤志者」として、「一身一家」を「犠牲」にしても葡萄栽培・葡萄酒醸造に従事し、「国家」ひいては「地方」のために産業発展を期すことを社会的責任としていたと言えよう。

三　伊東磯平治・要蔵

1　地主経営と多角的起業

伊東家は近世から続く大地主として知られ、少なくとも明治期は小作地からの米穀収入を経済基盤としていた。[58]一九二〇年代初頭から一九三〇年代初頭における資産は六十万円から百万円、所有耕地は六〇町歩、納税額は千五百円から六千円程であった。[59]その規模は、一九二〇年時点で静岡県の「資産家」一一八名中六位、所有耕地は一九二四年時点で静岡県の「大地主」三九名中一二位、納税額は一九〇四年時点で静岡県の「多額納税者」一五名中八位に位置している。また、一九二一年から三〇年にかけて、小作人は二百五十人から三百人程度抱えていた(60)。

幕末から明治半ばにこの伊東家の経営を担ったのが磯平治である。彼は、遠江国敷知《ふち》郡早出《そうで》村（現・静岡県浜松市）の地主・中村八左衛門（生没年未詳）の次男に生まれ、大坂で儒者・後藤松陰（一七九七―一八六四）に経史を習い、豊橋で三河吉田藩儒臣・小野湖山（一八一四―一九一〇）に詩文を学ぶ(61)。一八六四年（元治元）に遠江国引佐《いなさ》郡中川村（現・浜松市）の地主・伊東磯右衛門（?―一八七八）の養子となり、家業の地主経営に注力する。養父が死去した翌年の一八七九年から八四年までは県議会議員も務めた。

この間の一八八三年に山田要蔵を養子に迎え、自身は隠居して家督を譲る。一八八四年から浜松袋町に移り住み、浜松第二十八国立銀行取締役・静岡第三十五国立銀行取締役などに就任。一八八七年には浜松の酒造家・竹山謙三（一八五〇―一九一三）らと浜松紡績会社の発起人になった。一八八九年には、浜松初の有限責任会社であり、米穀・肥料・繭・茶、特産の生姜・落花生・遠州木綿・綿糸など販売委託し、荷為替を行う浜松委託販売会社を有志と創設。社長に就任した。また、一八九三年には浜松信用組合を設立し、組合長に就いた。

一方、要蔵は、敷知郡都築村（現・浜松市）の地主・山田喜右衛門（生没年未詳）の三男に生まれ、浜松変則中学校を卒業後、一八七九年に慶應義塾へ入学(62)。一八八一年に卒業した後、慶應の教員や大阪商業講習所（現・大阪市立大学）の教員・教頭となる。一八八三年に磯平治の養子となって翌年に帰郷し、一八八九年以降、家業の農業・養蚕業・貸金業を実質的に継承。養父の死後は、銀行などの地域事業も引き継いだ。

その傍ら、一八八四年に私塾・経世社を設立した他、一八八七年に養蚕伝習所、一九〇二年に組合立引佐農業学校（現・浜松湖北高等学校）、一〇年に浜松瓦斯（現・中部瓦斯）、一二年に浜松鉄道、二二年に有限責任中川信用販売購買利用組合などの設立・経営を先導し、教育支援・土地整備事業も行う。また、富士瓦斯紡績（現・富士紡ホールディングス）監査役、富士電力（同上）取締役、第一火災保険取締役などにも就任。さらに、地域の鉄道・銀行・電力事業の株式、都市部の銀行株式を積極的に購入してもいる。[63] なお、村会・郡会・県会議員などを務めて地方政治にも参与し、一九〇九年からは衆議院議員を務めた。

略歴の通り、磯平治・要蔵ともに養子である。磯平治は天保世代で儒学を素養とし、養父の死後から家業だけでなく地方政治に参与し始め、要蔵を養子に迎えて以降、政治に代わり積極的に地域事業へ関与していく。要蔵は維新期の生まれで洋学を素養とし、実質的に家業を担う以前から地域事業に着手し始めている。そして磯平治の死後、その事業を継承するだけでなく、家業の傍ら活発に自ら地域事業を展開したことが分かる。

2　磯平治の社会的責任意識

要蔵は家業を継ぐ際、財産管理の要諦を記した「契約書」を磯平治と交わし、その事前交渉として「意見書」も差し出している。[64] 左記はその「意見書」の一部である。結果的に、そこに書かれた要蔵の要求は全て「契約書」に盛り込まれており、「契約書」の内容は経営の実態に反映されている。

経営実態については、要蔵が作成した財務諸表から窺うことができる。これは彼が実質的に家業を継いだ一八八九年から作られ始めた。それによれば、磯平治と要蔵で管理財産は区別されており、事実上、経営単位が二つ存在していたことが分かる。[65] 磯平治分は株式を含む流動資産で、「契約書」の内容も踏まえれば、これは伊東家の「家産」とは切り離された資産であったと考えられる。一方の要蔵分は、固定資産・貸付金・磯平治からの借入金で、次の「意見書」の通り、伊東家の家産と見なされた。

> 財産支配方法ニ関スル綱領ヲ列記シ、契約証トシテ差出ス可キノ思命ヲ領ス。……財産支配方法ノ大主義タル伊東家ノ財産トシテ支配シ、私有トスルヲ得ズノ一義ハ、小子ノ最モ感服シ、最モ賛成スル所ナリ。……小子ヤ、伊東家ノ財産ヲ支配シ、私有トセズ、会社役員ノ心ヲ以テ事ニ従ハントス。……凡ソ人トシテ私有無クンバ、幾分ノ権利ヲ欠キ、幾分ノ自由ヲ受クル能ハザルモノナリ。……故ニ、小子支配スル財産ヨリ生ズル純収益、百分ノ三ヲ以テ賞与トシテ私有スルヲ許サレンコトヲ敢テ乞フ。私有スレバトテ、必ズ浪費スルモノニ非ズ。唯、事ノ完全ヲ望ムノミ。(66)

この「意見書」からは、「契約書」の作成が磯平治からの「思命」で行われたことが分かる。そして、要蔵が管理する「財産」は「伊東家ノ財産」すなわち家産であり、要蔵の「私有」財産、つまり家の構成員でない個人が持つ財産ではないことが明示されている。この「財産支配方法ノ大主義」も磯平治からの提示であった。したがって、財産管理の基本方針については、磯平治が構想していたと考えられる。

それゆえ、「契約書」には、「要蔵ノ支配スル財産ノ収益ヲ以テ一家日常ノ経費ヲ支弁シ、収益残金凡ソ一ヶ年弐千円内外ヲ目的トナシ、年々積立、家産ノ増殖ヲ計画スルモノトス(67)」とあるが、これは特に磯平治が「家産ノ増殖」を第一義としていたことを示していよう。要蔵の財産管理についてはそれを「支配権」と表現し、「伊東家ノ財産ヲ支配スルモノニシテ、支配者ノ私有財産ヲ為スヲ得ズ」としているのに対して、「家産」から切り離された磯平治の管理分については全て「進退」という言葉を用いて区別している点にも、「家産」に対する磯平治の強い思いが読み取れるだろう。

「契約書」にはさらに、「諸帳簿ハ明了ニ記載シ、他出中ト雖モ、家族ノ処置ニ便宜ナラシメ、何度ニテモ家父ノ閲覧ニ任セ、毎年一月末、財産ノ総計ヲ作リ、家父ノ認印ヲ受可申事」、「商機ハ利害ノ関係大ナルヲ以テ、作徳米売却ハ勿論、其他商法上ノ事ハ総テ家父へ相談ノ上、処弁シ、自己ノ独断ヲ以テ一切専行不致事」、「要蔵ニ於テ前条ニ違背スルカ、又ハ家族ノ調和ヲ為ス能ハザル場合ニハ、支配権ハ家父へ返戻シ、熟和ヲ得テ然ル後、支配権ヲ復スルモノトス」といった記述があり、要蔵が家業・財産を継承した後も磯平治の関与は大きく、権威も強かった様子が認められる。

この背景には、磯平治の社会的責任意識と「家」「家産」に対する認識があったと考えられる。一八九六年、磯平治は親戚一同の前で次のように語り、過去を振り返っている。

抑拙者ガ此家ニ来タル当時ノ思想ハ、此家ヲ相続シテ養父母ヲ安心セシムルト、家政ヲ整理シテ、家門ヲ盛大ナラシムルノ二途ナリキ。今ヤ、要蔵ノ年令、当ニ三十三歳、之レヨリシテ、世事ニ当ルモ、尚拙者ガ為シ遂タル丈ノ事業ハ出来ル可キ筈ナリ。拙者ニ於テ斯ノ如キ第二ノ磯平治ヲ作リ得タルハ、頗ル悦フベキ事ナリ。……拙者ガ家政ヲ執ルノ間ハ、生活ノ程度、養父ノ時ト敢テ異ナラサルヲ期シ、終始経済ノ事、念頭ヲ離レサリキ。今ヤ、世態ニ変遷アリ。家族亦増加シスレバ、必シモ旧態ヲ墨守スル能ハズト雖モ……無理ニ拡張センヨリハ、現在ヲ維持スルヲ望ム。蓋シ、要蔵ヲシテ別段ノ計画ヲ為サザラシムルモ、拙者ノ年令ニ達スル迄ニハ、相応ニ資産ノ増殖ヲ為シ得ベケレバナリ。然リ而シテ、茲ニ恐ルベキ一事アリ。何ヲヤ曰ク、資産ヲ賭スルコト之ナリ。……右ハ、子孫ニ対シ厳禁センコトヲ欲スルモノナリ。(68)

磯平治が伊東家を継承する際に思念していたのは、「此家ヲ相続シテ養父母ヲ安心セシムル」こと、「家政ヲ整理シテ、家門ヲ盛大ナラシムル」こと、「拙者ガ家政ヲ執ルノ間ハ、生活ノ程度、養父ノ時ト敢テ異ナラサル」ことであった。これは、伊東家の経営を通して家の格式を上げげつつ、「経済」的には「生活ノ程度」を変えていかず「家」の「維持」を重視したという趣旨であろう。あるいは「経済ノ事」とは、いわゆる経世済民を家内に当てはめたのかもしれない。いずれにしても、磯平治は「家」の「維持」に対して責任を負っているという強い意識を抱いていたことが分かる。

この「家」の「維持」は、具体的には「家産」の「維持」として認識されていると言えよう。彼は「資産」を「無理ニ拡張センヨリハ、現在ヲ維持スルヲ望ム」と明言しているが、これは「契約書」の「家産ノ増殖ヲ計画スル」ことと必ずしも相反しない。「相応ニ資産ノ増殖ヲ為」すことはあって然るべきなのである。この点について右の史料では、「要蔵ヲシテ別段ノ計画ヲ為サザラシムルモ、拙者ノ年令ニ達スル迄ニハ、相応ニ資産ノ増殖ヲ為シ得ベケレバナリ」と記されている。これは、養子に迎えた要蔵を評価しながらも、自分のやり方に倣えば「相応」の「資産ノ増殖」が見込めるため、要蔵が「別段の計画」を立てることに対してある種の牽制をしているようにも読み取れる。「第二ノ磯平治ヲ作リ得タルハ、頗ル悦フベキ事」という表現も、その意味で用いられた面があるかもしれない。

例えば、掛川鉄道の建設計画に要蔵が関心を抱き、発起人になるべく計画出願者の山崎千三郎（一八五六―九六）へ打診をしたところ届いた断りの書状にも、磯平治の思いが窺える。山崎が要蔵の申し出を断った理由は、発起人への割当株は全て引受先が決まっていることに加え、「先般御尊父よりの御通知ニよれは、必すしも貴下発起人と被成候様にも不被思しりか」[69]と本件に関して消極的である旨の「御通知」が磯平治から山崎に届いたためであった[70]。

つまり、磯平治は「家」「家産」の「維持」を最重要視しているがゆえに、要蔵が「家産」を用いて地域事業に投資することは、「資産ヲ賭スルコト」を「恐ルベキ一事」と見なす基準からすれば、歓迎はできなかったのではないだろうか。既述の通り、磯平治自身も有志とともに地域事業を積極的に展開している。ただ、その起業に用いられた資金は主に、「家産」から切り離された磯平治管理分の資産から捻出されたものであった。この方法をとることで、新事業を興すというリスクを負いながら、「家」「家産」への波及を回避する道も用意していたように思われる。当然、磯平治管理分の資産を「維持」するという観点からすれば、その新事業は成功を期してなされたものであっただろう。ただし磯平治は地域経済のことを念頭に置きつつも、「家」「家産」を第一義の基軸的価値とし、何よりもその「維持」を社会的責任として意識していたと考えられるのである。

3　要蔵の社会的責任意識

一方の要蔵は、先の掛川鉄道の事例も含めたその事績から分かるように、「家産」を用いて積極的に地域事業の設立・投資を行っている。これも彼の社会的責任意識のあり方から来るものではないだろうか。

要蔵は先の「意見書」において、「財産支配」は「会社役員ノ社務ヲ処スルノ心」で当たると述べており、「家」を「会社」と捉え、自己の役割をその経営者と認識していることが分かる。その上で、「家産」運用をして得た「純収益」の三%を「賞与トシテ私有」できるよう願い出ている。「私有」分がなければ「権利」と「自由」を欠くため「人情」として耐え難く、事の完遂の妨げとなるからである。そしてこの「私有」は、「財産支配方法ノ大主義」に背くものではないと主張している。

では、なぜ「私有」分がなければ心情的に耐え難く、事の完遂の妨げとなるのか。また、なぜこの「私有」は「大主義」と矛盾しないのか。これは要蔵の人間観・社会観に即して考えると明らかになる。

人間ノ万獣ニ抜キテ其霊ト称セラル、所以ハ、孤独ナルコト能ハザルノ性、質ク備フルニアルヤ明ナリ。相集団シテ、社会ヲ為スニアルヤ明ナリ。実ニ社会ハ人生第一ノ天性ニ基キ、人間ヲシテ万物ノ霊タラシムル所ナリ。故ニ益団結ノ性、質ク養ヒ、社会ヲ発達進歩セシムルハ、人生第一緊要ノ務メト云フ可シ(71)。

集団形成や団結は人の「第一ノ天性」、すなわち人間関係の構築・社会形成は「天性」であり、社会の構成員でない人間は存在しない。つまり人と社会は一体なのである。さらに人は「社会ヲ発達進歩セシムル」（傍点引用者）、すなわち社会を発展させるべく能動的に行動する必要がある。こうした認識によれば、要蔵と伊東家は一体であり、両者の利益は相反しないと理解されたはずである。だから「私有」分の存在は「大主義」と矛盾しないのである。実態としても、要蔵が利益を上げ家産を増やすほど、「私有」分も増加する経営構造になっていた(72)。

また要蔵は「心知アリテ形体始メテ用アリ。心智全美ナレバ形体ノ働、亦全美ヲ呈ス」と述べ、「心」を「道徳心」、「智」を「有形理学（フィシカルサイアンス）、無形道理学（フィロソフィー）」と説明している(73)。これは「心」「智」を兼ね備えた行動の重要性を説いており、裏を返せば、「心」「智」が不完全であれば、「形体」の「用」と「働」すなわち行動とその作用も不完全になるということである。この考えが「意見書」に反映されたのだろう。つまり、「権利」と「自由」が与えられることで「人情」（心）として承服でき、そこではじめて活動（形体）が全うできるのである。

さらに彼は、「孝悌忠信ノ善行ヨリ国家ヲ愛スルノ情、其ノ利害ヲ感ズル情等、涵養セズシテ有スルモノニアラズ。有形理学、無形道理学ヲ以テ心ヲ開キ、之レニ道徳ノ情ヲ附シ、始メテ完全ナル人ヲ成ス(74)」とも述べている。実際に「家」の経営を担っている要蔵にとって、これらは具体的に捉えられていたであろう。すなわち、「人間」は要蔵、「社会」は要蔵を取り巻く世界、言い換えれば「孝悌」＝伊東家内の人間関係、「忠信」＝地域、「国家」＝日本が想定されていたと思われる。つまり、要蔵と家・地域・国家は同心円的・審級的に不可分であり、自己の活動はそれらを「発達進歩」させる行為だと位置付けていたのである。

したがって要蔵は、磯平治と同様、自己の活動は社会的責任を伴うものである認識していたものの、その責任の対象となる「社会」については、磯平治よりも広義に捉えていたと思われる。それゆえ、リスクを承知しながらも「家産」を用いて事業を立ち上げ投資することは、社会的責任上、当然と考えたのではないだろうか。要蔵は磯平治と同じく、「家」「家産」を重視していることに間違いはない。ただし、「家」「家産」そのものに重きを置いたのではない。「家」「家産」は、彼が重視する「家」より外側にある「社会」の「発達進歩」の立脚点であり原資となる意味において重要だったのである。

おわりに

都市部のみならず広範な地方をも含む明治期の企業勃興、これを主に担ったのは、天保世代と維新期生まれの世代といってよいだろう。本章で取り上げた人物の中では、萩原鐐太郎・伊東磯平治が天保世代に相当し、川上善兵衛・伊東要蔵が維新期生まれに当たる。

彼らに共通しているのは、それ相応の地主であるため、従前の事業に携わりながら、近世から続く市場経済化に沿うだけでも経済的な成功自体は収められた可能性があるにも関わらず、いずれも、リスクの伴う工業化に対応している点である。また、結果的な成否は別にして、いずれも経済的利益の獲得を目指して事業を興し、経営にあたっていることも類似点として挙げることができるだろう。

ここから、何より日本の各地に経済的利益の追求を動因とした企業家がいたことが、近代日本の経済発展に意義を持ったと指摘できるだろう。ただし、利益追求という企業者像だけでリスク負担の要因が説明しきれるわけではない。そこで注目されるのが、彼らの多くが自己と社会を同心円的に一体視し、社会的責任意識に基づいて活動している点である。この責任意識を利益追求と結び付けることで、企業者活動に社会的関係性・社会的正当性を付与したのである。経済活動の意義をその社会的有用性と結び付ける思考自体は、近世から存在しており、明治以降も人々の意識に底流していたと考えてよいだろう(75)。

しかし、その社会的責任意識の持たれ方、すなわち自己と家・地域・国家などとの関係をいかに捉え、起業や経営において何を重視したかは、産業・世代で差異があり、一様の審級性が存するわけではないことは本章で見てきた通りである。極めて概括的に表現すれば、萩原は家○―地域◎―国○、磯平治は家◎―地域○、川上は家△―地域○―国◎、要蔵は家○―地域◎―国◎と形容できるであろうか。

産業別で考えれば、地域間競争の激しい幕末からの輸出産業、地域間競争が未ださほどない明治期の新興産業、地主経営を基盤とした経済的インフラ整備を中心する多角的起業・投資、いずれにおいても、それぞれの産業の性質・社会的位置付けと社会的責任意識の間には相関があることは明らかであろう。

ただし磯平治のように、地主経営の場合、「地域」への近接度は相応にあるものの、「国」への意識は他の産業従事者たちに比べて必ずしも前面には表れてこないケースがあるように思われる。この点については別の事例と比較していく必要がある。とはいえ、自己の社会的責任と事業との関係を考える際、少なからず「国」の存在が意識されていたこと自体は間違いないだろう。そしてこれは明治を生きた人々に共通の意識であったように思われる(76)。

一方で、世代別には、その社会的責任意識を明確に特徴付けすることは難しい。これも他の事例を考慮していくことが重要である。ただし、傾向として、天保世代に比べて維新世代の方が、より「国」を意識していることは多少なりとも読み取れるであろう。

既述の通り、経済活動の意義をその社会的有用性と結び付ける思考自体は、近世から存在していた。この思考は、「「国家」が人々の思考の中で徐々に一定の位置を占めるようになってくると、人々に「国家」と自己の社会的責務との関係を意識させ、それを「国事」と認識する意識[77]」に引き継がれていったと考えられる。なぜなら、日本の経済成長を目的として工業化という形で西洋に倣うことは、西洋を他者として意識することにつながり、それを意識すればするほど、日本という「国家」への帰属と利害が人々に強く意識されていったと考えられるからである[78]。天保世代と維新期生まれとで「国」に対する意識に多少の違いが感じられるのは、前者が青年期を迎えた頃、明治という国家体制は選択肢の一つであったのに対し、後者の青年期に世は既に明治であり、国家体制と国家的目標は所与であり、目標の達成を期することは自明となっていたがゆえであろう。

また、本章の事例からは、程度の差こそあれ、「地域」と無関係に社会的責任意識を抱いている人物は皆無であったことも分かる。既述のように、地域の産業・競争を通して他地域を意識することが、自己の帰属する地域に対する感情を強める方向に作用していた。あわせて、彼らは起業や投資だけでなく、学校建設費などの寄付を行い、地方議員なども務めている。経済活動だけでなく、社会・政治活動の基盤を郷里に置いていたのは、社会的・政治的地位や中長期的な経済的利得を獲得するために、地域社会を重視していたからであろう[79]。これは、近世において村内の「分」に基づく行動規範の内面化が進み、資力に比例して「村」への経済的負担に応じるという協調的な行動がとられるようになっていたことの、近代的変容と言えるかもしれない[80]。

このことは、萩原の事例において、江戸時代には飢寒のない生活の維持を図る方策を提唱していたのに対し、明治に入ると「発展」や「利益」を掲げるようになったことによく表れているだろう。本章で取り上げた人物たちは地主である。明治には、たとえリスクを負うとしても、右肩上がりの「発展」を目指すことが、新たな地主の「分」・社会的責任と理解されたのかもしれない。そしてそれを可能にするのは、従前の事業だけではなく、工業化に即した起業・投資だと判断されたのだろう。

明治期に全国各地で見られた企業勃興の要因は、通貨・物価の安定化や資本金制度の展開などを共通項としながらも、地域や産業により実相は千差万別であったことは日本経済史研究でも明らかにされている[81]。本章はこの成果に加え、地方の経済主体の関わり方が、近世からの単純な延長線上にあるのではなく、明治期において質的な変化を伴っており、企業者活動の基盤にある社会的責任意識も共通項と相違点を含む、多様なものであったことを指摘したい。

＊史料には、句読点などを適宜付加している場合がある。また、引用文中に執筆者の注を挿入する場合には、〔　〕をもって示した。

註

（1）谷本雅之「動機としての「地域社会」――日本における「地域工業化」と投資活動」（篠塚信義ほか編著『地域工業化の比較史的研究』北海道大学図書刊行会、二〇〇三年）など。
（2）E・H・キンモンス（広田照幸訳）『立身出世の社会史――サムライからサラリーマンへ』（玉川大学出版部、一九九五年）七三―七六頁。
（3）成田龍一『「故郷」という物語――都市空間の歴史学』（吉川弘文館、一九九八年）六四―一〇〇頁。
（4）同前、九七頁。
（5）川口浩「序論 日本経済思想世界」（川口浩編著『日本の経済思想世界――「十九世紀」の企業者・政策者・知識人』日本経済評論社、二〇〇四年）一八―二二頁。
（6）萩原の経歴・碓氷社は、特に注のない限り以下を参照。佐々木潤之介編著『村に生きる人びと――東上磯部村と萩原鐐太郎』（萩原鐐太郎記念出版刊行会、一九七四年）、春日豊「日本近代化における勧業型豪農の位置と性格――碓氷社社長萩原鐐太郎の思想と行動」（『歴史学研究』四三五号、歴史学研究会、一九七六年八月）、飯岡秀夫「萩原鐐太郎と群馬の近代化――人民と郷土を主体とした国づくりの思想」（高崎経済大学附属産業研究所編『近代群馬の思想群像』ブレーン出版、一九八八年）、宮沢邦一郎『日本近代化の精神世界――明治期豪農の軌跡』（雄山閣出版、一九八八年）、木嶋久美「萩原鐐太郎における自立的発展の思想――田口卯吉の自由貿易思想との対比で」（『経済論究』九七号、九州大学大学院経済学会、一九九七年三月）。

（7）前掲佐々木編著『村に生きる人びと』二二一頁。

（8）萩原鐐太郎口述・宮口二郎著『社業余談』（宮口二郎、一九一六年）一七六頁。

（9）同前、二二四頁。

（10）「触書」一八六七年八月（前掲佐々木編著『村に生きる人びと』八五頁）。

（11）萩原鐐太郎『社業談』（碓氷社、一九一〇年）一六頁。

（12）山口和雄編著『日本産業金融史研究 製糸金融篇』（東京大学出版会、一九六六年）六三七頁。

（13）前掲萩原『社業談』二四―二五頁。

（14）萩原鐐太郎「教婦講習員に告ぐ」（『社報碓氷社』一〇号、小菅寅之輔編輯兼発行人、一九一二年五月）二四頁。

（15）萩原鐐太郎「繰糸場の心得」（『社報碓氷社』二四号、一九一四年一月）三頁。

（16）萩原鐐太郎「碓氷社事業の方針に就て」（『碓氷社々報』一号、碓氷社、一九一一年七月）七頁。

（17）前掲萩原『社業談』九一―九二頁。

（18）前掲萩原口述・宮口著『社業余談』九九頁。

（19）前掲萩原『社業談』二〇頁。

（20）萩原鐐太郎「事業終了に際して職員諸氏に告ぐ」（『碓氷社々報』六号、小菅寅之輔編輯兼発行人、一九一二年一月）二四頁。

（21）前掲萩原『社業談』八四頁。

（22）萩原鐐太郎「碓氷社維持方之儀ニ付内願書（草稿）」（一八八四年十二月七日。前掲佐々木編著『村に生きる人びと』）二四一頁。

(23)　萩原鐐太郎「無題（草稿）」（一八七八年五月。前掲佐々木編著『村に生きる人びと』）二三四頁。

(24)　下村亀三郎「製糸器械設立ノ趣意」（遠藤鐵太郎編『上田郷友会月報』三四号、上田郷友会事務所、一八八九年七月）三三―三四頁。

(25)　石井寿美世「一八八〇年代における実業思想と地方企業家――長野県上小佐久地域と下村亀三郎」（『日本経済思想史研究』三号、日本経済思想史研究会、二〇〇三年三月）参照。

(26)　杉山伸也『日本経済史　近世―現代』（岩波書店、二〇一二年）二二六頁。前掲成田『「故郷」という物語』一一〇頁。

(27)　萩原鐐太郎「碓氷社社員に告ぐ」（『碓氷社々報』二八号、小菅寅之輔編輯兼発行人、一九一五年六月）八頁。

(28)　前掲萩原『社業談』二五頁。

(29)　萩原鐐太郎「中川組開業への祝辞（草稿）」（一九〇一年三月十五日。前掲佐々木編著『村に生きる人びと』）二四三頁。

(30)「慶応二年丙寅年一一月　議定書」（一八六六年一一月。前掲佐々木編著『村に生きる人びと』）八五頁。

(31)　川上の経歴・岩の原葡萄園は、特に注のない限り以下を参照。愛知県農会編『全国篤農家列伝』（愛知県農会、一九一〇年）七六―七七頁、啓明会編『財団法人啓明会第一四回昭和七年度事業報告書』（啓明会、一九三五年）八六―八七頁、筑波常治「ブドウ酒の先駆者川上善兵衛の理想と苦難」（川上善兵衛著、市井三郎・滝沢誠編『武田範之伝――興亜前提史』日本経済評論社、一九八七年）八三五―六一頁、新潟県編『新潟県史　通史編七　近代二』（新潟県、一九八八年）五一五―一六頁、木島章『川上善兵衛伝』（ＴＢＳブリタニカ、一九九一年）、上越市編さん委員会編『上越市史（普及版）』（上越市、一九九一年）三六八頁。

(32)　前掲木嶋「萩原鐐太郎における自立的発展の思想」六八頁。

(33)　川上善兵衛『実験葡萄栽培書』（博文館、一八九九年）一一六―一七頁。

(34)　川上善兵衛『葡萄提要』（実業之日本社、一九〇八年）三一〇頁。

(35)　湯澤規子「山梨県八代郡祝村における葡萄酒会社の設立と展開――明治前期の産業と担い手に関する一考察」（『歴史地理学』五五巻三号、歴史地理学会、二〇一三年六月）三―四頁。

(36)　有栖川宮家編『有栖川宮記念厚生資金選奨録　第三輯』（高松宮出版、一九三五年）四四頁。

(37)　川上善兵衛述「起業之趣意」（川上善兵衛記念館所蔵）。

(38) 川上善兵衛「自叙」(前掲『実験葡萄栽培書』)一―三頁。
(39) 同前、一―二頁。前掲川上『葡萄提要』一―二頁。
(40) 前掲川上『葡萄提要』四頁。
(41) 同前、四頁。前掲川上「自叙」(『実験葡萄栽培書』)二頁。
(42) 前掲川上『実験葡萄栽培書』九六頁。
(43) 前掲川上『葡萄提要』三頁。
(44) 前掲川上「自叙」(『実験葡萄栽培書』)二頁。
(45) 前掲川上『葡萄提要』二―三頁、五頁。
(46) 同前、三〇一頁。
(47) 同前、七頁。
(48) 同前。
(49) 同前、八頁、二九八頁。
(50) 同前、七頁。
(51) 前掲川上「自叙」(『葡萄提要』)三頁。
(52) 前掲川上『葡萄提要』八頁。
(53) 同前、八頁。
(54) 前掲筑波「ブドウ酒の先駆者川上善兵衛の理想と苦難」八五四頁。
(55) 前掲木嶋「萩原鐐太郎における自立的発展の思想」一六二頁、一七九頁。
(56)「日本全国商工人名録」(一八九八年。渋谷隆一編『明治期日本全国資産家地主資料集成Ⅱ』柏書房、一九八四年)一六六―六七頁。
(57) 註(37)に同じ。
(58) 伊東要蔵『明治二十二年度年間諸勘定』(一八九〇年一月)、同『明治二十三年度決算表』(一八九一年一月)、同『明治二十四年度決算表』(一八九二年一月)、同『明治二十五年度決算表』(一八九三年一月)、同『明治二十六年度計算表』(一八九四年一月)、同『明治二十七年度計算表』(一八九五年一月)、同『明治二十八年度計算表』(一八九六年一月)、同『明治二十九年度計算表』(一八九七年一月)、同『明治三十年度計算表』(一八九八年一月)、同『明治三十七年度精算表』(一九〇四年十二月)。以上、慶應義塾福沢研究センター架蔵・浜松市博物館所蔵。

(59) 資産・所有耕地・納税額は以下を参照。渋谷隆一編『明治期日本全国資産・地主資料集成Ⅳ』(柏書房、一九八四年)二二七頁、二二七頁。同『大正昭和日本全国資産家・地主資料集成Ⅰ』(柏書房、一九八五年)一三頁、五八頁、七八頁、一一八頁、一五〇頁、二〇七—〇八頁。同『都道府県別資産家地主総覧 山梨・静岡編』(日本図書センター、一九九七年)二六八—六九頁。

(60) 伊東家『小作人名簿』(一九二一—一九三〇年)慶應義塾福沢研究センター架蔵。

(61) 磯平治の経歴は、以下を参照。船越勇三郎「伊東磯平治翁事績調」(一九四〇年)慶應義塾福沢研究センター架蔵、静岡新聞社出版局編『静岡県歴史人物事典』(静岡新聞社、一九九一年)五六頁、細江町史編さん委員会編『細江町史 通史編下』(細江町、一九〇九年)二九八頁。

(62) 要蔵の経歴は、特に注のない限り以下を参照。石井寿美世「江戸から明治へ——明治初期における地方企業家の経済思想」(川口浩、ベティーナ・グラムリヒ＝オカ編『日米欧にみる近世日本の経済思想』岩田書院、二〇一三年)。

(63) 三科仁伸「伊東要蔵の有価証券投資と企業者活動」(福沢研究センターシンポジウム報告「地方資産家 伊東家をめぐる人々と経済活動」於慶應義塾大学、二〇一四年六月二八日)。

(64) 伊東要蔵の経済思想と経済実態の関係は、前掲石井「一八八〇年代における実業思想と地方企業家」参照。

(65) 註(59)に同じ。

(66) 伊東要蔵「財産支配権ヲ附与セラル、議ニ付意見書」(一八九九年)慶應義塾福沢研究センター架蔵。

(67) 伊東要蔵「家産支配方法契約書」(一八八九年)慶應義塾福沢研究センター架蔵。

(68) 伊東磯平治「家族ヲ一同ニ会シ演説(伊東要蔵筆)」(一八九六年)慶應義塾福沢研究センター架蔵。

(69) 伊東要蔵宛山崎千三郎書簡(一八九六年四月二十一日)慶應義塾福沢研究センター架蔵。

(70) 三科仁伸「地方資産家・伊東要蔵と浜松の鉄道事業——明治後期から昭和初期を中心に」(『近代日本研究』三一巻、慶應義塾福沢研究センター、二〇一五年二月)一七三—七四頁。

(71) 伊東要蔵「〈無題原稿〉」(一八八〇年代カ) 慶應義塾福沢研究センター架蔵。
(72) 註(59)に同じ。
(73) 伊東要蔵「父兄諸氏ニ告グ」(一八八五年) 慶應義塾福沢研究センター架蔵。
(74) 同前。
(75) 川口浩、石井寿美世、ベティーナ・グラムリヒ=オカ、劉群芸『日本経済思想史——江戸から昭和』(勁草書房、二〇一五年) 第二一章・第二二章参照。
(76) 同前、第二一章参照。
(77) 前掲川口「序論 日本経済思想世界」一八頁。
(78) 前掲川口、石井、オカ、劉『日本経済思想史』第一六章参照。
(79) 前掲谷本「動機としての「地域社会」」二五九—六〇頁。
(80) 坂根嘉弘『〈家と村〉日本伝統社会と経済発展』(農山漁村文化協会、二〇一一年) 一三五—一三六頁。
(81) 前掲杉山『日本経済史』二一四—二一一頁。

第九章　梁啓超と日本——『生計学学説沿革小史』をめぐって——

劉　群　芸

はじめに

中国近代史における最も重要な啓蒙思想家としての梁啓超（一八七三—一九二九）は、戊戌変法（一八九八）の失敗のため、日本で一四年間の亡命生活を送っていた。日本に滞在中、日本政府から多大な支援を受けて、彼は一心に新思想を積極的に吸収しながら、『清議報』『新民叢報』『新小説』などの新聞や雑誌を創刊し、「新民説」や「開明専制論」という主張を展開して、明治日本から清末の青年たちに向けて中国以外の思想を発信し続けた。彼の『三十自述』によると、日本亡命一年にして「稍能読東文、思想為之一変」という日本の影響を受けていることを認めている。さらに、著名な中国歴史学者・李沢厚（一九三〇—　）は、梁の中国近代史における役割は、一八九八年から一九〇三年にかけての五年間に基づいて判定されるべきだと指摘している。

梁啓超の啓蒙思想は経済思想が政治思想と不可分のものだと一般的に評価されているが、日本への亡命前後、彼は専門的な経済に関する文章を書いて、新聞や雑誌に掲載していた。その中で、『新民叢報』第七号（一九〇二）から七回にわたって連載された『生計学学説沿革小史』は代表的な作品だと言える。同書は上古生計学から斯密亜丹《アダム・スミス》説までの経済学説史の流れを述べていて、「英人の英格廉 Ingram、意人の科莎 Cossa、日人の井上辰九郎」の経済学説史を参照して、日本を通じて西洋思想あるいは直接に日本思想を受け入れることを明記している。しかし、梁は新鮮な思想を学びながらも、それらを全面的には受容せず、国家主義の立場から経済学説を再解釈し、経済政策は最終的には経済的自由主義に基づくものであることが目標ではあるが、しかし、現在の中国においては、この目標は重商主義を通して実現されねばならないと主張した。彼が "Political Economy" の訳語として「経済学」を採用せず、代わりに「生計学」を選択したことはその一つの明証だと言えよう。

本章は、梁啓超の『生計学学説沿革小史』と日本の関係について、文献比較の方法で検討する。そこで、梁啓超の日本亡命生活と『生計学学説沿革小史』、梁啓超における日本の受容、国家主義か歴史主義か重商主義か、という三節を設けて議論を展開していく。

一　梁啓超の日本亡命生活と『生計学学説沿革小史』

梁は清末の時代に生まれ、少年期に広東屈指の書院であった学海堂で伝統的な考証学を学び、十七歳で広東郷試に合格し挙人となった。十八歳から康有為（一八五八―一九二七）の門下に入って、広東の万木草堂から北京の戊戌の政変まで、その恩師に従い、共産的理想社会の建設を説く大同思想や公羊学の基盤となる変法革新思想を熱心的に宣伝し、変法派としてクーデター（一八九八年）も行った。その画策を西太后（一八三五―一九〇八）によって弾圧された後、孤立した状況に陥った梁は日本大使館の救援を得て、ついに日本に亡命してしまった。

その亡命期間について、さまざまな学者たちは相異なった評価を下している。一例を挙げれば、王介平は「論改良主義者梁啓超——梁啓超政治思想の批判」(1)（一九五六年）という論文で、梁が日本にいた期間を「日本亡命～革命派との論戦失敗（一八五八―一九〇五）」と「論戦失敗～辛亥革命（一九〇六―一一）」という二つの段階に分け、革命史観に基づいて梁を徹底的に批判した。王の消極的な評価とは対照的に、他の学者たちはだいたい梁の日本での一四年間の亡命生活が彼自身のみならず、中国の近代史にとって非常に重要な役割を果したと指摘している。狭間直樹編『共同研究　梁啓超——西洋近代思想受容と明治日本』（みすず書房、一九九九年）はその一つの代表的な研究成果である。

実は、梁も当時の明治日本にいた自分自身について積極的に述べていた。

日本に亡命した時、上昇している新しい国を実際に見て、まるで明け方の風を呼吸するようで、頭も体もすっきりして気持がよかった。ここの役人から職人まで、希望を持って活躍し、勤勉進取の気風に満ちた全てが、昔からの無名の小国を新世紀の文明の舞台に立ち上がらせた。腐敗している清政府を振り返ってみると、活力がなく積極性に欠けている。両国を比較し、日本人を愛すべき、慕うべきだとつくづく感じた。(2)

「新」は梁のいつものキーワードであった。右のように、「新しい国」とか、「新世紀」とか、「新」が付いたさまざまな名詞はよく梁の著作に現われて、まさに梁の思想史の研究のシンボルになった。日本は梁にとって魔力を持った「新」だと言える。急速に変化していた日本で、梁は日本語を通じて新しい思想を積極的に吸収し、「新民説」などの新理念を創造し、『新民叢報』や『新小説』といった雑誌を創刊し、慕うべき日本人のように中国人の意識改革を目指して活躍した。中国初となる経済思想史の専門書である『生計学学説沿革小史』(以下『小史』)はその特徴を鮮明に反映していた。

『小史』は一九〇二年に横浜で創刊された『新民叢報』という新聞に、第七号(一九〇二年)から第五一号(一九〇四年)まで七回にわたって連載された。同紙で第一四号から「新知識の雑貨店」といったコラムを始め、実は同紙は明治日本を通じて清末の青年たちに向けて中国以外の新思想を発信し続ける意図で、創刊号以降、新学説を宣伝していた。しかしながら、主編としての梁は経済より政治により一層関心を持ち、経済に関する文章はわずかであった。『小史』も梁の経済についての二つの著作のうちの一つであり――もう一つは『中国国債史』(一九〇四年)――、梁の経済思想にとって最も重要な史料だと言っても過言ではない。

梁は『小史』の「例言七則」、「発端」および第一~九章(上古生計学からアダム・スミス学派まで)を一九〇二年に書き、付論(輸出入のバランスと中国経済に対する影響)は一九〇三年にアメリカへ遊歴した後に補足し、残りの第十~十五章はついに補われることはなかった。その著作の計画(図1参照)[3]により、アダム・スミス以前と以後で経済学説史を二分し、時間の順序にしたがって書くつもりであった。結局、例言七則と発端を除いて、上古生計学からフィジオクラシーまでの学説史、アダム・スミスの学説および付論は、それぞれ三分の一になった。

梁が途中で擱筆した原因は「動機と結果の不一致という事態は往々にして起こるものである……近代ヨーロッパの経済システムを創造したアダム・スミスの功績を顕彰する目的から執筆のはじまった「生計学学説沿革小史」は、志とことなり、アダム・スミスの学説が有効性をもつ時代の終焉という意外の結論に到達した[4]」と言われる。しかし、その可能性はあるけれども、他の二つの原因をここでは指摘したい。その一つは、梁が非

図1　『生計学学説沿革小史』著作の計画

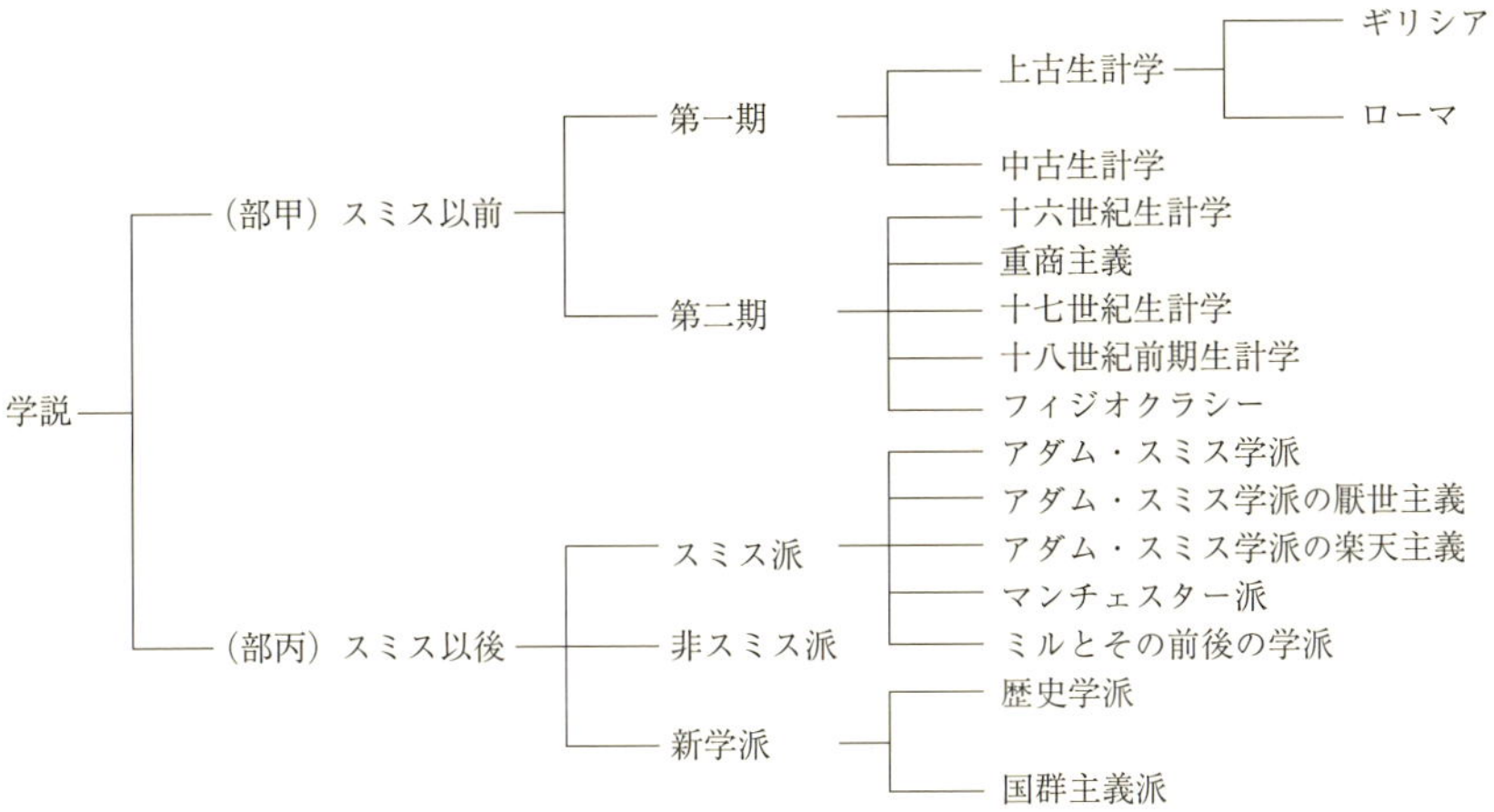

常に忙しかったため、筆を擱いてしまった可能性があることである。『梁啓超年譜長編』によれば、その時の梁は次のような状況にあった。

梁は『新民叢報』創刊の一九〇二年四月に、康有為に宛てた書簡の中で、創刊して以後の著述生活の慌ただしい状況について以下のように述べる。

> こちらでは『新民叢報』創刊して以後、文章を綴ることが毎日五千言に上り、そのため、クタクタもいいところです。どこから手紙が届いても、ややもすればそのままにして返事を書けないでいますが、本当にどうしようもありません。[5]

そのうえ、梁の計画は厖大になっており、新しい理念に満ちて、執筆の途中で擱筆しなければならないことも、『小史』を含め、他に何冊もあったのである。

> 「論中国学術変遷之大勢」は、規模がかなり大きく、全体は十六章に分かれ、中国の古今の学術思想の変遷の跡を総合的に論じており、卓見が非常に多い。惜しむらくは、最

初の六章まで書き進んだところで筆を擱いてしまった。その後、甲辰の年〔光緒三十年（一九〇四）〕の夏、再び第八、第九の二章を書き上げ、題名を「近世の学術」と改めたが、残りの章はついに補われることはなかった。昨年以来、先生は史学を志す気持ちを強め、そこで昨年は「中国史叙論」を、今年は『新史学』を書いた。(6)

ただ、断筆以降、「政治と経済の接点に位置する財政、金融のほかは、経済学の問題をほとんど語らなくなった」(7)梁はアメリカへ遊歴した後、わざわざ中国貿易について原稿を書き、長い付論を補足したのみでなく、辛亥革命以降の政権で財政総長のポストを希求し、また段棋瑞政権で財政総長に就任した。したがって、『小史』が完成しなかった理由は、単に「忙しい」ということだけではないように思われる。それについては、第三節で後述しよう。

一般的に、梁は政治思想家と歴史学者として認められ、経済学者だと言われることは基本的になかった。ただし、『小史』の付論では、経済データは無論のこと、貿易についての分析まで詳しく示しており、それらはだいたい正確であった。梁は、まず日本の大蔵省理財局の国際収支の科目を全て並べておき、中国の税関データ、金と銀の輸出入、外債、中国への外資、ドイツの貿易と金銀の輸出入の関係など、五つの表を挿入し、経済学者のように専門的かつ驚くほどの説明を行った（表1(8)および表2(9)参照）。

梁は、世界各国を豊かさと貿易収支によって四つの種類に分類し、当時の清国は貧さと赤字の最悪の状況に落ち込んでいると指摘した。一八八八年（光緒十四）から一九〇二年の輸出入のバランスを計算した後、経常収支の赤字を分析するため、資本収支の代わりに、金と銀の輸出入データをいちいち列挙した。また、それに限らず、大蔵省の国際収支の科目の通り、中国の平年の赤字は、統計の不備、外債の借入、外資、機械の

表 1　中国の税関データ（1888 ～ 1902 年。単位：銀両）

年	輸入	輸出	バランス
光緒 14 年（1888）	124,792,893	92,401,027	32,191,826
15 年（1889）	110,884,355	96,947,832	13,937,243
16 年（1890）	127,093,481	87,144,480	40,079,001
17 年（1891）	134,003,863	100,947,849	33,056,014
18 年（1892）	135,101,198	102,583,525	32,517,673
19 年（1893）	151,362,819	116,632,311	34,730,508
20 年（1894）	162,102,911	128,104,522	33,998,389
21 年（1895）	171,699,715	143,293,211	28,406,504
22 年（1896）	202,589,994	131,081,421	71,508,573
23 年（1897）	202,828,625	163,501,358	39,327,267
24 年（1898）	209,579,334	159,037,149	50,542,185
25 年（1899）	264,748,456	195,784,832	68,963,624
26 年（1900）	211,070,422	158,996,752	52,073,670
27 年（1901）	268,302,918	169,656,757	98,646,161
28 年（1902）	315,363,905	214,181,584	101,182,321

表 2　中国の金銀輸出入（1890 ～ 1901 年。単位：銀両）

年	金		銀	
	輸入	輸出	輸入	輸出
光緒 16 年（1890）	—	1,782,328	—	3,557,772
17 年（1891）	—	3,693,246	—	3,131,886
18 年（1892）	—	7,332,000	—	4,825,000
19 年（1893）	—	7,459,000	10,804,000	—
20 年（1894）	—	12,744,000	26,389,400	—
21 年（1895）	—	6,224,000	36,685,000	—
22 年（1896）	—	8,114,000	1,702,000	—
23 年（1897）	—	8,511,700	1,641,500	—
24 年（1898）	—	7,703,843	4,722,025	—
25 年（1899）	—	7,639,779	1,271,444	—
26 年（1900）	1,202,315	—	15,442,212	—
27 年（1901）	—	6,635,313	—	6,635,313

大量輸入および海外からの送金などの五つの経常収支や資本収支の科目で発生していると言った。だが、梁はその状況を克服するため、政府からの積極的な干渉政策を求めるのではなく、スミスの自由主義原理を引用し、「ものを自由にさせれば、その勢はついに必ず平衡になる」[10]というレッセ・フェールにしたほうが国の繁栄がもたらされる可能性が大きいと述べた。同時に中国の企業家に対して「この二十年間に外国会社と中国国内市場を争って、二十年後は世界市場で競争しなければならない」[11]という警告を発した。

上に述べたように、経済学徒になった経験はまったくなかった梁が、専門家のように、複雑なデータを探訪・整理し、一般の人には理解しにくい国際経済学の原理によってやさしく説明したことは優れた業績であったと言えよう。その説明力の源流は日本で学びとった新知識のほかに、厳復（一八五四―一九二一）から受けた影響も無視することはできない。なぜなら、厳復の訳した『原富』の中に中国についての統計分析は少なくなかったからである[12]。

本節には残った疑問がまだ二つがある。その第一は、いったい、なぜ梁はスミスで断筆したのだろうか？第二は、長い付論はまさに本文と無関係か？　その答えを第二節の「梁啓超における日本の受容」から考察していく。

二　梁啓超における日本の受容

先述した『小史』を書いた二年間梁は日本にいた。梁は日本語の経済用語を直接かつ便利に活用し、何冊かの経済思想史の教科書から引用した。だが、その時、日本における経済思想史研究は、依然として草創期であり、研究と著述の中心は、いまだに西洋から伝わった思想史だった。梁が直面した日本の経済思想も、在来思想と西洋思想の二重構造を有していたと言える。[13]しかも、その時の日本人の学者に比べて、梁にとっては、西洋思想と日本思想のみでなく、祖国の思想を含む三者の間に、決定的な異質性および異なる人間観・社会観が存在した。その経済思想の基底にある異質性は、梁において、どのように意識されていたのか。"economy"および"economics"の訳語の選択を通して、この問いに答えてみたい。

梁は「例言七則」第四で、この『小史』を執筆するに際し、三人の学者すなわち「英人のIngram、意人のCossa、日人の井上辰九郎」の経済学説史を参照したと明記していた。このうち、康有為の『日本書目志』にコッサ著・阪谷芳郎重訳『経済学史講義』があることからすると、梁は日本に亡命する前に同書の原著を見た可能性が存在する。[14]他の二書については原著の参照はなく、日本語の訳本を読みながら、『小史』を書いた可能性が高かった。このことは、『小史』と梁が参照した書籍の目次を比べることによって、証明することができる[15][16][17][18]（表3参照）。

内容を詳しく比較すれば、前半の第一～七章はコッサ、後半の第八～九章はイングラムに依拠していた。しかしながら、『小史』の中心部分になったアダム・スミスの学説は厳復の『原富』を概括したものであった。これに対して、『小史』と他の参考書の最も鮮明な違いは、まさに十九世紀の歴史学派の取り扱いであった。すなわち、その当時、最も影響力があった歴史学派は梁の視野に入っておらず、その代わりにスミスの学説に関係がある付論が付けられたのである。特に当時の日本の経済思想の歴史的特性を考えれば、梁の選択は異質だと言っても過言ではない。

けれども、無論、梁が日本から受容したものは少なくなかった。経済用語は基本的に厳復の訳語に基づいていても、日本の訳語が必ずその後に付記された。たとえば、「母財」（日本語の「資本」）とか、「息」（日本語の「利潤」）とか、「庸」（日本語の「賃銀」）とか、「泉幣」（日本語の「貨幣」）などであった。そのうえ、書名を表示す

表3　梁啓超『生計学学説沿革小史』，ジェー・ケー・イングラ（阿部虎之助訳）『哲理経済学史』（1896年），ルイギー・コッサ（阪谷芳郎重訳）『経済学史講義』（1887年），井上辰九郎『経済学史』（1898年）の比較

生計学学説沿革小史	哲理経済学史	経済学史講義	経済学史
例言七則 発端 第一章　本論之界説及其叙目 第二章　上古生計学部甲（斯密以前）第一期之一 一希臘之生計学説 二羅馬之生計学説 第三章　中古生計学部甲（斯密以前）第一期之二 第四章　十六世紀生計学部甲（斯密以前）第二期之一 第五章　重商主義（Merchantile System）部甲（斯密以前）第二期之二 第六章　十七世紀生計学部甲（斯密以前）第二期之三 第七章　十八世紀上半期生計学部甲（斯密以前）第二期之四 第八章　重農主義部甲（斯密以前）第二期之五 第九章　斯密亜丹学説部之一 附論　進出正負差之原理及其関於中国国計之影響	緒言 第一章　総論 第二章　古代 希臘／羅馬 第三章　中世 第四章　近世 第一期／第二期（重商主義） 第五章　近世第三期（自然的自由主義） 仏国／伊太利／西班牙／独逸／アダム・スミス及び其直接の先者と其述者の時代／英国／仏国其一／米国／仏国其二／伊太利／西班牙／独逸 第六章　歴史学派 独逸／伊太利／仏国／英国／米国／今代の英国の経済学者 第七章　結論	第一章　経済学史ノ解釈区分方法及材料 第二章　古昔及中世経済学 第一節　古昔経済学 甲東国ノ部／乙希臘ノ部／丙羅馬ノ部 第二節　中世経済学 甲第十三世紀ノ部／乙第十四世紀ノ部 第三章　近世経済学 第一節　第十六世紀経済学 第二節　商業政客 第三節　第十七世紀経済学 第四節　第十八世紀上半期経済学 第四章　『フィジテクラット』派経済学 第五章　『アダム・スミス』及び其継續者 第六章　第十九世紀経済学 第一節　英国 第二節　仏国 第三節　独逸国 第四節　阿蘭国白耳義国及瑞西国 第五節　西班威国及葡萄牙国 第七章　近世伊多利国経済学者	緒言 第一編　古代及び中世における経済学 第一章　古代に於ける経済学 第一節　東方諸国 第二節　希臘 第三節　羅馬 第二章　中世に於ける経済学 第二編　近世に於ける経済学 第一章　第十六世紀に於ける経済学 第二章　重商主義 第三章　第十七世紀に於ける経済学 第四章　十八世紀の上半期に於ける経済学 第三編　最近世に於ける経済学 第一章　重農学派の経済学 第二章　スミス学派 第一節　英吉利 第二節　仏蘭西 第三節　独逸国 第四節　伊太利 第五節　和蘭、瑞西、西班牙 第三章　歴史学派 第一節　独逸 第二節　伊太利 第三節　仏蘭西 第四節　英吉利 第四章　米国の経済学

るために『　』を採用し、外国人の名前に英語を付し、また参考文献リストを作ることまで、さまざまな日本風のやり方が見られた。

しかし、『小史』をもう少し詳細に見ると、右のように明確な受容もあったにもかかわらず、そうでないものも多かった。言い換えれば、その当時中国と日本の間の文化交流は以前より順調になっており、どの語彙が日本から中国に伝えられていたのか、中外文化について深く了解していた梁もそのすべてを認識していたわけではなかったのである。『小史』の中にある〝economy〟および〝economics〟の訳語はその現象の明証であった。

梁の〝economy〟および〝economics〟の訳語の時期区分を示せば、以下のようになる。

㈠一九〇二年五月まで――模索期
㈡一九〇二年五月～一九〇六年三月――「生計」期
㈢一九〇六年三月～一九一〇年二月――「経済」期
㈣一九一〇年二月～一九一二年十月――「生計」回帰期
㈤一九一二年十月～一九二〇年十月――並用期
㈥一九二〇年十月以降――超克期[19]

図2[20][21]によれば、一九〇二年の半ばから一九〇六年にかけて、当時日本で流布していた「理財」および「経済」という語彙をだいたい無視し、『小史』を通して「生計」がしだいに定着していったことが分かる。実は、『小史』の「例言七則」第五で、梁はこの『小史』を執筆した時かつての「平準」および厳復の「計学」を捨

図２　梁啓超が採用した "economy" および "economics" の訳語

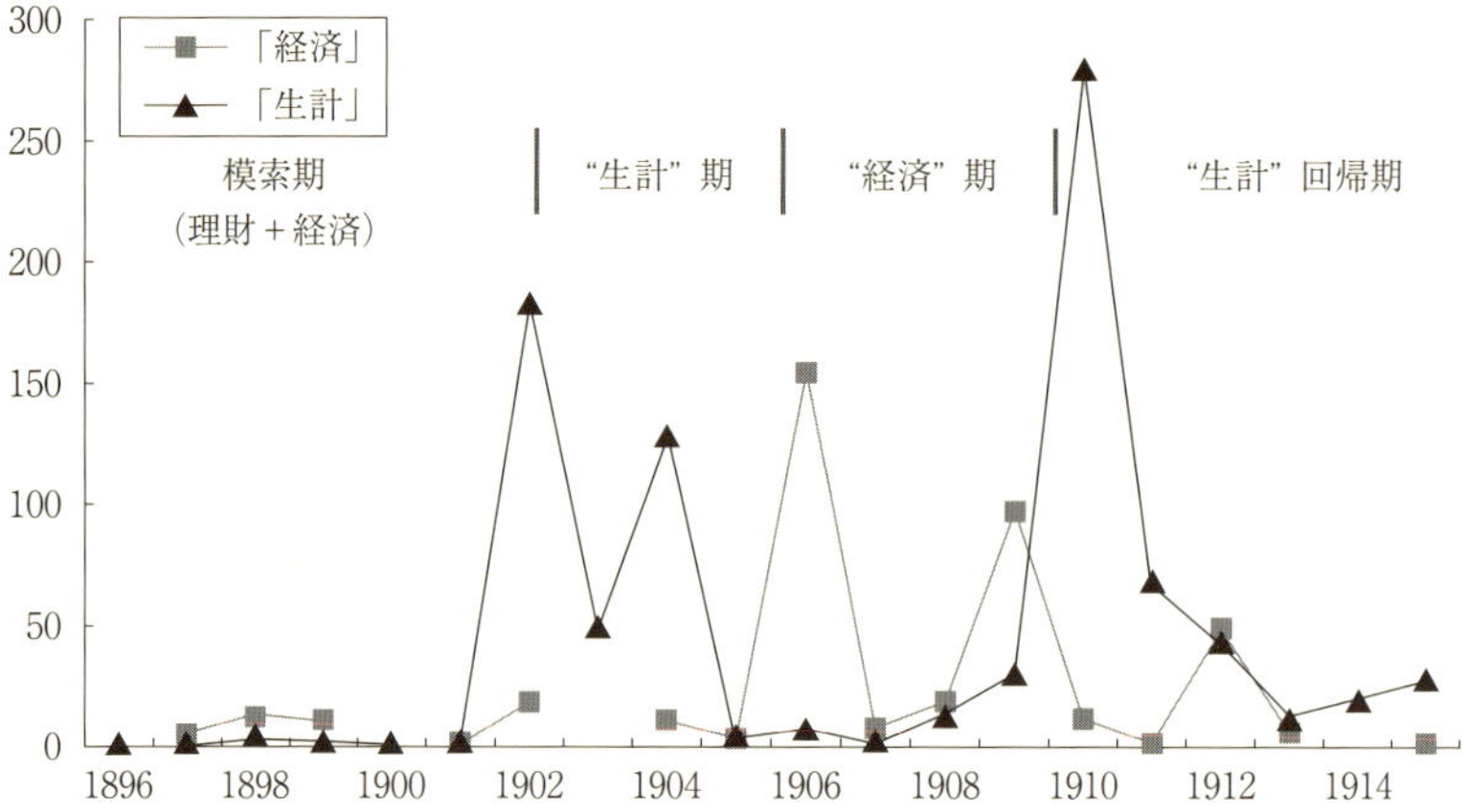

図３　中国の知識人は採用した "economy" および "economics" の訳語

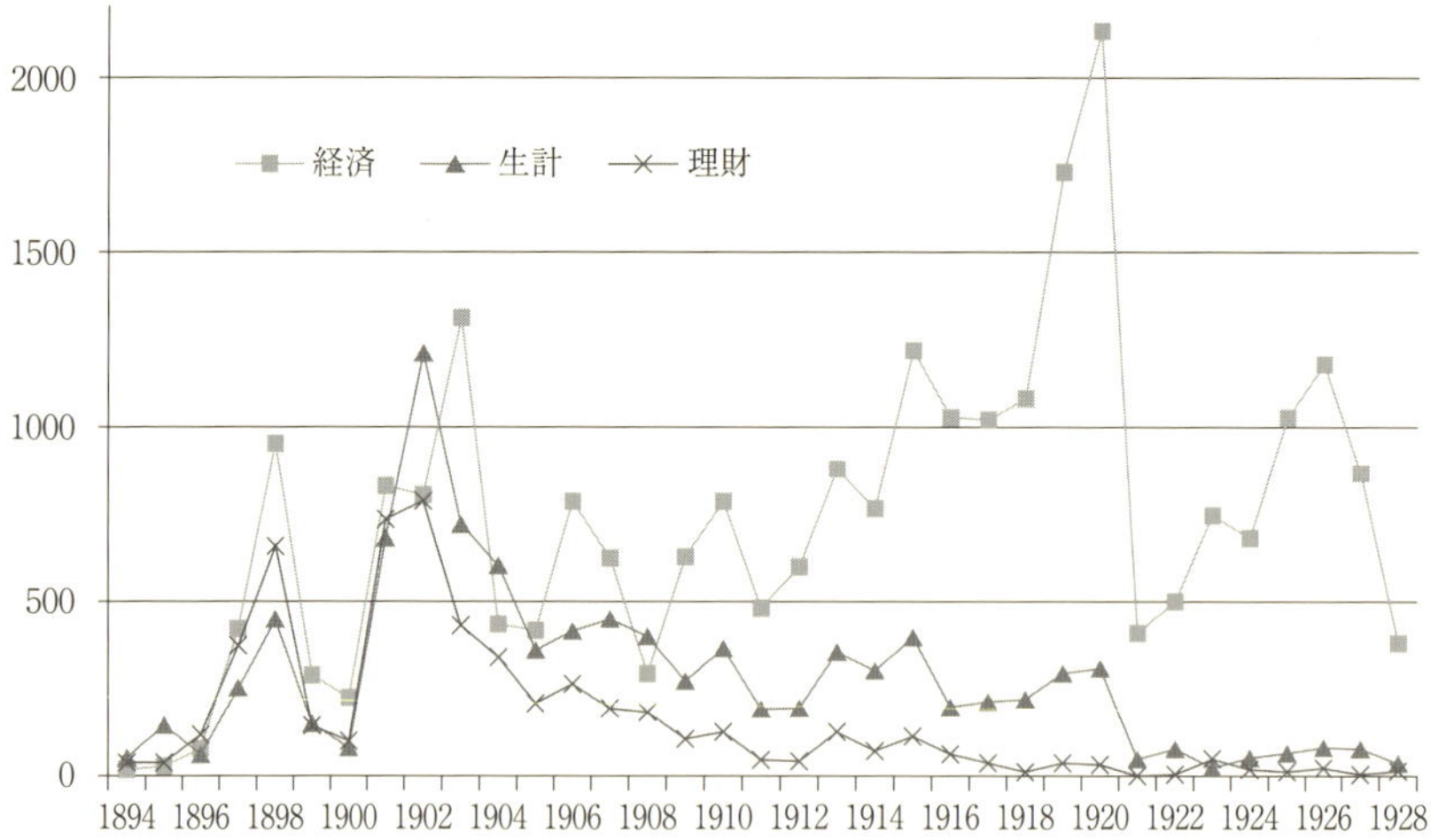

て、とりあえず一時的に「生計」を選んでおいたと言っている。しかし、予想に反して、「生計」はその後、梁に限らず、中国の知識人たちによって愛用されるようになったのである[22]（図3参照）。

すなわち、一時的に採用された「生計」は、その後、読者からの手紙を通じて、次第に定着していったのである。梁は『新民叢報』第三号（一九〇二年三月十日）の「問答」で「東京愛読生」という読者に答えるために、自分の考えを次のように示した。まず、“Economics”を中国語に翻訳する場合、「政術理財学」というのは「冗而不適」（長すぎて適さない）で、中国の伝統的な「食貨」だとしたら、「経済の主体なし」のようである。この他、「軽重」は「不通用」で、普通の人は理解しにくく、「貨殖」は主に「私富」ということである。このため、梁は「平準」を選んだのである。

図4　梁啓超の受容した新歴史学派の経済学

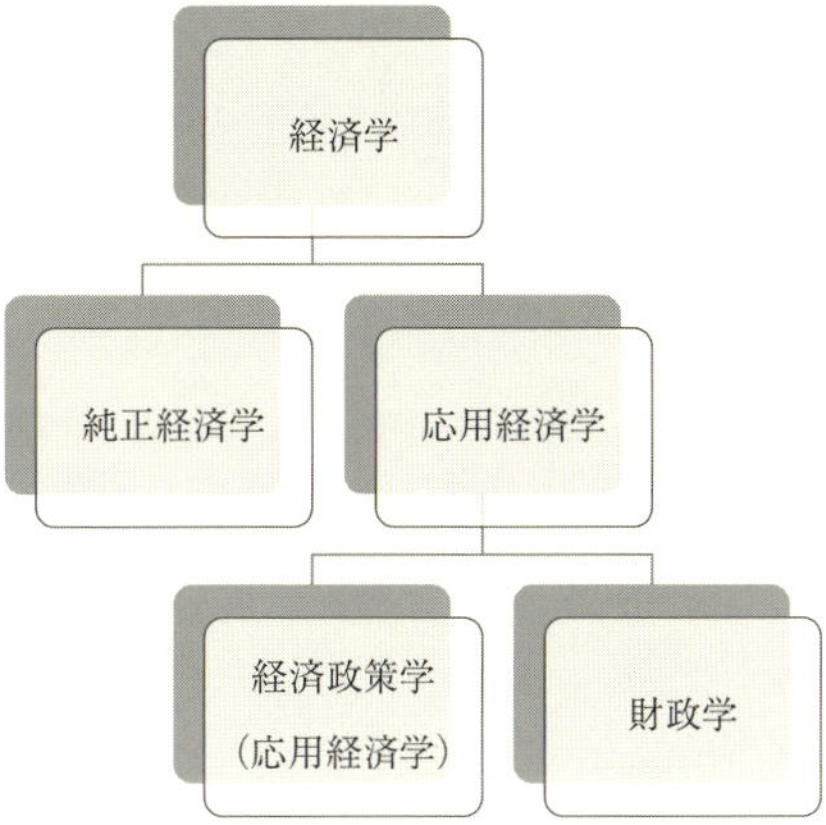

だが、『小史』を書き始めた後、同紙の第八号（一九〇二年五月二十二日）で「駒場紅柳生」という読者に対して、最終的には「生計」を選択した理由についてわざわざ説明している。すなわち、『小史』の「例言七則」第五のように、「平準」を用いないことを決め、また、厳復の「計学」は、“Statistics”の意味に似ているため、不便である。他方、日本で流布していた「経済」は「日本の訳語」だから、中国人は「不安」で、他の「財政」は“Finanzwissenschaft”というドイツ語の訳語であり、ついに「生計」が最適な選択だと考えるようになったというのである。

さて、梁は、この二回目の答えの中で、その当時の日本へ伝播されたばかりであった新歴史学派の分類によれば、経済学を純正経済学と応用経済学に区別し、さらに応用経済学を経済政策学（狭義の応用経済学）と財政学に区分した（図4参照）。[23]

梁の選択における、「理財学」について再び考察してみよう。梁は厳復の影響を受け、その訳語は中国の古い時代からずっとあったものだと思った。実際、「理財」は中国の古典にその源流があるが、これに対して、「理財学」は日本から伝えられた可能性が高かった。[24] かくして結果的に梁は無意識的に中日間の文化交流者になったと言えよう。

すなわち、梁は「理財学」は中国の古典に源があると考えていたが、それは実際には日本から伝わったものであった。さらにこの他にも、“economics”を翻訳する際に、いくつかの中国の伝統的な語彙を翻案し、最終的に「生計学」に到達したのである。

要するに、以上のようなプロセスを検討してみた結果、中国人の知識人たちは、日本を通じて西洋思想を、あるいはまた、直接に日本思想を受け入れただけでなく、新鮮な思想を学びながらも、それらを全面的には受容せず、みずからの伝統的な人間観・社会観の立場から外来の経済学説を再解釈したものと理解できるのである。

三　国家主義か歴史主義か重商主義か

日本は十九世紀から産業政策を積極化し始め、新しいタイプの経済官僚およびその経済政策思想が登場した。[25] 梁が日本に滞在した世紀の転換点で、新歴史学派は日本で盛んになり、従来の産業政策に限らず、社会政策学会（一八九七年）などの社会改良主義を主張した学術研究団体まで現れた。先述のように、梁も新歴史学派の経済理論に触れ、しばしば中国人に対して、最新の経済学の知識をもって現実問題を解いてみせた。しかしながら、梁の直面した中国社会は再び「無国」という状況に陥り、「立国」のために、国内の産業政策でなく、国際間の競争をも重視しなければならなかった。同時に、梁と同じく日本に遊学しつつ、中国の伝統思想を深く身に付けていた知識人は、二重構造のみでなく、中国や日本や西洋などの三重構造の思想を望んでおり、このような状態を思想の「雑貨店」だと言っても過言ではない。いったい、梁は何を考え、それからどこに向かおうとしていたのか？

梁啓超の思想は一様なものではないが、そこに一貫していたのは中国社会の問題であった。それを通して見ると、梁の思想にはやはり経済思想史の連続と非連続の両方があると言える。[26]梁の場合、経済思想より政治思想のほうがより体系化しており、それ故、経済思想は、政治思想と不可分で、実は政治思想の付属品だと言える。梁は政治思想である「変法自強」を宣伝して以降、常に、どうすれば、中国における近代的な国民国家を建設することができるようになるかについて考えていた。その代表的な『新民説』の中で、左のように述べていた。

一つの説は天下を知っても国家を知らない。一つの説は自分を知っても国家を知らない。[27]

さらに、「立国」のために、中国は必ず帝国主義時代を生き抜くための「競争」に基づいて国家主義を行うべきだと述べた。

競争は文明の母である。競争がなくなったら、文明も中絶する。一人一人の競争を通して、家を作るようになる。家の間の競争を通して、村を作るようになる。村の間の競争を通して、国を作るようになる。国は最も大きな団体で、競争の最高の単位である。国境を取り消しても、各国は合併することはできない。国家がなくなれば、競争もなくなり、従って、文明も絶滅する。(28)

このような競争重視の問題意識からは、自由競争を中心とするアダム・スミスの理論は、梁にとっての聖書であった。また、梁は、『小史』の前の「史記貨殖列伝今義」や、アメリカへ遊歴した後の「二十世紀の妖怪トラスト」においても自由主義を提唱した。

西国の旧制、毎に進口税を重収して以て本国の商務を保たんと欲する者あり。近時、各国なお多くこれを行なう。惟だ富国学に明らかな者は皆その非なるを知り、以為らくこれ実に病国の道なりと。……然りといえども財政なる者は、天下の事なり。全地球の地力、人力の産するところ、需めるところを合せてこれを消息するにあらざれば、則ち以てその比例を得るなし。故に大学、理財の事、平天下に帰するなり。僅かに一国のみを治めるは、抑も末なり。(29)

しかし、梁は、アメリカのトラストを見ても、「トラストは自由競争へ移行中のものである」と言い、トラストを肯定的に評価しているのである。

つまり、梁は中国の「立国」を目指しており、「競争」はそれに役立つ限りにおいて肯定されているのである。言い換えれば、梁は国家主義と自由主義の二者択一ではなく、両者を混合し、前者については、新歴史学派よりはむしろ旧歴史学派の代表であるドイツのフリードリッヒ・リスト（一七八九—一八四六）の主張により親近していたと考えられる。このために、『小史』の最終章になるはずであった「国群主義派」すなわち「国家主義派」は厳復の「国群自由主義」（State Liberalism）と同じく、国民国家を建てるという内容を紹介するつもりであったろうと推測される。

日本に亡命した後、梁は中国で読んだ『原富』を再読しながら、さまざまな歴史学派の著作や論説などに触れた。それらはスミスと異なっており、梁は自由主義が重商主義の弊を克服したため、欧州にとっては最適な政策であることを認めた。ただ、競争はいつもの国家間の主旋律である。

斯密のこの言、蓋し欧州当時の治体に針対して言えり。彼の時、重商主義極盛の後を承けて、各国政府もっぱら干渉を以て政策と為す。干渉の弊、民はその情を失し、物はその理を失す。……夫れ当時の欧州、民智すでに大いに開け、民みな自存を争う所以の道を知るを以て、しかも猶これを限制することかくの若し、誠なるかなその民の病たるや。わが中国の若きは、則ち政府と民業とは向来漠としてあい関切せず。以て自由を云えば、則ち中国は民の自由、極まれり。而してその弊も又かくの若し。故に斯密の言は当時の欧州を治す良薬にして今日の中国を治す良薬にはあらず。……況や今日、帝国主義日に行なわれ、各国の民業みな政府を以て後楯と為し、以て出て世界に競う。その鋒に当たる者、又あに一私人の力を以てよく効を奏せんや。(30)

一九〇二年十月に、梁は「新中国未来記」という小説を発表した。「この小説は、梁の政治に対する理想や見解を余すところなく明らかにしている」。

黄君が申します（駁論第十四）。いや、ちがう。群学の法則として、必ず干渉政策の一段階を通過してこそ、自由政策に進むことができる。君はフランス大革命が十九世紀ヨーロッパの原動力であったことを知るだけで、この大革命にも、やはりまた原動力があったことを知っていない。その原動力というのは何かというと、干渉政策というものがそれである。(31)

中国はと言えば、「重商主義は……若し今日の中国に移植すれば、則ち誠に救時の不二の法門」と指摘した。梁の重商主義はヨーロッパ早期の重金主義と違い、また歴史学派の干渉政策にも似ていなかった。なぜなら、その政策主張は商業、特に輸入を中心とし、中国の古くからの「重農抑商」の風潮とは逆に、商業は「立国」の基礎だと強烈に提唱するからである。

スミスの後、その主義は大変批判されて、ずたずたになってしまった。だが、今日の各国にはその政策で発達した例はすくなくなかった。……中国人は天性の商業タレントを持って、……若し重商主義は今日の中国で実行されて、事半ばにして功倍することができる。(32)

ところで、梁が当時の日本の新歴史学派の政策傾向をある程度無視した原因の一つは、中国の文明について自信があり、日本を西洋諸国の中間者と見なしたからである。

我が中華、戦国の時に当たり、南北両文明、初めて相接触して古代の学術思想全盛に達す。隋唐の間に及びて、印度文明と相接触して中世の学術思想、光明を専大せり。今は則ち全球、比隣の若し。埃及、安息、印度、墨西哥の四祖国、其の文明、皆已に滅べり。故に尊人と交わると難も、新現象を生ずる能わず。蓋し大地今日只両文明を有するのみ。一は泰西文明、欧美是なり、二は泰東文明、中華是なり。二十世紀は則ち両文明結婚の時代なり。(33)

西洋諸国の書籍の精品は日本人によってほとんど翻訳された。われわれは日本の経験を採用したら、西洋人を牛とし、日本人を農夫とするようなので、我々は居ながらにして金を費やすこともなく、重要な書籍を集められる。(34)

梁は維新運動において重要な指導者であった黄遵憲（一八四八―一九〇五）からその意識を受けた。「変法以後の六、七年の間に、彼と梁との間には十万言を超える手紙のやり取りがあった。梁は彼の思想と見解に非常に大きな影響を受けたのである。彼は一九〇二年八月に梁に宛てた書簡の中で次のように言う。

日本には日本「固有」の学は無く、中古期には国を隋唐を慕って、国を挙げて東（の文明）に追随しましたし、近世ではヨーロッパ、アメリカを崇拝して、国を挙げて西（の文明）に追随しました。(35)

そのうえ、日本の発展階段は中国よりもっと早く、また農業国家の中国に合わなかったし、一八九四年の日清戦争の後、日本に関する「不安」という感じもしばしば浮かんだ。

それらの総入れ替えは、一言で言えば、梁は三重構造から二重構造にまで簡単化し、中国の立場で、重商主義を通り、スミスの自由主義に到達し、中国における近代国家を建てるためのユニークなロジックを創造し、それにしたがって『小史』を書いたのである。つまり、スミスまで書いても問題なく、重商主義の政策を強調するために、中国の輸出入データを付論でも詳しく説明したのであった。

おわりに

変法失敗に遭った梁啓超は日本に亡命し、自分にとっても、中国近代史にとっても最も重要な期間を過ごした。「稍能読東文、思想為之一変」だけでなく、さまざまな知識に基づいて政治学および経済学の著作を書いた。その結果、今日に至るまで存在感が高まったのである。その中で、『生計学学説沿革小史』は中国最初の経済思想史として重視され続けている。ただ、当初の目次案に比べて半分ほどの完成であったその本には、梁の経済思想の傾向が現れている。近代国民国家を創るために、自由主義の原則によって、他の国と国内市場や国際市場で競争し、干渉政策を通して、富強の目標を達成するように提唱した。その理論および語彙の選択からは、梁が、現実問題や三重構造の文化に応じて、国家主義的な思想を展開したことがうかがえると言えるのである。

関連する問題はまだいくつかある。「経済思想史の連続と非連続」という課題は梁についてどう理解すればよいのか？　もう一つは、思想史研究でも、勿論、理論主導型の研究の価値というものを認めるとすれば、その理論家の行動と理論の関係はどのようになるか？　梁の場合、中華民国の時代、政務委員長および財務総長として活発に行動して、その政策実践も経済理論に整合しているのか？　これらは今後の課題である。

註

（1）王介平「論改良主義者梁啓超――梁啓超政治思想的批判」（『教学と研究』一二号、一九五六年）一三―二一頁。
（2）馮寶華「梁啓超と日本――福沢諭吉の啓蒙思想との関連を中心に」（『東京大学比較文学・文化論集』一四号、一九九七年）五〇頁。
（3）森時彦「梁啓超の経済思想」（狭間直樹編『共同研究　梁啓超――西洋近代思想受容と明治日本』みすず書房、一九九九年）二二九―五四頁、頼建誠『梁啓超の経済面向』（浙江大学出版社、二〇一〇年）三〇〇頁。
（4）丁文江・趙豊田編、島田虔次編訳『梁啓超年譜長編』第二巻（岩波書店、二〇〇四年）一三〇頁。
（5）梁啓超『生計学学説沿革小史』（『梁啓超全集』北京出版社、一九九九年）九八五頁。
（6）前掲『梁啓超年譜長編』第二巻、一八四頁。
（7）前掲森「梁啓超の経済思想」二二九―五四頁。
（8）前掲梁啓超『生計学学説沿革小史』一〇〇七―〇八頁。
（9）同前、一〇〇九頁。
（10）同前、一〇一三頁。
（11）同前、一〇一四頁。
（12）王栻編『厳復集』（中華書局、一九八六年）八五三―一〇五三頁。
（13）石井寿美世「「明治啓蒙」の知識人――福沢諭吉・高田早苗」（川口浩、石井寿美世、ベティーナ・グラムリヒ＝オカ、劉群芸『日本経済思想史――江戸から昭和』勁草書房、二〇一五年、第十七章）。
（14）梁捷「梁啓超の思想変化過程」（『社会科学戦線』二号、二〇〇八年）八八―九七頁。
（15）前掲梁啓超『生計学学説沿革小史』。
（16）ジェー・ケー・イングラ（阿部虎之助訳）『哲理経済学史』（経済雑誌社、一八九六年。国立国会図書館ホームページ近代デジタルライブラリー参照。二〇一五年六月一日アクセス）。
（17）ルイギー・コッサ（阪谷芳郎重訳）『経済学史講義』（哲学書院、一八八七年。国立国会図書館ホームページ近代デジタルライブラリー参照。二〇一五年六月一日アクセス）。
（18）井上辰九郎『経済学史（東京専門学校政治経済科第三回一部講義録）』（東京専門学校出版部、一八九八年。国立国会図

書館ホームページ近代デジタルライブラリー参照。二〇一五年六月一日アクセス)。

(19) 森時彦「生計学と経済学の間」(『東方学報』七二冊、二〇〇〇年)五〇三―二三頁。

(20) 同前、五〇三―二三頁。

(21) 金観濤・劉青峰「従「経世」到「経済」――社会組織原則変化の思想史研究」(『台大歴史学報』三二期、二〇〇三年)一三九―八九頁。

(22) 劉群芸「理財学、生計学と経済学の間――梁啓超の翻訳と経済思想」(『貴州社会科学』四号、二〇一五年)一四四―五四頁。

(23) 梁啓超「問答」(『新民叢報』八号、一九〇二年五月)。

(24) 下谷政弘「経済学と理財学」(『福井県立大学論集』三六号、二〇一一年)一―一八頁、前掲劉群芸「理財学、生計学と経済学の間――梁啓超の翻訳と経済思想」一四四―五四頁。前者の資料は大東文化大学経済学部の石井寿美世氏からご提供いただいた。ここにお礼申し上げる次第である。

(25) 太田愛之・川口浩・藤井信幸『日本経済の二千年 改訂版』(勁草書房、二〇一五年)一六六頁。

(26) 「国際研究集会 日本の経済思想――「全体討論」の記録」(http://www.waseda-pse.jp/ircpea/jp/publish/cat/)。

(27) 梁啓超『新民説』(『梁啓超全集』北京出版社、一九九九年)六六五頁。

(28) 同前、六六四頁。

(29) 前掲森「梁啓超の経済思想」二二九―五四頁。

(30) 同前、二二九―五四頁。

(31) 前掲『梁啓超年譜長編』第二巻、一六五頁。

(32) 前掲梁啓超『生計学学説沿革小史』九九二―九三頁。

(33) 前掲『共同研究 梁啓超』二三五―三六頁。

(34) 梁啓超『飲氷室合集』(中華書局、一九八九年)五四頁。

(35) 前掲『梁啓超年譜長編』第二巻、一六〇頁。

第十章　関東大震災をめぐる日中関係——王一亭と王希天を中心に——

武藤秀太郎

はじめに

ＪＲ両国駅前にたちならぶ両国国技館と江戸東京博物館を北方にぬけた先に、台形型をした敷地面積約二万平方メートルの横網町公園がある。横網町公園の正門から入ると、目の前にそびえる建物が、東京都慰霊堂である。ここはもともと、陸軍被服廠の跡地であった。これを東京市が買収し、公園の造営をすすめていた最中の一九二三年九月一日昼、大地震が発生した。

被災した附近の住民らは、地震で発生した火の手からのがれようと、この公園予定地に殺到した。だが、無情にも火の粉が、避難民のもちだした布団や家財道具へと燃え移り、すし詰め状態となった現場は、火災旋風で高温の炎につつまれた。これにより三万八千人もの命が犠牲となったのである。

震災から一年後、甚大な被害がでたこの地で、東京府市合同による震災殃死者一周年祭がいとなまれた。七周年となる一九三〇年には、震災遭難者の遺骨を納めた震災記念堂が設置され、横網町公園として開園した。

震災記念堂はその後、一九四五年三月十日の東京大空襲による遭難者を合葬し、東京都慰霊堂と名称を改め、今日に至っている。

東京都慰霊堂の本堂は、伊東忠太（一八六七—一九五四）が設計したもので、その奥に遺骨を納めた三重塔を配置するなど、寺社を彷彿させる外観となっている。これに付属する形で、本堂に通じる参道のわきに鐘楼がある。鐘楼に安置された鐘、「幽冥鐘」は、関東大震災の犠牲者を追悼するために、中国仏教徒から寄贈されたもので、その一連の事業に際し、上海出身の実業家であった王一亭（一八六七—一九三八）による「特段のご尽力」があったことが、鐘楼前に設置された解説板に明記されている。幽冥鐘にかたどられた銘文の作者も、王震（王一亭）であり、「願成仏度衆生」「普聞鐘声 冥陽両利」など、死者の冥福を祈る字句がみえる。王一亭は一体、いかなる経緯から、中国人として関東大震災に哀悼の意を表そうとしたのであろうか。

他方、両国駅の南側を走る首都高速七号小松川線に沿って、東へ五キロほど進むと、旧中川と交錯する地点に逆井橋がある。大地震発生から一一日後の一九二三年九月十二日、在日中国人労働者を対象とした共済会の会長であった王希天（一八九六—一九二三）が、逆井橋のたもとで一陸軍中尉により殺害された（王希天事件）。共済会の事務所は、そこからほど近い大島町（現・江東区大島）にあった。地震で混乱した中、その一帯に暮らしていた多くの中国人が、日本人に襲撃され、死傷したとされている（大島町事件）。神田の寄宿舎で地震に遭遇した王希天は、大島町にかけつけた矢先に拘束され、ほどなく命を奪われたのである。

東京都慰霊堂本堂の横には、震災五十周年にあたる一九七三年九月にたてられた「関東大震災朝鮮人犠牲者追悼碑」がある。これは、「関東大震災の混乱のなかで、あやまった策動と流言蜚語のため六千余名にのぼる朝鮮人が尊い生命を奪われました」と説明があるように、虐殺された朝鮮人を悼んだものである。朝鮮人犠牲者に対する追悼・慰霊碑は、これ以外にも各所に設置されている。これに対し、王希天事件、大島町事件にまつわる碑は、日本国内になく、多くの被害者の出身地であった中国浙江省温州の華蓋山に存在する。もともと一九二六年一月、有志が「吉林義士王希天君記念碑」と刻まれた石碑をたてたが、進軍した日本兵に破壊されてしまった。戦後、そのまま放置されていたのを一九九三年九月、日中関係者の協力で修復、再建したものであるという。また、王希天の故郷である長春には、大門や胸像のレリーフを配した彼の墓があり、「烈士」として祀られている。王希天は一体、いかなる経緯から、中国で「義士」「烈士」と顕彰されるにいたったのであろうか。

王一亭と王希天――この二人の王が関東大震災でのこした足跡は、二十世紀以来緊密化した日中両国の経済関係における正負の面をそれぞれ、象徴的に体現するものであったといえる。日本企業の買弁として一代で巨万の富をきずきあげた王一亭と、在日中国人労働者の権利保護や福利厚生のために設立された共済会を主導した王希天。まったく対照的といえる道を歩んだ二人の経歴も、日清戦争後にみられた日中経済の新たな結びつきを考慮することなしには、理解できない。

また、王一亭と王希天がたずさわった事業をみると、どちらにも日本の渋沢栄一（一八四〇―一九三一）が関わっていることがわかる。渋沢と中国をめぐっては、さまざまな観点から実に多くの先行研究があるが、王一亭、および王希天との関係に言及したものは、日中両国ともにみあたらない。近年、近代日中を代表する企業家として、渋沢栄一と張謇（一八五三―一九二六）をとりあげ、両者の儒学思想を中心に、比較検討した国際研究がある。(1)ただ、私見では、もともと状元で、辛亥革命後も政府の要職を歴任した張謇よりも、一貫して上海に拠点を置く、たたきあげの企業家であった王一亭の方が、渋沢の比較対象としてふさわしいと考える。

本章では、以上のような観点から、渋沢を導きの糸としつつ、右で提起した王一亭と王希天に関する問い、ひいてはその背後にあった日中の経済関係を明らかにしてゆく。その上で、王一亭と王希天がそれぞれ日本に関心をよせ、積極的に公益活動をおこなった思想的背景について探ってゆきたい。

一　関東大震災における王一亭

一九〇七年三月二十五日、日清汽船株式会社の創立総会が、東京有楽町の日本郵船会社社屋でおこなわれた。日清汽船は、その定款に「清国の内河沿海並に之に関連する航路に於て水運業を営むを目的とす」とあるように、中国における海運、とくに上海、杭州、蘇州、漢口、宜昌、湘潭など長江の本支流、および周辺の都市を結ぶ航路の運行を主眼としていた(2)。日清汽船の設立母体となったのは、日本郵船、大阪商船、大東汽船、湖南汽船の四社で、湖南汽船の取締役であった渋沢栄一が、創立委員長を務めた(3)。渋沢は、創立総会で取締役の一人にも選出されている。

日清汽船は、大阪商船から出資をうけた上海外灘、および浦東の事務所、倉庫などの設備をもとに、上海支店を設立した。この中国の拠点たる上海支店の買弁となったのが、王一亭であった。王はもともと、大阪商船の買弁を務めていた(4)。王の人となりについて、のちに大阪商船社長となった林安繁は、こう語っていた。

> 上海支店では王震（号一亭）を傭ひ入れた。王は当時資産は無かつたが、人物が善かつたために選定されたのであらう。……当年の王一亭も後には大金持になり、上海に於て相当の羽振を利かせ、有名なる呉昌碩の高弟として、丹青界にも名声を馳せ、一方仏教経文の研究をも試み、日本贔屓の実業家として重きを為したのである(5)……

呉昌碩（一八四四―一九二七）は、中国最後の文人とも目される芸術家であった。呉を師とし、自らも書画をたしなんだ王一亭の作品は、日本でも高く評価された。また、母方の祖母が熱心な仏教徒であった王は、数え年五十歳となった一九一六年、正式に仏門へ帰依し、居士となっている。

渋沢は一九一三年二月、来日した孫文（一八六六―一九二五）と協議し、日中合弁で中国内地の開発をおこなう興業会社の設立をとりきめた。(6) この事業は結局、孫文に代わり中華民国大総統となった袁世凱（一八五九―一九一六）がおしすすめてゆくことになるが、王一亭も当初、中国側の大株主、および役員の一人に名をつらねていた。(7) 王は、上海商総会の協理や上海商団公会の副会長を務めるなど、上海実業界の中心的存在であった。渋沢と王一亭は、実業のほか文化交流面においても、協力関係にあった。その代表例が一九二〇年四月、上海で創立された中日美術協会である。王は顧問、渋沢は特別会員として、協会が日中両国で開催した日華（中日）連合絵画展覧会をサポートした。(8)

関東大震災の発生前、日本の対華二十一カ条要求にもりこまれた旅順・大連の租借期限延長を無効とし、一九二三年三月で満期になったとする旅大回収運動がおこり、中国各地でデモや日本製品ボイコット（日貨排斥）が展開された。六月一日には、長沙で日本海軍が上陸し、運動を鎮圧する事態となり、中国人の死傷者が出ていた（長沙事件）。そうした中、九月一日に関東大震災がおこると、王はすぐに有志らとともに、上海の各種団体を糾合し、「中国協済日災義賑会」を結成した。(9) 中国協済日災義賑会は、十八万五千元の義捐金を集め、まず白米五九五〇包、小麦粉二万包などの食料や薬品を購入し、招商局の汽船「新銘号」で日本へ送った。この新銘号が神戸港に着いたのは九月十二日で、海外から届いた最初の救援物資であった。

中国協済日災義賑会の副会長を務めた王一亭は、さらに会長の朱葆三、およびもう一人の副会長であった盛竹書との連署で、北京政府各部院、および全国各地の役人らに、震災への支援をよびかける電報を発信した。(10)

これも効果あってか、北京や天津、広州をはじめとした省市で、官民を問わず、日本への救援物資の輸送や義捐を募るための団体が続々と結成された。『申報』『大公報』『晨報』『民国日報』に掲載された一九二三年九月期の記事を集計すると、震災チャリティーに関わった社会団体、機関、学校の数は一二二で、災害支援活動中にできた各種団体は、四四にのぼるという(11)。王自身も呉昌碩らと展覧会を開き、自らの作品を販売して得た資金を義捐金にあてていた。

こうした王一亭らによる日本への支援に対し、旅順・大連の返還に応じない日本を助けるべきでない、あるいは国内の厳しい経済事情を考慮すべきといった反発があった。その際、援助すべき理由としてもちだされたのが、日本が中国における過去の自然災害に対し、多大な支援をおこなったことであった。たとえば、曹錕(一八六二―一九三八)らが主催した直隷省日本震災救済会の設立会で、直隷省長の王孝伯は、こう義捐・救済の必要性を説いていた。

各国の対内・対外状況をみるに、慈善事業をおこなおうと、いずれも救済会を常設し、銀行にあらかじめ預金している。我が国は光復以来、天災・人災がひっきりなしで、自己を顧みる暇もなく、余力などなかった。救済会を準備することは、我が国春秋時代にあった救災恤隣の義で、今回のような日本の奇禍に対し、我が中華民国の道義大国としての風格を示すために、さらに努力し工面しなければならない。いわんや、日本は我が中国で水害・旱害が起こるたび、いつも巨額の援助をしてくれた。礼尚往来で、救済に役立てるために、さらに積極的に資金を調達しなければならない(12)。

また、雑誌メディアでも、領土をめぐる日中間の問題と切り離して考えるべきとして、震災支援が次のように呼びかけられていた。

我が国と日本は同文同種である。われわれは人類互助の慈愛、救災恤隣の大義にもとづき、すみやかに救助にあたらねばならない。振り返れば五、六年前、我が国北部七省の災害、および浙江・温州の水害の際、日本は巨額の義捐金で救済してくれた。今、その国がこの絶大なる災禍を被っているのを、安穏と座視し、無関心でいられるだろうか(13)。

ここで挙げられている中国の災害とは、一九一五年六〜八月に長江流域、および広東を襲った水害（乙卯水災）や一九二〇年に中国北部で発生した旱魃飢饉であろう。たしかに、当時の記録をみると、日本が災害に同情し、支援の手をさしのべていたことが確認できる。その中でも熱心だったのが、中国に関係をもった実業家たち、とくに渋沢栄一であった。

水害にしばしば悩まされていた広東地方で、一九一五年夏に大洪水が襲った。珠江デルタで被害をうけた者は四百万人近くにおよび、死傷者は一万人を超えたとされる(14)。これに対し、渋沢は大倉喜八郎（一八三七—一九二八）や安田善三郎（一八七〇—一九三〇）らにはたらきかけ、拠出した総額二万円を、広東総領事を通じ罹災者救済に寄付した(15)。この頃はちょうど、袁世凱が五月九日に受諾した対華二十一カ条要求に反発し、中国各地で日貨排斥運動が展開された時期であった。

一九二〇年におこった大旱害は、山東、河南、山西、陝西、直隷といった中国北部各省で、約二千万人の被害、五十万人の死者がでるなど、乙卯水災をはるかにしのぐ災害であった(16)。現地を取材した日本の記者も、「農作物は平均一割位の収穫予想にて、地方に依つては収穫皆無の為め、苜蓿《うまごやし》や柳、揄《にれ》の葉、綿の種を食しつ、ある所もあり」と、その惨状を報じていた。[17] ここでも渋沢は、首相の原敬（一八五六—一九二一）に政府所有の外米の払い下げを打診する一方、自らが会長を務めた日華実業協会で、財界人、および国民一般に義捐金を募った。義捐金の総計は、三井八郎右衛門と岩崎久弥がそれぞれ四万五千円を寄付したのをはじめ、六十四万四千円あまりに達した。[18]

この義捐金は、被災者への施粥や物資、医療、被災児童の収容所などに用いられた。このうち、北京の朝陽門外に設けられた北京災童収容所の運営を担った一人が、日本組合教会の宣教師であった清水安三（一八九一—一九八八）であった。[19] 一九一七年六月に中国へ渡り、瀋陽の教会を拠点に一年半あまり活動した清水は、北京に移動し、中国語学習のかたわら、五四運動前後における現地の情勢を逐次日本の新聞、雑誌に発表した。ちょうど旱害にみまわれた一九二〇年八月下旬頃、清水は中国を訪れたキリスト教社会運動家の賀川豊彦（一八八八—一九六〇）に会い、スラムで貧民救済活動にとりくむことを勧められたという。[20] また、清水によれば、彼は英米の宣教師たちのように、旱害の救済活動を始めたいとの思いから、渋沢に手紙を出し、援助を求めたとされる。これらの詳しい前後関係は分からないが、寄付金を有効に活用するために現地スタッフの必要性を感じていた渋沢と清水の思惑が、合致したといえよう。

清水は、日華実業協会の支援のもと、五百名を収容する災童収容所を設け、所長として一九二一年三月十日から六月二十五日まで、延べ三万二五三七人の災害児童を世話した。[21] そのうち、身寄りのない孤児の手に職をつけさせようと、二三名を五年期限で日本へ送り出した。[22] 災童収容所の解散後、日華実業協会から三〇〇円の謝礼と、帝国教育会が集めた寄付金の剰余である二百数十円をうけとった清水は、これを元手に崇貞学園を設立した。女性の自立を目指し、中国人、日本人、朝鮮人を別け隔てなくうけいれ、教育にあたった崇貞学園は、大原孫三郎（一八八〇—一九四三）などから援助をうけつつ、第二次大戦終結まで存続した。終戦後、日本に戻った清水は、賀川豊彦のあっせんで一九四六年六月、東京の町田に桜美林学園を創設している。

渋沢は、一九一七年夏秋に天津一帯で起こった水害に際しても、天津水害義助会を組織し、会長として実業家らに義捐金をよびかけ、計一四万円を集めた(23)。渋沢の中国に対する災害支援は、古くは一八七八年までさかのぼることができる。この前年からの不作により、中国北部で発生した飢饉に対し、渋沢は益田孝や岩崎弥太郎らとともに、新聞を通じ世間にうったえ、義捐金を募った。こうして集まった約三万円で、米・麦六千二百余石、および旧銅貨、洋銀を購入し、天津総督の李鴻章（一八二三―一九〇一）へ送っていた(24)。

他方、王一亭も、関東大震災直後にとどまらず、継続的に日本へ支援の手をさしのべた。杭州で鋳造され、一九二五年に東京市へ寄贈された「幽冥鐘」も、その一つの表れである。幽冥鐘は、ひとまず震災記念堂建設予定地の仮安置所におさめられたものの、資金の欠乏でそのままの状態が数年つづいた。これに対し、王は一九二八年春、五名の同志とともに日本美術協会展覧会に出品した書画八点を売却し、その収益を記念堂建設の基金へと寄付した(25)。さらに、同年冬に東京で開かれた「唐宋元明名画展覧会」に際し、王が出展した二百点の所蔵品が、東京市震災事業協会に寄贈された(26)。こうして、幽冥鐘の鐘楼も完成し、横網町公園開園から一カ月後の一九三〇年十月一日、始鐘式がおこなわれたのである。

王一亭の関東大震災に対する献身的な行為をうけ、日本の美術界でもその恩に報いようとする動きがみられた。たとえば、一九三一年夏に中国全土で、二十世紀最大ともいわれる大水害が発生した際、川合玉堂や横山大観をはじめとした画家たちが、作品を王に贈呈し、それらを上海日本人クラブの展覧会で販売した収益を、民国災害救済会に寄付した(27)。当時、病床にあった渋沢も、郷誠之助らと中華民国水災同情会を設立し、会長としてラジオを通じ、義捐をよびかけた(28)。さらに、これに返礼するように、王は一九三四年十一月、京阪神を襲った室戸台風に対し、再び書画五二点を贈り、その売上金を被災地救済にあてていた(29)。

渋沢と王一亭は、それぞれ東京、上海を拠点とした実業界の領袖として、日中経済交流の一翼をになった。同時に、美術など両国の文化交流事業にも力をいれ、相手国が災害にみまわれた折には、リーダーシップを発揮し、積極的に援助活動をおこなった。横網町公園の幽冥鐘は、そうした日中の共助精神を今に伝えるものといえるのである。

二　関東大震災における王希天

渋沢栄一は、社会公共事業に関わるさまざまな宗教団体に肩入れをしたが、その一つに救世軍（The Salvation Army）があった。救世軍は、メソジスト教会の牧師であったイギリス人のウィリアム・ブース夫妻が一八六五年に設立した教派団体で、日本でも十九世紀末、山室軍平（一八七二―一九四〇）らが入隊し、布教活動がおこなわれた。大将のブース、中将の山室といった呼び名をはじめ、軍隊を模した組織や規律を採用した救世軍は当初、キワモノ視され、日本でなかなかうけいれられなかったという。このマイナスイメージを解消するのに大いに貢献したのが渋沢で、山室の人柄を気にいった彼は、救世軍病院や結核療養所の建設、事業の運営費など、たびたび寄付・支援をおこなった。[30] ウィリアム・ブース、および大将をひきついだ息子のブラムウェル・ブースが来日した際にも、渋沢は飛鳥山の邸宅に招き、歓迎会を開いていた。

清水安三と同じく、岡山で孤児院を経営した石井十次（一八六五―一九一四）から大きな感化をうけた山室は、日本救世軍の長として、労働問題や慈善事業にとりくんだ。外国人とも積極的に交流した山室が目をかけた人物の一人に、中国人の王希天がいる。山室は一九二二年七月、中国人留学生主催の夏季学校で、中国人労働者の境遇改善を唱えた王らに賛同し、共済会の創設を手助けした。以下ではまず、この共済会の長を務めた王の略歴についてみてゆきたい(31)。

王希天は一八九六年、吉林省長春の裕福な家庭に生まれた。国内の学校教育に不満をおぼえ、一九一四年末に来日した王は、一七年に官費留学生として第一高等学校予科に入学した。この間、王は東京の中華基督教青年会（中華留日ＹＭＣＡ）に参加し、一九一六年に東京のメソジスト教会で受洗した。来日当初、王は国家主義者であったが、山室軍平や佐藤定吉、賀川豊彦らと交際することで、博愛主義者へと転じたという。王は、クリスチャンとなったのち、本名であった熙敬を「希天」に変えた。希天は、神へ帰依することを意味していた。

一九一八年四月、王希天は秘密裏にすすめられた日華共同防敵軍事協定に反対しようと、留学生仲間とともに「中華民国留日学生救国団」を結成した。軍事協定拒否の意思表示として授業ボイコット、および帰国運動を展開した王は五月十五日、先遣隊として天津経由で北京に入った。翌日、軍事協定が調印されると、これを厳しく批判した「中華民国留日学生救国団宣言書」を『民国日報』に発表し、北京の学生らと抗議デモを起こした。中華民国留日学生救国団は、五四運動前における中国で最大規模の学生組織であったといわれている。

一九一八年末、日本へ戻った王希天は、一高予科を卒業後、専攻を工科から文科へと換え、名古屋の第八高等学校に転学した。そこで王は、友人の王兆澄を通じ、中国人労働者の生活状況に関心をもち始めた。王は、貧民窟に住みこんで調査した賀川豊彦を尊敬し、「日本の貧困問題が解決したら、中国で貧民のために伝道する」という彼の言葉に感銘をうけていた。賀川のベストセラー小説『死線を越えて』は、王の座右の書で、彼がのこした数少ない遺留品の一つであった。他方、学業はかんばしくなく、一九二〇年に落第し、ドイツへの転学も画策したが、肺結核で療養を余儀なくされると進学を断念した。回復後、王は東京に移り、中国人留学生メソジスト教会の幹事に就任した。信者は三十人あまりで、自前の教会もなかったという。王は、さきに触れた清水安三が日本に送った中国災害児童の面倒もみていた。共済会の設立は、このように新たな生活を始めた中での出来事であった。

ここで、共済会発足の背後にある日本の中国人労働者をめぐる社会状況について、簡単に整理したい。日米通商航海条約の調印（一八九四年十一月二十二日）を皮切りに、欧米諸国と改正条約を結び、治外法権の撤廃にこぎつけた日本は、条約が発効した一八九九年七月に勅令第三五二号を公布した。この勅令第三五二号の第一条は、外国人の居留地、雑居地以外での居住、移転、営業などを認める一方、「労働者は、特に行政官庁の許可を受くるに非されは、従前の居留地及雑居地以外に於て居住し、又は其の業務を行ふことを得す」と制限をかけていた。ここでいう「労働者」とは、「農業、漁業、鉱業、土木、建築、製造、運搬、挽車、沖士業その他雑役に従事する者」を指している。治外法権撤廃で内地の開放を認めざるをえなくなった際に、大きな懸念となったのは、中国の低賃金労働者が大挙して押し寄せてくるのでないかという点であった。勅令第三五二号は、この事態にあらかじめ対処するために発令されたのである。

勅令第三五二号の施行後、在日中国人の数はゆるやかに上昇していったが、一九一〇年代半ばまで、日本人労働者との間にあつれきを生むような事態は、とくになかったようである。[32] 第一次世界大戦の軍需景気により人手が不足した一九一七年七月には、内相であった後藤新平（一八五七―一九二九）が、勅令第三五二号の制限を一時的に解除し、中国人労働者をうけいれることも提案していた。これに応じるように、大戦中から戦後にかけ、おもに浙江省温州、処州（現在の麗水）の山村から、雑貨商として来日し、のちに工場で働く中国人が増加した。[33] 戦後三年足らずで、温州・処州出身の工場労働者は、六、七千人にのぼったといわれている。

このなしくずしに増えた中国人労働者は、戦後の反動不況で労働需要が落ち込むと、日本人の雇用と競合する存在となった。日本の労働者団体は、政府に中国人労働者の取締りを要求し、政府も条件を満たさない中国人商人の入国を禁止するなど、規制を強化していった。政府は、在留の中国人に対しても就労規則を厳格化し、一九二二年八月には警視庁南千住署が、勅令第三五二号にもとづき、大島町、亀戸町など、管内の無許可中国人労働者八六名に帰国命令をだした[34]。これに対し、労働者、および留学生の代表四名が、旅費の都合がつかない者を無理に退去させるのは、日中親善からも好ましくないと警視総監に陳情し、「旅費を得る迄、行商及労働は差支ない」との言質をとりつけた[35]。その後も類似した事件はつづくが、パリ講和会議で人種的差別の撤廃を提案し、アメリカの移民制限に反発していた日本にとって、自国の中国人労働者をどうあつかうかは、頭の痛い問題であったといえる。中国人労働者をむやみに排斥しては、アメリカの排日政策に口実を与えかねず、日本政府は難しい舵取りをせまられたのである。

さきに触れた一九二二年七月の夏季学校で、中国人労働者保護の必要性をうったえた王希天も、こうした事態をうけ、各中国人団体を糾合し、中国人労働者が集住した大島町の実情を視察した。王は、山室軍平から紹介された青木賢次郎とともに、警視庁や中国公使館、留学生団体と協議した上で、大島町に事務所を開設し、九月二十一日に共済会設立大会を開いた。共済会の委員長（のちに会長）に王が、顧問の一人として青木がそれぞれ就任した。

共済会は、会員からの会費と寄付を基礎に運営し、「会員の利益を増進し相互扶助を為す」ことを目的に掲げていた[36]。具体的には、退去命令の理由となっていた不潔な身なりや住居、賭博、阿片といった生活習慣の乱れを改善しようと、衛生管理や罰則を定めた会の規約を制定し、これを遵守するよう指導をおこなった。また、言語不通による問題を解消するために、日本語を教える夜学校や診療所を運営した。死亡者の処理、弔いなども請け負ったようである。対外的には、入国禁止や労働禁止、帰国命令が出された際の日本側との折衝、賃金未払いといったトラブルの仲裁などにあたっていた。雇用をめぐる日中労働者間の対立は、しだいに激しさを増し、交渉役となった共済会の負担も大きくなった。王希天は一九二二年末、山手線の電車内で、日本人の親方から短刀をつきつけられ、脅迫をうけたことがあったという。

共済会での活動時、王希天は「要注意人物」として警察の監視下に置かれていた。他方で、共済会は一九二三年三月、大島町を視察した警視庁外事係長から「衛生状況が大いに改善された」との評価をうけていた。[37] 活動方針に「日本の警察と連絡をとり、不良分子を取り締まること」を掲げていたように、[38] 警察と協力関係にもあったのである。王は警察にとって、中国人労働者の利益を代弁する手強いネゴシエーターであるとともに、言葉も通じない中国人を統括し、物事を処理する有用な人材であったといえよう。

共済会は一九二三年初、東京および王兆澄がとりくんでいた名古屋以外に、中国人労働者の多い京都や大阪にも支部を開設した。会員は、おもに温州人と処州人であった。この頃、一段と強まった中国人労働者の取締りに対しては、渋沢の日華実業協会も同情を寄せていた。[39]

このように精力的に活動していた王希天が、関東大震災の混乱の中で殺害された真相については、これまで多くの先行研究により明らかにされてきた。[40] それらをもとに、震災における王の足取りを追えば、以下の通りとなる。九月一日の地震発生時、王は神田にあった中華留日ＹＭＣＡの寄宿舎二階に居り、危うく難をのがれた。その後、王は留学生仲間らとはかり、関係団体と通じて震災救済会を組織しようと奔走したという。

実のところ、王希天はアメリカへの留学が決まり、地震発生の前日にあたる八月三十一日をもって、共済会の会長の座を王兆澄にゆずっていた。とはいえ、中国人労働者のことが気にかかった王希天は、地震から一週間経った九日朝に、大島町へ足を運んだ。戒厳が布かれ、朝鮮人関連の流言が飛び交う中、王希天の身を案じた山室軍平は、万一のために王が中国人であることを記した自らの名刺を渡していた。

地震発生後、大島町一帯の中国人労働者たちは、日本人から襲撃され、多くの死傷者を出していた。当然、王希天はその情報を耳にし、実態を探ろうと調査にとりかかったであろう。だが、それもつかの間、王は九日の午後、軍隊に身柄を拘束された。亀戸警察署に移送された王は、十二日の早朝に表へ連れだされ、一陸軍中尉により斬殺された。

大島町事件や王希天の殺害は、帝国内の問題として処理できた朝鮮人虐殺と異なり、表沙汰になれば重大な外交問題となりうるものであった。そのため、日本政府は、新聞記事の取締りを厳にする通牒を発するなど、情報の統制をはかった。しかし、中国人が日本人より暴力をうけ、負傷・殺害されたというニュースは、九月半ばになると中国の新聞各紙で報じられた(41)。『広州民国日報』十月一日付の記事「日本人の華僑惨殺に対する公憤」は、横浜から帰国した華僑による中国人殺害の目撃談などをうけ、広州市の各学校で集めた関東大震災の義捐金を、国内向けに変更することを説いていた(42)。

大島町事件や王希天のことが大々的に報道されるようになるのは、王兆澄が十月十二日に被害者らを乗せた山城丸で上海に戻り、告発してからであった。王兆澄は、山室軍平ら王希天と交際のあった日本人とともに、その行方を捜索し、軍人により殺害された可能性が高いことをつきとめていた。この王希天失踪や、大島事件で一七三人が虐殺され、それ以外に三百人以上の中国人が殺害されたとする内容の記事が、聞き取り調査で得た実名による被害状況とあわせ、『民国日報』や『時報』に数回にわたり掲載された(43)。これにより、震災当初の日本への支援ムードは、冷水を浴びせられ、中国各地で抗議運動や事件の究明を求める動きがおこった。

こうした輿論におされ、北京政府は十二月、王正廷（一八八二—一九六一）らを委員とする調査団を日本に派遣した(44)。六日に下関へ到着後、調査団が首相の山本権兵衛（一八五二—一九三三）や内相の後藤新平をはじめとした日本政府の要人と会談し、被害状況の解明と適切な措置を求めたのに対し、日本側は把握していた事実を示すことなく、さらなる調査を約束するにとどまった。その後も、調査の具体的な進展はなく、あいまいなまま事件の幕引きがはかられたのである。帰国前の十二月二十日、王正廷は、山室や陸奥広吉（一八六九—一九四二）らが主催した王希天の追悼集会に参加し、得がたい人材を失ったことを悔やんでいた(45)。

震災で中国人が殺害された背景には、朝鮮人に間違えられての誤殺、日貨排斥運動といった抗日的態度に対する反感など、さまざまな要因が考えられるが、日中両国の労働者における対立感情が大きかったことは否定できない。一九一〇年代以降、日中両国で人の往来がさかんとなる中、仏教やキリスト教団体などによる新たなアソシエーションが形成されていった。王希天の共済会もまた、こうした共助を目的としたアソシエーションの一つとみなすことができる。北京で旱害の支援にあたっていた清水安三が、孤児を東京に送り、王希天が彼らの面倒をみたように、それぞれの地で結成されたアソシエーションには、国際的な連携もみられた。地震の直前にも、王希天は中村鎮、江川栄、丸山伝太郎らとともに、日中両国のクリスチャンによる互助組織「東方信愛会」を設立していた。

震災を機に日中両国間で共助の機運が高まった中で、王希天、および中国人労働者らの殺害は、それに水を差す結果となった。とくに、中国人労働者の権利を保護しつつ、日本人との融和に努めてきた王希天の死は、単なる一個人を超えたショックを、日中両社会にもたらしたのである。

三　中国人からみた関東大震災

王一亭と王希天。これまで論じてきた二人の王は、関東大震災をめぐる日中関係のいわば正負の面を映しだした事例といえる。もちろん、これ以外にも中国人と関東大震災の関わりはさまざまで、震災からうけた印象も異なっていた。そこで、以下では、実際に被災した在日中国人を中心に、その関東大震災像の一端をみてゆきたい。

ところで、二〇一一年三月の東日本大震災では、被災者の冷静な対応、社会秩序の維持、共助の精神など、日本の民度に中国メディアから高い評価があたえられた。たとえば、中国一の発行部数をほこる週刊紙『南方週末』二〇一一年三月十七日号は、「忍の国」と題した特集記事を組み、「大地は乱れても、心は乱れていない（地乱了、心却不乱）」と、地震と津波で家族や家を失った人々が、泣きさけぶことなく平静を保ち、避難所で過ごしている様子をたたえていた(46)。理不尽といえる被害を運命としてうけいれ、「忍」んでいる日本人の姿は、記者の目に印象的にうつったようである。台湾の新聞『中国時報』も、「なぜ、日本で動乱がないのか（為何日本不動乱？）」と題した記事で、その理由が日本の共同体社会における「思いやり（omoiyari）」の精神にあると分析していた(47)。

地震による壊滅的な状況に直面し、混乱に陥らず落ちついて対処する日本人の姿勢は、関東大震災に関する証言からも確認することができる。当時、第八高等学校の学生で、のちに教育学者となった馬宗栄は、地震発生から一二日間、東京に居り、震災の状況を現場で観察した。馬は、被災地で印象に残った光景を、中国にこう書き送っていた。

一日に大火が起こった時、私は火を被った区域内をしばらく巡回していた。その夜、私はまた、靖国神社内で被災民とともに火を立ってながめ、その後彼らと野宿をした。当時、警察には干渉する能力がまったくなく、軍隊もまだ出動していなかったが、被災地の秩序は整然としていた。日本人の沈静な態度は、普段と何ら変わることなく、敬服するばかりである。それゆえ、教育力の偉大さを嘆じずにはいられない(48)。

馬宗栄はほかにも、建物が全焼した中、学校の教員と学生が中国人学生を教えるために、瓦礫の中から教材をさがしだしたことに感銘をうけていた。ただ、彼は一方で、遺憾な出来事として、朝鮮人が放火しているなどの流言を信じた各地の青年団が武装し、朝鮮人に加え、台湾人、中国人、さらには日本人を死傷させたことにもふれていた。

一九二一年から二五年まで日本大学に留学した社会学者の李剣華も、関東大震災で鮮明に記憶していることの一つとして、次のような日本人の態度を挙げていた。

日本人の組織性、忍耐性はいずれも強い。震災下の秩序は整然とし、火事場泥棒を働いたり、商店を襲撃したり、互いに口論し、喧嘩するといったことは聞いたことがなかった。当時、どの家庭も、近親なり遠縁の親戚の生命財産を失ったといえるが、日本人は泣きわめくことなく、口をつぐんで涙を忍び、困難に耐え、ともに苦境を乗り越えようとしていた(49)。

地震発生時、李剣華は水道橋の宿舎にいたが、危うく難を逃れたという。李も、こうした日本人の冷静沈着な姿勢を指摘するとともに、朝鮮人や朝鮮人に間違われた中国人学生が撲殺された事実にも言及し、それが軍国主義・植民主義教育の影響によるものだと分析していた。

他方で、中国人被災者の体験談からは、日本人から差別的な待遇をうけたという内容も散見される。横浜の中国領事館で働いていて、震災に遭ったある広東人女性は、被災地の状況をこう伝えていた。

この日（震災から三日目）、日本の工兵、歩兵が続々と到着し、食糧を運搬してくれた。これにより、日本の被災民は、やっと麦飯を一つ手にいれ、わずかに餓えをいやした。私もそれまでの二日間空腹で、宝物を得るように、麦飯を一つもらった。しかし、少数の兵卒は、華僑を虐待し、麦飯も施さなかった。われわれ華僑は、この痛苦に耐えた。その凄惨さは形容できないものであった。(50)

彼女はさらに、山下橋の草地で寝泊まりした際、殺害されたと思われる首の切断された死体がそばに横たわっていたのに気づき、驚愕した経験を語っていた。

同様に、横浜の山下町で行商を営んでいた広東仏山出身の一家の妻も、日本人からうけた不当なふるまいを、次のように暴露していた。

日本人の中には、食品や水を持って助けに来た人が多くいたが、日本人だけにあげていた。ある時、私の隣に座っていた一人の日本人が水を飲んでいて、中国人の婦人が幼子に飲ませようと、その余滴を乞うた。すると日本人は、あえて地面にこぼし、それを与えなかった。また、中華街方面が大火となると、日本人たちはそれをながめ、みな拍手喝采し、いくばくか自己も難民者であるのを忘れたようであった。園内では、死体が満ちあふれていた。中国人が地面に座ったのに対し、日本人は寝そべり、さらに中国人の亡骸を選んで枕にしていた。非常にせわしい中で、このように敵視する日本人の心理が分からなかった。(51)

この婦人は命からがら、息子とともに上海行きの船に乗り、故郷にもどったが、同乗した中国人から、日本人が朝鮮人や中国人を虐殺するのを目撃したことを聞き、船中でこみあげる怒りを押し殺していたという。

地震のような大規模で、破壊的な災害が発生した際、被災者、さらには被害情報をうけた人々の間に、お互いに助け合い、連帯を深めようとする「災害ユートピア」が形成されることが指摘されている。(52)そこでは、日常生活に存在する人種や身分などの垣根をのりこえ、誰もがコミュニティの平等な一員である意識が芽生えるという。たしかに、関東大震災においても、「災害ユートピア」というべき現象が被災地にみられたことが、当時の記事などから確認できる。[53] 本章で考察した災害に対する国際援助なども、それに類した一種の普遍的な人類愛の表れといえよう。だが、右で引用した二人の中国人の証言からは、こうしたコミュニティが、ときに中国人をアウトサイダーとみなし、さらに中華街の火災をみて喜ぶなど、自らが陥った不幸な境遇の鬱積をはらすような反応を示したことが分かる。

また、ここで紹介した震災体験記にも、朝鮮人とともに、中国人が殺害されたのを見聞した内容が綴られているように、中国人への襲撃は、王希天や大島町事件以外にも、広くみられたものであった。この中国人を死傷させるような事態を引き起こした原因は、どこに求められるのか。これまでの先行研究では、おもに内閣の戒厳令施行、朝鮮人が放火や投弾しているなどの流言にもとづく警察の警報、ならびに軍隊の出動といった国家権力による諸策の問題性がきびしく問われてきた。もちろん、王希天を殺害したのが陸軍中尉であったように、軍人や警官の中には虐殺へ関与、加担した者がおり、官の責任は重い。だが他方で、警察と軍人が震災直後の秩序回復に果たした役割を評価した中国人の意見も存在する。さきに引用した馬宗栄は、混乱した青年団との対比で、治安維持にあたった警察と軍隊をこう評していた。

数日後、内閣は大変が起きるのを恐れ、警察と軍隊をのぞき、何人も通行人を尋問してはならないという命令を下した。そのため、朝鮮人の生命はいくらか安全となった。我々の行動もやや自由となった。日本の警察、軍人の程度は、民衆よりも高いといえるであろう。実際、このような野蛮な醜態をさらしたのは、そもそも日本の悪教育（自利宣伝）の結果である。警察と軍隊が、青年団のように乱れなかったのは、それをできない、敢えてやらないという「服従命令」関係があるためで、決して欲さなかったわけでない。これはまた、我が国の教育者、説教者がよろしく手本とすべきである。(54)

この馬宗栄の見解に対し、警察や軍隊の実態を把握していなかったとの反論もあるかもしれない。しかし、被災地のただ中にいた中国人の馬が、警察と軍隊の統制下に置かれたことで、自由に行動できるようになったという実感をいだいたことは、看過すべきでないだろう。

興味深いことに、日本への留学経験があり、中国共産党の領袖となっていた李大釗（一八八九―一九二七）も、関東大震災にふれ、日本の軍人を擁護するような発言をしていた。

もし、日本の震災への援助により、両国間のわだかまりが一掃され、一新するならば、東亜にみられる多少の紛争は、自ずと解決できるであろう。……日本はかつて、良い影響をもたらしたことも少なくない。日本の電車で、幼児や老婦が軍人の庇護をうけるのをみさえすれば、まさに中国軍人の横暴さは見るに耐えないだろう。両国の青年がともに提携し、大同の域に達することをただ願うばかりである。(55)

李大釗が雑誌『学芸』に掲載された馬宗栄の文章を読んだかは定かでないが、留学時の体験をもとに、日本の軍人を中国と比較し、評価していたことがうかがえよう。

日本政府は、帰国を希望する中国人被災者を無料送還することを企画し、地震発生から二週間がすぎた九月十五日、第一便となる千歳丸が芝浦から出航した。乗船した中国人六四六名には学生五〇円、商人と労働者に一〇円の一時手当がそれぞれ支給され、二十一日に上海へ到着した。乗船者の中には、さきの李剣華もおり、(56)

彼は当時の思い出を、次のように振り返っていた。

乗船するときに、日本の三菱会社が派遣した者が、舷梯わきに立っていて、中国人学生一人ひとりに封筒を渡していた。その封筒ごとに五〇円が入っていた。これは、日本の資本家が我々に示してくれた同情と援助であり、終生忘れがたいものであった。[57]

三菱が手当を支給したというのは、おそらく李剣華の勘違いで、学生の給付金は対支文化事業の特別会計から支出されていた。[58]ともあれ、恩義に感じた李は、上海に約三カ月滞在したのち、日本に再び戻り、留学を継続したのである。

中国人を対象とした無料帰還船は、その後計一五隻、乗客延べ四一〇五名におよび、日本郵船や近海郵船、東洋汽船などの船会社が、優先的に船舶を提供した。[59]この送還事業をめぐっては、虐殺の隠蔽を目的としたいわば厄介払いであったとするような解釈もなされている。[60]しかし、李剣華をはじめ、中国人被災者に好評をもってうけいれられたように、決して無意義なものではなかった。関東大震災における政府、および企業のとりくみについては、否定的な解釈ばかりでなく、プラスの側面もふまえた複眼的な再検討が必要であろう。

おわりに

「王一亭は、いかなる経緯から中国人として関東大震災に哀悼の意を表そうとしたのか」「王希天は、いかなる経緯から、中国で「義士」「烈士」と顕彰されるにいたったのか」――「はじめに」で提起したこの二つの問題は、これまでの考察で明らかになったと思われるが、最後にあらためて整理したい。

近代日中関係の大きな転機となった日清戦争後、日本は本格的に、中国大陸へと経済的進出をとげていった。とくに、下関条約にもとづき一八九六年七月、日清通商航海条約が締結され、中国内地の航行が全面的に開放されると、日本の企業が続々と、長江流域の航路へ参入した。こうして競争が激化する中、経営の合理化をはかろうと、渋沢のとりまとめにより四社が合併して生まれたのが、日清汽船であった。王一亭は、その日清汽船上海支店の買弁となり、富を築きあげた。

上海で地位と名声をえた王一亭は、辛亥革命後も日系企業が当地で事業展開する際の窓口役として活躍した。また、王一亭が幼少より親しんだ書画や仏教を中心に、日中間の文化交流を積極的に推進していった。そうした最中、関東大震災が発生すると、王一亭は率先してまっさきに、救援物資を日本へ送り届けるとともに、仏教徒として犠牲者を弔おうと、幽冥鐘を寄贈したのである。

他方、中国から日本へと、労働者が出稼ぎにくる端緒となったのも、日清戦争後であった。条約改正にともなう内地雑居化により、ゆるやかに上昇していった在日中国人労働者の数は、第一次大戦の軍需景気をうけ一気にふくれあがった。これが、戦後の反動不況で飽和状態になると、日本人労働者と雇用面で競合するなど、新たな労働問題を惹起した。この対立を解消し、中国人労働者の権利を擁護しようと、共済会を設立したのが王希天であった。

王希天は、日華共同防敵軍事協定への反対をはじめ、中国人留学生による抗日運動の中心的な役割をになった。その一方で、渋沢が支援した救世軍の山室軍平らと親交を結び、日本の警察とも連携するなど、たんに反発するだけでなく、融和的な姿勢をとっていた。関東大震災でも、王希天は山室ら日本人の協力をえつつ、同胞の人権を守る立場から真相をつきとめようと奔走した。その矢先に、非情にも命を奪われたのである。

このようにみると、王一亭と王希天はそれぞれ、日清戦争後における日中経済の結びつきを背景に、自らの役割をみいだし、地歩を固めていったのが分かる。経済交流の進展は、一面で災害の相互支援のような共助精神を育むとともに、低賃金労働者の流入など多くのあつれきを生じさせた。こうした矛盾が象徴的な形であわれたのが、まさに関東大震災であったといえる。

王一亭は仏教徒、王希天はキリスト教徒として、渋沢をはじめとした日本人らとも協力しつつ、各種アソシエーションを結成し、公益活動に従事した。これまで、渋沢と中国人の関係を論ずる際、「はじめに」でふれた張謇との比較研究のように、もっぱら儒教的な公益思想の共通性に関心が向けられてきた。だが、本稿で対象とした二十世紀の第一四半世紀は、儒教だけでなく、さまざまな思想、宗教がからみあいつつ、日中間の共助組織が形成されていったのである。

註

（1）陶徳民・姜克實・見城悌治・桐原健真編『近代東アジアの経済倫理とその実践――渋沢栄一と張謇を中心に』（日本経済評論社、二〇〇九年）、周見『張謇と渋沢栄一――近代中日企業家の比較研究』（日本経済評論社、二〇一〇年）。

（2）浅井誠一編『日清汽船株式会社三十年史及追補』（日清汽船、一九四一年）二九九頁。

（3）渋沢青淵記念財団竜門社編『渋沢栄一伝記資料』第八巻（渋沢栄一伝記資料刊行会、一九五五―七一年）二八六―八七頁。

（4）沈文泉『海上奇人王一亭』（中国社会科学出版社、二〇一一年）三二―三三頁。

（5）林安繁「故文堂堀啓次郎翁の面影」（高梨光司編『堀啓次郎翁追懐録』堀啓次郎翁追懐録編纂会、一九四九年）二四〇頁。

（6）『渋沢栄一伝記資料』第三八巻、五七一―七三頁。

（7）「日支合弁新企画」（『東京朝日新聞』一九二三年五月二十一日）。
（8）鶴田武良「日華（中日）絵画聯合展覧会について——近百年来中国絵画史研究七」（『美術研究』三八三号、二〇〇四年八月）一—三頁。
（9）東京震災記念事業協会清算事務所編『被服廠跡——東京震災記念事業協会事業報告』（一九三二年）一六三頁。
（10）王中秀編『王一亭年譜長編』（上海書画出版社、二〇一〇年）二九一頁。
（11）李学智「一九二三年中国人対日本震災的賑救行動」（『近代史研究』一九九八年第三期、一九九八年五月）二八七頁。
（12）「日災救済会之成立会」（『益世報』一九二三年九月十一日）。
（13）厳千里「対於日本地震火災感言」（『学生文藝叢刊』一九二三年第四号）一八頁。
（14）広東省地方史誌編纂委員会編『広東省誌——水利誌』（広東人民出版社、一九九五年）一一〇—一一七頁。
（15）『渋沢栄一伝記資料』第四〇巻、五—一〇頁。
（16）廖建林「一九二〇年北方五省大旱災及賑災述論」（『咸寧学院学報』二〇〇四年第四期、二〇〇四年七月）六六頁。
（17）「北支飢饉実情」（『東京朝日新聞』一九二〇年十月十日）。
（18）『渋沢栄一伝記資料』第四〇巻、二七—四六頁。
（19）清水が中国にわたり、教育、および救済事業に従事する経緯については、太田哲男『清水安三と中国』（花伝社、二〇一一年）第三、四章参照。
（20）賀川豊彦の中国訪問については、浜田直也「孫文と賀川豊彦——一九二〇年の上海での会談をめぐって」（『孫文研究』三〇号、二〇〇一年七月）、同「賀川豊彦」（『孫文研究』四二号、二〇〇七年九月）参照。
（21）日華実業協会編『北支那旱災救済事業報告』（一九二一年）一頁。
（22）『渋沢栄一伝記資料』第四〇巻、四四—四六頁、山崎朋子『朝陽門外の虹——崇貞女学校の人びと』（岩波書店、二〇〇三年）九〇—九一頁。
（23）『渋沢栄一伝記資料』第四〇巻、二二—二三頁。
（24）『渋沢栄一伝記資料』第二五巻、七〇七—一四頁。
（25）東京震災記念事業協会清算事務所編『被服廠跡』七七—七八頁。

(26)「王一亭氏所蔵の名画を寄贈」(『東京朝日新聞』夕刊、一九二八年十一月二十四日)。
(27)「画壇の大家連 支那水災に起つ」(『東京朝日新聞』夕刊、一九三一年九月十二日)。
(28)『渋沢栄一伝記資料』第四〇巻、七六―七九頁。
(29)「王一亭氏の義挙」(『日華学報』四八号、一九三四年十二月)四八―四九頁。
(30)『渋沢栄一伝記資料』第四二巻、一四〇―四四頁。
(31)以下、王希天の略歴については、おもに長春王希天研究会が編集した『王希天研究文集』『王希天紀念文集』『王希天檔案資料選編』(いずれも長春出版社刊、一九九六年発行)を参考とした。
(32)山脇啓造『近代日本と外国人労働者――一八九〇年代後半と一九二〇年代前半における中国人・朝鮮人労働者問題』(明石書店、一九九四年)一一七頁。
(33)章志誠「二十年代温処山農東渡日本謀生概況」(温州市政協文史資料委員会・浙江省政協文史資料委員会編『東瀛沈冤――日本関東大地震惨殺華工案』浙江人民出版社、一九九五年)四―八頁。
(34)「支那労働者に帰国を命ず――南千住署で八十数名を突然検挙して」(『東京朝日新聞』一九二二年八月十二日)。
(35)「労働差支なし――旅費の工面が付くまい」(『国民新聞』一九二二年八月十九日)。
(36)「大正一一年(一九二二年)十月調 日華学会による東京市付近労働者調及び共済会事業情況」(今井清一監修・仁木ふみ子編『史料集 関東大震災下の中国人虐殺事件』明石書店、二〇〇八年)二五二頁。
(37)「王希天小史」(長春王希天研究会編『王希天研究文集』)三五八頁。
(38)同前、三六二頁。
(39)「王希天小史」三六〇頁。
(40)田原洋『関東大震災と王希天事件――もうひとつの虐殺秘史』(三一書房、一九八二年)、仁木ふみ子『震災下の中国人虐殺――中国人労働者と王希天はなぜ殺されたか』(青木書店、一九九三年)。
(41)たとえば、「空前之東京大地震」(『民国日報』一九二三年九月十八日)、「日本大地震之目撃談」(『晨報』一九二三年九月二十二日)、「賑済日災難民之昨聞」(『時報』一九二三年九月二十二日)。
(42)「日人残殺華僑之公憤」(『広州民国日報』一九二三年十月一日)。

(43)　横田豊「関東大震災下の中国人虐殺事件の告発」(『青山学院文学部紀要』三二号、一九九一年一月)七二―七八頁。
(44)　この王正廷の来日には、被害調査のほかに、王が当時関わっていた対ソ交渉の有利化など、さまざまな思惑が存在した。中国人虐殺をめぐる北京政府外交部の対応については、川島真『中国近代外交の形成』(名古屋大学出版会、二〇〇四年)第Ⅳ部第五章「関東大震災と中国外交――北京政府外交部の対応を中心に」参照。
(45)　「一二月二一日王希天追悼会の模様等」(『史料集　関東大震災下の中国人虐殺事件』)五五七―六〇頁。
(46)　「地乱了、心却不乱――在大震災裡読日本」(『南方週末』二〇一一年三月十七日)。
(47)　「為何日本不動乱?」(『中国時報』二〇一一年三月十八日)。
(48)　「馬宗栄君来函論日本震災事」(『学芸』五巻五号、一九二三年)一―二頁。
(49)　上海社会科学院社会学研究所編『李剣華先生記念集』(上海広電脳彩色制版輸出中心、一九九五年)九九―一〇〇頁。
(50)　「粤女士之横浜歴険記」(『民国日報』一九二三年九月二十五日)。
(51)　「旅日華僑脱離回国之自述」(『広州民国日報』一九二三年九月二八日)。ほかにも、以下のような横浜華僑の証言がある。「横浜華僑に至っては、震災後亡骸と同居していても、誰も遺体を収容するものがなく、南京街(中国人街)の地震で壊れた家屋では金櫃や金庫が日本人に公然と奪われました。高麗丸(船名)に避難した者は全員海に投げ出され、アメリカの軍艦がいて華僑を助け上げようとすると、日本人はいやな顔をしていました」(『中国人の日本観　第二巻　二十一か条要求から日本敗戦まで』社会評論社、二〇一二年、一二五頁)。
(52)　レベッカ・ソルニット(高月園子訳)『災害ユートピア――なぜそのとき特別な共同体が立ち上がるのか』(亜紀書房、二〇一〇年)。
(53)　尾原宏之『大正大震災――忘却された断層』(白水社、二〇一二年)一〇二―〇五頁。
(54)　「馬宗栄君来函論日本震災事」二頁。
(55)　「記者与李大釗氏之談話」(『申報　教育与人生』第一期、一九二三年十月十五日)。
(56)　「千歳丸昨午又運回大批難民」(『民国日報』一九二三年九月二十二日)。
(57)　『李剣華先生記念集』一〇〇頁。同様に、註(51)で引用した文章の筆者も、日本の政府や企業からうけた援助を、つぎのように語っていた。「日本の外務省の役人岡部氏と守島氏は苦労を厭わず、ていねいに護送してくれ、その上私達のために誠心誠意荷物を運んでくれました。感激の余り、この人達こそまことの官吏の模範だと絶賛しました。わが国の官吏が愚昧・頑迷なのに比べれば、天地ほどの差があります。……途中通過した地方の長官の慰問を受け、神戸川崎造船所は自動車で送迎し、慰問袋を贈り、盛大な宴会でもてなしました。私達は万難を経た後、俄かに最も親切で最も温情あるもてなしを受けたので、日本政府および若干の朝野の人々に対して深く感謝せざるを得ませんでした」(『中国人の日本観 第二巻 二十一か条要求から日本敗戦まで』一二六頁)。

(58) 「大正一三年(一九二四年)二月八日 宮島対支文化事務局事務官の会計報告」(『史料集 関東大震災下の中国人虐殺事件』)四九五―九八頁。

(59) 「一一月一七日 対支文化事務局長より 震災救護事務局へ」(『史料集 関東大震災下の中国人虐殺事件』)四九一―九四頁。

(60) 田原洋『関東大震災と王希天事件』一〇二―〇五頁。

あとがき

私は、二〇〇四年十一月に早稲田大学野球部長を拝命し、今日に至っている。この間、早稲田大学にある四四の運動部を統括する競技スポーツセンターの行政にも六年間携わった。学生スポーツに関わっていると、欣喜雀躍たることも沢山あるが、逆に、なんでこんなことが起こるのか！と地団駄を踏むような痛恨事にも一再ならず遭遇した。しかし、後者の場合、不快や落胆に身を任せていることは許されず、大きな「負」を日常的な「零」に戻すために迅速に行動しなければならない。それは全く嫌な仕事であり、もう二度とやりたくはないが、私がそうした体験から実感したことは、ともかくも覚悟を決めて動き出すことが大事であり、まず初めに何が起きたのかをできるだけ正確に把握し、次に判明した事実を関係各方面に開示し、そして、もし事実の中に「非」があれば素直にそれを認め、謝ってしまうこと、つまり情報開示と説明責任を果たすことが必要不可欠・肝心要だということである。そして、これらの行動を誤らなければ、事態は案外速やかに「零」に戻り、良い意味で「人の噂も七十五日」になるのではないかと思っている。

なぜこんな体育会系の話をここに持ち出すのかと、訝しく感じられる方もおられよう。しかし、私は、教育現場でのやり方と研究現場でのそれとの間に、そんなに大きな隔たりはないと考えている。だから、二〇一〇年に始まった我々の国際共同研究「日本の経済思想――時間と空間の中で（Japanese Economic Thought: Time and Space［JETTS］）」の運営は、いつも情報開示と説明責任を念頭に置きながらやってきたつもりである。ただし、実際問題としては、JETTSに「痛恨事」があったわけではない。だが、序に記したように、JETTSは、小なりといえども、多様性に富む研究組織であり、このため、一人一人が自分の感覚では「当たり前」と思っていることが、全体にとっては「当たり前」でないことを常に想定しておかなければならない。私は「和を以て尊しとする」精神は大切だと信じているが、その「和」はきちっと物を言ったうえで形づくられる「和」でなければならないと考えている。仲間内の内向きのなあなあな「和」では、組織もその構成員も弛緩してしまうだけである。

JETTSの始まりから今日までに、思いのほか長い時日がかかってしまったが、この間、多方面の方々のお世話になってきた。早稲田大学現代政治経済研究所からは、二〇一一～一五年度、研究部会という地位、「早稲田大学現代政治経済研究所研究叢書」としての出版の機会を頂いた。二〇一三～一五年度には、平成二十五年度科学研究費助成事業（学術研究助成基金助成金）基盤研究(C)（課題番号二五三八〇二五六）に採用され、財政的な安定を得た。また、例会において、我々に有益な学問的知見を与えて下さったゲストスピーカーの皆様にも、あらためて御礼を申し上げたい。本書第一章のイーサン・セーガル論文と第六章のベティーナ・グラムリヒ＝オカ論文、それに、残念ながら掲載には至らなかったヤン・シーコラ論文（前半部分）は、もともとは英文である。この三論文を分かりやすい日本語にして下さったのは、田中アユ子氏である。田中氏の翻訳の完成度の高さには、いつも舌を巻くばかりである。そして最後に、本書の出版を快くお引き受け頂いた株式会社ぺりかん社と編集部の藤田啓介氏には、感謝感謝の気持ちで一杯である。この場をお借りして、JETTSを支えて下さった全ての個人・機関に対して心からの謝意を表し、本書の締めくくりとしたい。本当に有難うございました。

二〇一五年十月

川口　浩

【執筆者紹介】（掲載順）

川口　浩（かわぐち ひろし）　早稲田大学政治経済学術院教授　　序・第三章
イーサン・セーガル（Ethan Segal）　ミシガン州立大学准教授　　第一章
岩井方男（いわい まさお）　早稲田大学政治経済学術院教授　　第二章
竹村英二（たけむら えいじ）　国士舘大学21世紀アジア学部教授　　第四章
矢森小映子（やもり さえこ）　日本学術振興会特別研究員（RPD）　　第五章
ベティーナ・グラムリヒ＝オカ（Bettina Gramlich-Oka）　上智大学国際教養学部准教授　第六章
来 誠一郎（らい せいいちろう）　早稲田大学大学院元研究生　　第七章
石井寿美世（いしい すみよ）　大東文化大学経済学部専任講師　　第八章
劉 群 芸（りゅう ぐんげい／Liu Qunyi）　北京大学経済学院副教授　　第九章
武藤秀太郎（むとう しゅうたろう）　新潟大学経済学部准教授　　第十章

CONTENTS

編者略歴

川口　浩（かわぐち ひろし）

1951年，三重県生まれ。早稲田大学大学院経済学研究科博士課程単位取得満期退学。現在，早稲田大学政治経済学術院教授。

専攻—日本経済思想史・日本経済史

主著—『江戸時代の経済思想——「経済主体」の生成』（勁草書房），『日本の経済思想世界——「十九世紀」の企業者・政策者・知識人』（編著，日本経済評論社）

装訂——鈴木 衛

日本《にほん》の経済《けいざい》思想《しそう》
時間と空間の中で

2016年2月20日　初版第1刷発行

編　者　川口　浩

発行者　廣嶋 武人

発行所　株式会社 ぺりかん社
〒113-0033　東京都文京区本郷1-28-36
TEL 03(3814)8515
http://www.perikansha.co.jp/

印刷・製本　閏月社＋創栄図書印刷

Printed in Japan

ISBN 978-4-8315-1434-9